Dabei hatte alles so gut angefangen:
günstige Winde und reichlich Lebensmittel in den
Gewässern der Bären-Insel.

Aber der Winter kommt früh.
Bald ist das Schiff von Eis umschlossen.
Das Meer erstarrt zu bizarren Formen. Barents
muß sich wohl oder übel zum Überwintern
entschließen.

Es ist zwar erst Anfang September,
aber schon folgt ein schwerer Sturm dem anderen.
Trotz schneidend kalter Winde gelingt es
den Männern, sich für den Winter ein Dach über
dem Kopf zu schaffen.

Das Fett der häufig vorkommenden Bären
wird zur Beleuchtung, ihr Fell zur Bekleidung verwendet. Das Leben in der neuen Behausung
normalisiert sich: Ein holländisches Interieur
entsteht aus noch verwendbaren Teilen des Schiffes,
das langsam vom Eis zermalmt wird.

Als der Frühling Ende Mai endlich kommt,
zimmern sich die Seeleute aus den Trümmern
ihres zerstörten Schiffes breite Schaluppen
und fahren nach Europa zurück.
Aber für Barents ist es zu spät. Er stirbt irgendwo
an der Küste von Nowaja Semlja.

020607

Bertrand Imbert beteiligt sich 1949 an der
ersten französischen Expedition nach Adélieland
und 1950 an der Expedition Barré.
1955 überträgt ihm die Naturwissenschaftliche Akademie
Frankreichs die Leitung der antarktischen Expeditionen
des Geophysikalischen Jahres. 1957 überwintert
er noch einmal in Adélieland. Bertrand Imbert ist Autor
zahlreicher Artikel in polar- und naturwissenschaftlichen
Fachzeitschriften.

Deutsche Textfassung: Regina Schmidt-Ott
Wissenschaftliche Bearbeitung: Prof. Dr. Wolf-Dieter Blümel, Geograph

CIP-Titelaufnahme der Deutschen Bibliothek

Die **Pole** : Expeditionen ins ewige Eis /
Bertrand Imbert. [Dt. Textfassung: Regina Schmidt-Ott.
Wiss. Bearb.: Wolf-Dieter Blümel].
– Dt. Erstausg., 1. Aufl. – Ravensburg: Maier, 1990
(Abenteuer Geschichte; 5) (Ravensburger Taschenbuch)
Einheitssacht.: Le grand défi des pôles <dt.>
ISBN 3-473-51005-X
NE: Imbert, Bertrand [Mitverf.]; Blümel, Dieter [Bearb.]; EST; 1. GT

ABENTEUER GESCHICHTE

Deutsche Erstausgabe als Ravensburger Taschenbuch
© 1990 Ravensburger Buchverlag Otto Maier GmbH

Die Originalausgabe erschien unter dem Titel
„Le Grand Défi des pôles"
© 1987 Editions Gallimard, Paris

Redaktion der deutschen Fassung: Martin Sulzer

Alle Rechte dieser Ausgabe vorbehalten durch
Ravensburger Buchverlag Otto Maier GmbH
Satz: Eduard Weishaupt, Meckenbeuren
Printed in Italy by Soc. Editoriale Libraria

5 4 3 2 1   94 93 92 91 90

ISBN 3-473-51005-X

DIE POLE
EXPEDITIONEN INS EWIGE EIS

Bertrand Imbert

Otto Maier Ravensburg

ERSTES KAPITEL
DIE ENTDECKUNG DER POLE

Was weiß der antike Mensch von den Grenzen der Erde? Das Mittelmeerbecken ist das Zentrum der Zivilisation, zum Orient gibt es Verbindungen, aber um den Rest der Welt kümmern sich nur die Philosophen. Die Vorstellung einer *australischen* * Halbkugel scheint den Griechen unabweisbar, denn nach Pythagoras und Platon muß es auf der gegenüberliegenden Seite der bekannten Welt eine andere geben, die sie im Gleichgewicht hält und ein Überkippen verhindert. Die Griechen nennen diese andere Welt die Antichtone.

Diese Weltkarte (um 1300) vermittelt einen Eindruck von den damaligen kartographischen und ethnographischen Vorstellungen.

* *kursive Begriffe* siehe Glossar Seite 215.

Nach Ansicht der Griechen wird dieses phantastische Universum von den Antipoden – wörtlich „Gegenfüßlern" – bewohnt. Es ist von einer glühend heißen Zone und kochenden Meeren umgeben und wird von schrecklichen Ungeheuern bewacht.

Mit der Wiederentdeckung antiker Texte zur Zeit des Humanismus lebt die Spekulation über die unbekannten Gegenden wieder auf.

Im Jahr 1475 wird die Geographie des Ptolemäus gedruckt. Dieser Grieche aus Alexandria fertigt im 1. Jahrhundert n. Chr. Land- und Himmelskarten an. Darauf verzeichnet

„Gibt es Antipoden? (…) Die Erde soll Kugelgestalt haben und überall auf ihrer Oberfläche soll es Menschen geben? Die Menschen stünden dann sozusagen Fuß an Fuß, hätten alle den Himmel über sich und überall die Erde unter sich? Wieso fallen dann die Antipoden nicht herunter?"

Plinius, „Naturalis Historia"

er einen Indischen Ozean, der bei ca. 20° südlicher Breite durch eine *terra incognita* begrenzt wird. Der Atlas erscheint bis zum Ende des 16. Jahrhunderts in zahlreichen Auflagen und prägt in der Renaissance weitgehend das Weltbild der Gebildeten. Und das, obwohl zu dieser Zeit Seefahrer bereits Beweise dafür liefern, daß die Welt anders aussieht.

So weist Vasco da Gama, als er 1497 das Kap der Guten Hoffnung umsegelt und bis Indien vorstößt, nach, daß der Indische Ozean kein *Binnenmeer* ist. Vor ihm hatte eine chinesische Expedition von mindestens 62 Segelschiffen unter Admiral Cheng-Ho bereits dieselbe Erfahrung gemacht. 1520 fährt Magellan auf der Suche nach dem westlichen Seeweg nach Indien die Küste Südamerikas entlang. Bei 52° südlicher Breite entdeckt er die Wasserstraße zum Pazifik, die heute seinen Namen trägt. Das Land südlich davon nennt er „Feuerland" – in der Überzeugung, daß es sich um die Nordküste des antarktischen Kontinents handle.

Die ersten modernen Atlanten stammen aus dem Jahr 1570. Einer davon, der Atlas des Holländers Abraham Ortelius, berücksichtigt alle diese Entdeckungen, doch die Vorstellung von der australischen Erdhälfte bleibt weiterhin unbestimmt: Ortelius verzeichnet dort, wo sich, wie wir heute wissen, Feuerland, Australien, Neuseeland und die Antarktis befinden, einen großen Kontinentalblock.

Im 17. Jahrhundert korrigieren nun auch holländische Seefahrer die Legende eines riesigen antarktischen Kontinents.

1616 umsegeln Jacques Lemaire und Willem Schouten Kap Hoorn und beweisen damit, daß Feuerland eine Insel ist. 25 Jahre später umfährt Abel Tasman Australien, ohne es zu bemerken, entdeckt aber Tasmanien und die Westküste

D ie praktisch denkenden portugiesischen Seefahrer kümmert das Problem der Antipoden nicht. Für sie kommt es darauf an, einen Zugang zur südlichen Halbkugel zu finden. Und tatsächlich erbringen ihre Fahrten erstaunliche Erkenntnisse: Es gibt auch im Süden weder sengend heiße Zonen noch kochende Meere, sondern vielmehr eine üppig grüne Vegetation und zahlreiche Völker. Zweifellos verdanken sie Ptolemäus viele wertvolle geographische Kenntnisse, aber was den Süden angeht, irrt er. So beginnt man, an den Lehren der Antike zu zweifeln. Nachdem Bartholomäus Diaz 1488 bis zur äußersten Spitze Afrikas vorgedrungen ist, umrundet Vasco da Gama (oben) das Kap der Guten Hoffnung und eröffnet den Seeweg nach Indien.

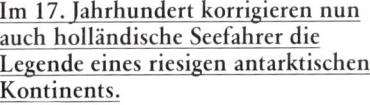

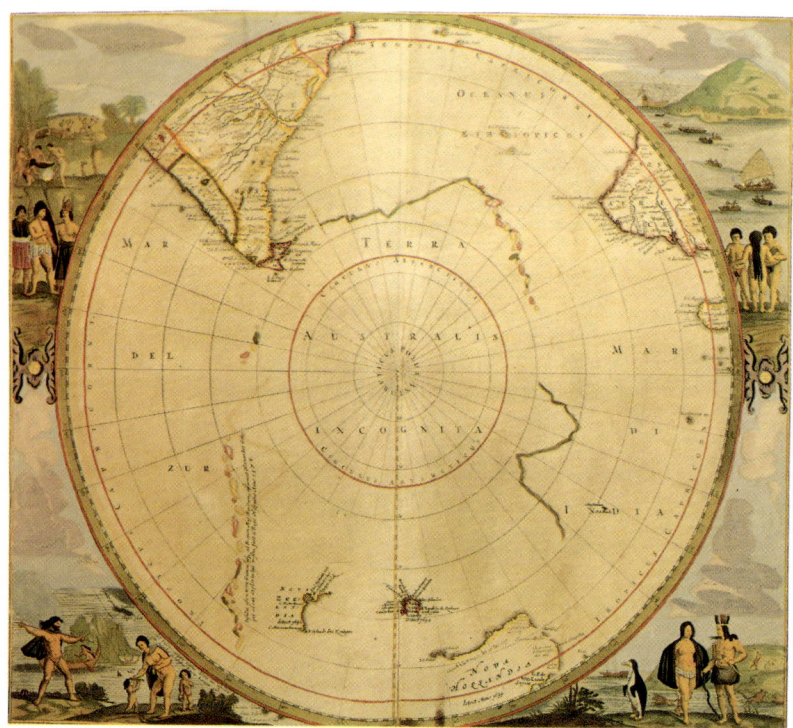

Neuseelands, die er allerdings für den Rand des australischen Kontinents hält. Diese verlassenen Gegenden
erregen jedoch in Europa kein besonderes Interesse. Die
westliche Welt wendet sich lieber den reichen Märkten
Asiens und Amerikas zu und verzichtet eine Weile
auf weitere Entdeckungsfahrten auf der südlichen Halbkugel.

Gleichzeitig stoßen andere Seefahrer nach Norden vor.

Die europäischen Fürsten hoffen darauf, einen nördlichen
Seeweg nach China zu finden. Da gibt es zwei Möglichkeiten: die Nord-Westpassage um Amerika herum oder die
Nord-Ostpassage entlang der sibirischen Küste. Dieses Ziel
wird nun von immer neuen Expeditionen angesteuert.

Arktos, der grie-
chische Name der
Konstellation des
Großen Bären, gibt der
nördlichen Region,
über der das Sternbild
steht, ihren Namen. Die
Griechen formen den
Begriff des Anti-Arktos,
um die der nördlichen
Welt entgegengesetzte
Gegend zu bezeichnen.
Auf diese beiden grie-
chischen Begriffe gehen
die Namen Arktis
und Antarktis zurück.

Franzosen und Engländer auf der Suche nach der Nord-Westpassage.

König Franz I. von Frankreich nimmt den florentinischen Seefahrer Verrazano in seine Dienste und beauftragt ihn, das Gebiet nördlich der von Christoph Kolumbus erforschten Regionen zu erkunden. 1524 geht Verrazano in einer Bucht vor Anker. Allerdings ist das nicht die gesuchte Passage, sondern die Mündung des Hudson River, wo heute die Stadt New York liegt. Zehn Jahre später entdeckt Jacques Cartier die Mündung des Sankt-Lorenz-Stroms. Im folgenden Jahr fährt er ihn 1000 km hinauf und kommt schließlich zu einem Indianerdorf, dem er den Namen Mont-Réal gibt.

Mit Jacques Cartier (1491 – 1557) beginnt die lange Reihe der großen Seefahrer von St. Malo.

Auf Betreiben Königin Elizabeths I. stoßen die Engländer noch weiter nach Norden vor. 1576 bis 1578 segelt Sir Martin Frobisher bei 60° nördlicher Breite in die später als Hudson-Straße bekannten Gewässer. 1585 rüsten Kaufleute aus Exeter und London eine China-Expedition unter John Davis aus. Davis, ein bekannter Seefahrer und Hydrograph, ist der Erfinder des Quadranten, eines Vorläufers des *Sextanten*. Der Quadrant ermöglicht bereits genaue Messungen der geographischen Breite. In drei Expeditionen kartiert Davis den breiten Meerarm zwischen der Westküste Grönlands und dem Kanadischen Archipel bis zum 72. Breitengrad. Leider kommt er schon Ende Juni in diese Breiten, d.h. zu früh für die Durchfahrt: Sie ist sowohl nach Norden wie nach Westen durch *Packeis* versperrt.

Die Odyssee des Henry Hudson.

1609 schifft sich Henry Hudson in holländischem Auftrag in Amsterdam ein. Er folgt Verrazanos Spuren, erkundet den Fluß, der heute seinen Namen trägt, und dessen Umgebung, das spätere New York. 1626 kaufen die Holländer den Indianern – durch Hudsons Vermittlung – die Insel Manhattan ab, die sie Neu-Amsterdam nennen.

1610 unternimmt Hudson eine zweite Entdeckungsfahrt, dieses Mal auf der „Discovery" und in englischem Auftrag. Seine Mannschaft besteht aus 22 Seeleuten, darunter sein 16jähriger Sohn John. Ziel der Reise ist die Erforschung der von Davis beschriebenen Meeresstraße. Anfang August langt er dort an und stößt auf eine riesige Bucht, die heute Hudsonbai heißt.

Der Abenteurer und Pirat Martin Frobisher hat schon lange die Meere befahren, ehe er im Juni 1576 aufbricht, um von Nordwesten einen Zugang nach China zu finden. Auf seiner Reise begegnet er Inuit, die in lederbezogenen kleinen Booten, den Kajaks, auf dem Meer fahren, was die Verwunderung der Besatzung erregt. Die zunächst freundschaftlichen Beziehungen verschlechtern sich schnell und führen schließlich zum Krieg, aus dem Frobisher als Sieger hervorgeht. Einen seiner Gefangenen bringt er mit nach England, wo dieser großes Aufsehen erregt.

Nun segelt er 700 Meilen nach Süden und verspätet sich dabei so sehr, daß er im Eis überwintern muß. Im folgenden Frühling bricht eine Meuterei aus. Die Seeleute setzen ihn mit seinem Sohn und sieben getreuen Mitgliedern der Besatzung aus und segeln mit der „Discovery" nach England zurück. Da die Rädelsführer der Meuterei unterwegs sterben, werden die Überlebenden von der Englischen Justiz nicht zur Verantwortung gezogen.

„Es gibt keine Durchfahrt im Nordwesten", behauptet William Baffin.

Baffin, einer der besten Seefahrer seiner Zeit, führt 1615 und 1616 zwei Erkundungsfahrten durch. Er erforscht dabei zunächst die Nordküste Grönlands bis zum 78. nördlichen Breitengrad, dann die Küste des Kanadischen Archipels. Schließlich entdeckt er den Lancaster-Sund, die Einfahrt zur Nord-Westpassage. Er ist jedoch überzeugt, daß es sich dabei nur um einen Meerbusen handelt, und sucht nicht weiter. Bei seiner Rückkehr nach England versichert er in gutem Glauben, es gebe keine Durchfahrt. Da die Franzosen und Engländer damit beschäftigt sind, ihre neuerworbenen Kolonien auszubeuten, verlieren sie allmählich das Interesse an dieser Route. Die Erkundungsfahrten werden erst zwei Jahrhunderte später, am Ende der Napoleonischen Kriege, wiederaufgenommen.

Eine andere Seestraße, die Nord-Ostpassage, verbindet das Weiße Meer entlang der sibirischen Küste mit der Beringstraße.

Die beiden Seemächte der Nordsee, England und Holland, interessieren sich besonders für die Nord-Ostpassage. Durch die Entdeckung dieses Seewegs hoffen sie, das Monopol Spaniens und Portugals im Indienhandel brechen zu können, ohne daß es mit diesen Ländern zum offenen Kampf kommt. Der Plan ist um so verlockender, als die Route nach Ansicht zeitgenössischer Geographen nur halb so lang wie die südliche ist.

Tatsächlich zeigen die großen Atlanten wie der von Gerhard Mercator ein Sibirien von wesentlich geringerer Ausdehnung, dessen Form sich im Südosten hinter der Taymir-Halbinsel verjüngt und dann plötzlich nach Süden abfällt. Auf diese Weise halbiert sich die tatsächliche Strecke nach China. Da außerdem die Schwierigkeit der

Nach einer zwangsweisen sechsmonatigen Überwinterung gibt das Eis die „Discovery" endlich frei. Aber die Beziehungen zwischen Kapitän Henry Hudson und der Mannschaft sind mehr als gespannt. Sei es aus Ungeschicklichkeit oder aus Versehen, Hudson tut nichts, um einer Meuterei entgegenzuwirken. Die Lebensmittel werden rationiert, und er begünstigt einige der Männer bei der Verteilung, während er andere der Unterschlagung verdächtigt. Am 23. Juni 1611 bricht die Meuterei aus: Hudson und einige seiner Getreuen werden gefesselt in eine Schaluppe geworfen und mit einem kleinen Sack Fleisch als einzigem Proviant versehen. Schon bald treibt das Boot auf dem Meer, während die Meuterer zurück nach England segeln. Hudson und seine Getreuen bleiben verschollen.

Navigation im Eis allgemein unterschätzt wird, zieht das Projekt zahlreiche Entdecker an.

Die Engländer finden zwar die Passage nicht, gewinnen dafür aber in Iwan dem Schrecklichen einen Verbündeten.

1553 bricht Sir Hugh Willoughby mit drei Schiffen zu einer Nord-Ost-Expedition auf. Sammelpunkt soll die Insel Vard sein. Zwei Schiffe, die „Bona Esperanza" und die „Bona Confidentia" kommen jedoch nie an. Sie verfahren sich, und die Besatzung schlägt ein Winterlager an der Nordküste der Halbinsel Kola auf. Vermutlich durch eine von der Heizung verursachte Kohlenmonoxidvergiftung kommen dort alle Seeleute um.

Das dritte Schiff, die „Edward Bonaventura", wartet lange am vereinbarten Treffpunkt und gelangt dann bis nach Kholmogori (Archangelsk), 900 km von Moskau entfernt. Kommandant Richard Chancellor trifft sich dort mit Zar Iwan dem Schrecklichen, mit dem er einen Handelsvertrag entwirft, der zur Gründung der Moskowiter Gesellschaft führt. Das ist zwar der Beginn fruchtbarer Handelsbeziehungen, in der Erforschung der Nord-Ostpassage ist die Expedition dagegen keinen Schritt weitergekommen.

Willem Barents, einem holländischen Entdecker, gelingt es als erstem Europäer, über Nowaja Semlja nach Osten vorzustoßen.

B ei der Einfahrt in die Nord-Ostpassage begegnen die Europäer erstmals den Samojeden, einem Nomadenstamm, der von der Rentierjagd mit Pfeil und Bogen lebt. Noch heute zählt der Volksstamm 25 000 Menschen. Sie leben auf Nowaja Semlja, einer Insel in der Barentssee (s. Karte S. 56), und westlich des Ob.

Im Juni 1594 sticht die erste, aus mehreren Schiffen bestehende Expedition in See. Sie wird von den Städten Middleburg, Enkhuysen und natürlich Amsterdam finanziert. An Bord der „Messenger" nimmt Barents Kurs auf die nördliche Insel von Nowaja Semlja, während die „Swan" und die „Mercury" durch die Vaigatsstraße im Süden ins Karameer fahren und bis zur Obmündung vordringen. Barents gelangt zur äußersten Nordostspitze von Nowaja Semlja und nähert sich Kap Tscheljuskin. Die Expedition vereinigt sich in Vaigats wieder und macht in der Überzeugung kehrt, die Nord-Ostpassage gefunden zu haben.

Deshalb zögert Barents im folgenden Jahr auch nicht, wieder aufzubrechen. Doch seine sieben mit Waren für

China beladenen Handelsschiffe sehen die Einfahrt ins Karameer durch Eis versperrt: Der Zustand des Packeises in einem Jahr läßt keinerlei Schlußfolgerungen auf den im folgenden Jahr zu.

Im Mai 1596 entdeckt Barents während einer dritten Reise auf der Suche nach einer nördlicheren Durchfahrt Spitzbergen und nimmt es im Namen Hollands in Besitz.

Ende Juli segelt er wiederum die Nordküste von Nowaja Semlja entlang. Von dort sichtet er im Osten eisfreies Wasser. Sein Schiff wird jedoch vom Eis eingeschlossen, ehe es dorthin gelangt. Als das Steuerruder durch den Druck des Eises herausgerissen und der Schiffsrumpf in die Höhe geschoben wird, sieht Barents sich genötigt, an Land in einer von den Matrosen gebauten Unterkunft zu überwintern. Im folgenden Juni verläßt die Mannschaft Schiff und Unterkunft und versucht, in zwei Behelfsbooten die russische Küste zu erreichen. Am 20. Juni stirbt Barents an Erschöpfung oder an Skorbut. Die Überlebenden setzen ihre Reise nach Süden fort und werden schließlich von russischen Schiffen aufgenommen. Es ist die erste Überwinterung von Europäern bei 76° nördlicher Breite. 300 Jahre später macht Kapitän Carlsen, ein norwegischer Robbenjäger, an der Nordostküste von Nowaja Semlja eine ungewöhnliche Entdeckung: Unter einer dicken Eisschicht findet er die Reste des Winterlagers von Barents und viele seiner Habseligkeiten.

Wie schon bei der Nord-Westpassage schwindet auch hier das Interesse an einem neuen Seeweg, als Spanien und Portugal ihre Vormachtstellung auf See verlieren. Die Konkurrenz im Handel mit Indien, *Insulinde* und China verlagert sich auf die Kaproute.

Der Reisebericht von den drei Fahrten des Willem Barents ist zu seiner Zeit ein Bestseller. Unten sieht man die Titelseite der englischen Ausgabe von 1609, deren typographische Gestaltung an einen Schiffsbug erinnert. Barents' Bericht trägt den Titel „Wahre Beschreibung von drei erstaunlichen Seereisen, (…) dazu von grausamen und possierlichen Bären und anderen Seeungeheuern; von unerträglicher Kälte (…), großen Strapazen und unglaublichen Schwierigkeiten".

THE

True and perfect Description of three Voy-

ages, so strange and woonderfull,

that the like hath neuer been

heard of before:

Done and performed three yeares, one after the other, by the Ships of *Holland* and *Zeland*, on the North sides of *Norway*, *Muscouia*, and *Tartaria*, towards the Kingdomes of *Cathaia* & *China;* shewing the discouerie of the Straights of *Weigates, Noua Zembla,* and the Countrie lying vnder 80. degrees ; which is thought to be *Greenland :* where neuer any man had bin before : with the cruell Beares, and other Monsters of the Sea, and the vnsupportable and extreame cold that is found to be in those places.

And how that in the last Voyage, the Shippe was so inclosed by the Ice, that it was left there, whereby the men were forced to build a house in the cold and desart Countrie of *Noua Zembla,* wherin they continued 10. monthes togeather, and neuer saw nor heard of any man, in most great cold and extreame miserie ; and how after that, to saue their liues, they were constrained to sayle aboue 350. Duch miles, which is aboue 1000. miles English, in litle open Boates, along and ouer the maine Seas, in most great daunger, and with extreame labour, vnspeakeable troubles, and great hunger.

Imprinted at London for *T. Pauier.*
1609.

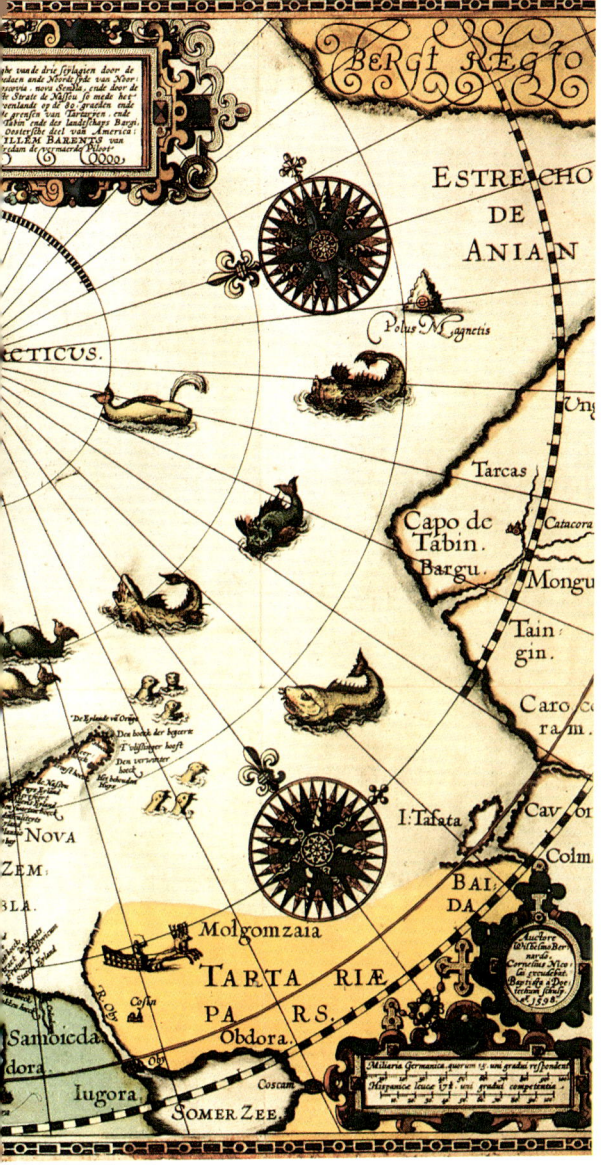

B arents' Reisen haben ebenso wie die Karte, die seinen Reiseweg beschreibt, eine unerwartete Folge: Sie markieren den Beginn des Walfangs im Gebiet um Spitzbergen, wo Barents Tausende von Walen gesehen hat. Engländer und Holländer sind 150 Jahre lang sehr erfolgreiche Walfänger. Sie werden von baskischen Harpunieren unterstützt, die die ersten Walfänger in der Gascogner Bucht waren. Die Walfangflotte umfaßt bis zu 200 Schiffe, der Gewinn beträgt manchmal 25 % des investierten Kapitals. In dieser Zeit kommt man zu einer merkwürdigen Erkenntnis: Die Nord-Ostpassage wird seit langem benutzt – von den Walen! Waljäger in Kamtschatka und Japan finden manchmal in ihrer Beute Harpunenteile mit den Initialen der Spitzbergener Walfänger…

Die Europäer scheinen im 17. Jahrhundert auf ihre ehrgeizigen Projekte verzichtet zu haben. Die Russen dagegen dringen ins Herz des arktischen Sibirien vor.

Den russischen Seefahrern, die seit Beginn des 16. Jahrhunderts alljährlich das Karameer durchfahren, um zur Mündung des Ob und des Jenissei zu gelangen, geht es weniger darum, eine Route nach China zu finden, als vielmehr den Handel zwischen Sibirien und Rußland auszuweiten. Kürzlich haben Ausgrabungen Mangazeya, einen sibirischen Hafen aus dem 16. Jahrhundert, zutage gefördert, der sich in der Nähe von Ob und Jenissei befindet. Das Seehandelsvolumen zwischen diesem Gebiet und dem Weißen Meer betrug den Archiven zufolge mehrere Millionen Tonnen. Und das trotz des Eises. Wie erklärt sich nun das Scheitern der Engländer und Holländer, während die Russen den gesuchten Seeweg benutzen? Forschungen des russischen Arktishistorikers M. I. Below haben gezeigt, daß die von Barents und Chancellor verwendeten Schiffe zu schwer und zu wenig manövrierfähig waren, während die Russen über eine ganze Flotte eisgängiger Schiffe, die Kotschis, verfügten.

„They were all too good for us.“

„Sie waren uns einfach überlegen.“ So formuliert es 1556 Steven Burrough, ein englischer Seefahrer.

Kotschis sind bis zu 30 m lange Schiffe mit einem Tiefgang von etwa 2 m und schrägem Vordersteven. Sie sind durch die gedoppelte Beplankung des Rumpfes vom Kiel bis zur Wasserlinie verstärkt. All dies macht sie zu Vorläufern der Schiffe, mit denen am Ende des 19. Jahrhunderts die Nord-Ostpassage erstmals gelingt. Da sie – im Gegensatz zu den mehreren hundert Tonnen der europäischen Schiffe – nur mit etwa 40 t beladen werden, können die Kotschis mit Hilfe eines Gangspills auch über das Eis gezogen werden. Dank ihrer Segelfläche von 100 bis 120 m² erreichen sie zum Teil höhere Geschwindigkeiten als die europäischen Schiffe.

Im 17. Jahrhundert lassen sich russische Fallensteller und Kosaken in Jakutien in Ostsibirien nieder. Sie befahren die arktischen Küsten von der Lenamündung bis zu den Mündungen der Kolyma und der Indigirka mit Kotschis. 1648 befördert der Kosake Semen Deschnjow in seinen Schiffen 60 Pelztierjäger auf einer 2000 km langen Reise von der Mündung der Kolyma bis zum Anadyr. Die Reise führt sie durch die Beringstraße. Deschnjow entdeckt also, ohne es zu wissen, die Meerenge, die Asien von Amerika trennt. Und das Kap Deschnjow erinnert noch heute an ihn.

Mitte des 18. Jahrhunderts siedeln bereits 400 russische Trapper, die vom Pelzhandel leben, an den Ufern der Kolyma. Einige von ihnen brechen unter Führung von Deschnjow in sechs Kotschis auf, um ihr Glück im Fernen Osten zu suchen. Aber ihr Reisebericht bleibt ein Jahrhundert lang, bis zur Zeit Berings, in den Archiven von Jakutsk verschollen.

Unter Zar Peter dem Großen beginnt Rußland, die Meerenge systematisch zu erforschen.

Aufgrund der Anregung von Gottfried Wilhelm Leibniz und der Pariser Akademie der Wissenschaften beschließt Peter der Große 1724, wenige Monate vor seinem Tod, in Kamtschatka eine See-Expedition auszurüsten, deren Aufgabe es ist, „nach Norden zu fahren und den Verbindungsweg nach Amerika auszukundschaften". Der Zar betraut den Dänen Vitus Bering mit dieser Aufgabe. Bering erreicht Ende September mit einem in Kamtschatka gebauten Schiff Kap Deschnjow, kehrt jedoch aus Furcht vor den dortigen Einheimischen, den Tschuktschen, zu seinem Ausgangspunkt zurück. So weist er zwar nach, daß es eine Seestraße gibt, die amerikanische Küste jedoch sieht er nicht. Erst zehn Jahre später landet er an der Südküste von Alaska.

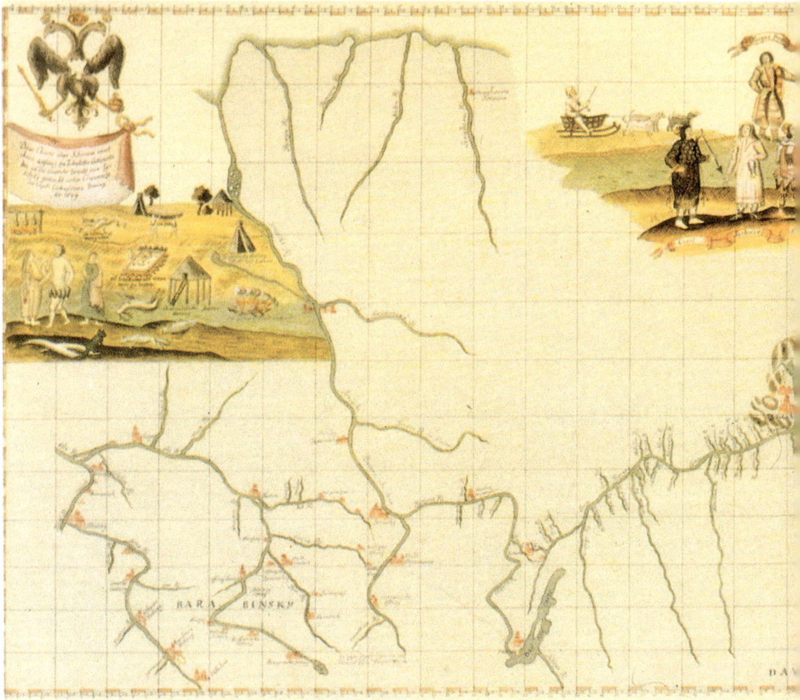

Nach Peter dem Großen beschließt Kaiserin Katharina II, die Möglichkeit einer Passage entlang der sibirischen Küste zu erkunden, da nun die Existenz einer Seeverbindung zwischen Asien und Amerika feststeht. Diese „große arktische Expedition" dauert zehn Jahre, von 1730 bis 1740. Sie setzt sich aus fünf Einzelexpeditionen zusammen und beschäftigt insgesamt 1000 Seefahrer, die sich die 5000 km lange Küste in fünf Abschnitte aufteilen. Wiederum leisten die Kotschis gute Dienste, wenngleich auch sie nicht alle Eisfelder des Frühjahrs überwinden können

Die interessantesten Ergebnisse verdanken wir zwei jungen Marineoffizieren, den Brüdern Laptew. Chariton Laptew bricht 1739 von der Lenamündung auf, nimmt Kurs nach Westen und erforscht die

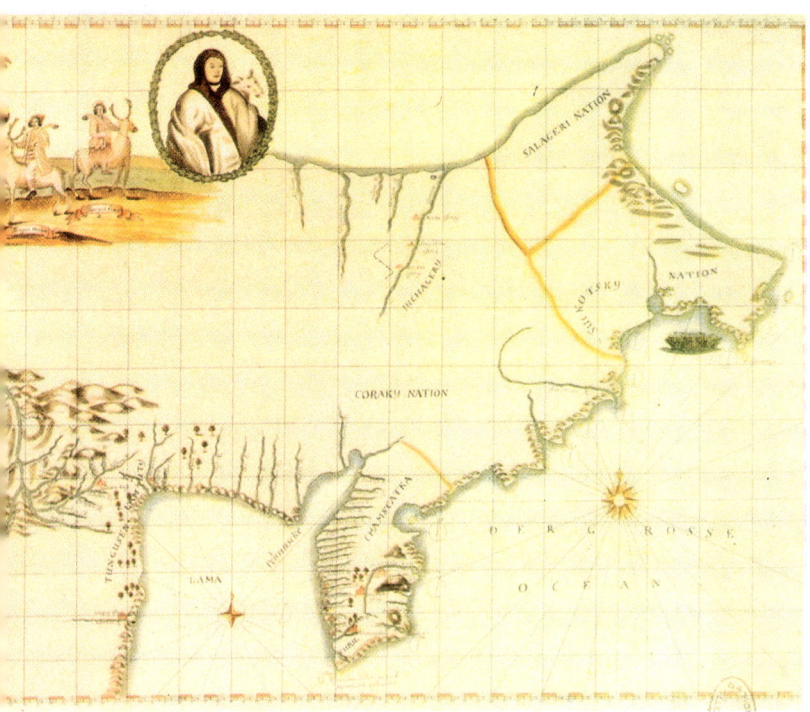

Küste bis zur Mündung des Jenissei. Als er in Höhe der Halbinsel Taymir vom Eis eingeschlossen wird, erforschen er und sein Zweiter Offizier Tscheljuskin das Gebiet mit Hundeschlitten. Tscheljuskin erreicht auf dem Landweg die nördlichste Spitze des asiatischen Kontinents, die heute seinen Namen trägt.

Dimitri Laptew bricht ebenfalls von der Lenamündung auf und nimmt Kurs nach Osten in Richtung Beringstraße. Da er vom Eis eingeschlossen wird, erreicht er sie jedoch nicht. Er überwintert auf der Kolyma, nachdem er die Küste auf 1300 km Länge erforscht hat.

Alle diese Entdeckungen führen nach dem Vorbild der Ostindischen Kompanie zur Gründung der Russisch-Amerikanischen Gesellschaft durch russische Kaufleute. Alaska zum Beispiel befindet sich bis zu seinem Verkauf an die Amerikaner im Jahr 1867 in ihrem Besitz.

Vitus Bering rüstet im Auftrag des Zaren Peter der Große (links) drei Expeditionen aus, in deren Verlauf er mehrere Inseln der Aleuten und die Südküste von Alaska entdeckt. Auf der Rückfahrt von seiner dritten Reise stirbt Bering 1741 auf der Bering-Insel.

ZWEITES KAPITEL
REISEN IN DEN ÄUSSERSTEN SÜDEN

Der südliche Kontinent, der noch von keinem Seefahrer genau ausgemacht worden ist, den aber jeder als erster entdecken will, erscheint im 18. Jahrhundert wie ein neuer Garten Eden: ein fruchtbarer Landstrich mit tropischem Klima, von „glücklichen Menschen bewohnt, die nicht arbeiten". Philosophen träumen davon, diese noch ursprüngliche Gegend zu ihrem Forschungslabor zu machen in der Hoffnung, dort die „edlen Wilden" zu finden, um die sich zahlreiche Theorien ranken.

Mit Jules Dumont d'Urville und Sir James Clark Ross (rechts) hört die Antarktis auf, ein sagenumwobenes Land zu sein. Links ein Gemälde von Garneray: „Die ‚Astrolabe' und die ‚Zélée' vom Packeis eingeschlossen auf ihrer Entdeckungsreise nach Adélieland."

„Ich würde eine einstündige Unterhaltung mit einem Eingeborenen der ‚terra australis incognita' der mit dem größten Gelehrten Europas vorziehen", sagt Pierre Louis Maupertuis, französischer Mathematiker und Freund des preußischen Königs Friedrich II.

Diese Wunschvorstellung eines gelobten Landes steht auch hinter der ersten wirklichen Antarktis-Expedition von James Cook.

Auf Empfehlung des Astronomen Alexander Dalrymple erstreckt sich Cooks erste Mission in den südlichen Pazifik über den Zeitraum von 1768 bis 1771. Mit 85 Mann an Bord gelingt es der „Endeavour", Kap Hoorn, Tahiti und Neuseeland zu umsegeln. Cook hat den geheimen Auftrag, den südlichen Kontinent von Tahiti aus zu erforschen. Bei seiner Rückkehr zeigt er sich überzeugt, daß „diese Reise die meisten, wenn nicht alle Argumente verschiedener Autoren widerlegt hat, die die Existenz eines südlichen Kontinents behaupten, zumindest südlich des 40. Breitengrades".

Auf Drängen Dalrymples rüstet die englische Admiralität eine zweite Expedition unter Cook aus, dieses Mal mit zwei Schiffen, der „Resolution" und der „Adventure". Sie findet von 1772 bis 1775 statt. Ihre Aufgabe ist es, endgültig zu klären, ob der südliche Kontinent existiert. Am 17. Januar 1773 kommt eine erste Erfolgsmeldung: Zum ersten Mal hat man den südlichen Polarkreis überschritten.

Nach seiner Rückkehr nach England erklärt Cook: „Ich habe die Halbkugel tief im Süden umfahren und kann nun unwiderruflich beweisen, daß es keinen neuen Kontinent gibt, es sei denn außerhalb der Reichweite von Seefahrern in der Nähe des Pols." Damit zwingt sich eine weitere Erkenntnis auf: Es kann keinen Handel mit dem südlichen Kontinent geben, wie sich das manche vorgestellt hatten, und ebensowenig gibt es die von den Philosophen erträumten menschlichen Gesellschaften. Dagegen ziehen jetzt von Cooks Berichten über den Reichtum der antarktischen Gewässer angezogene englische und amerikanische Walfänger in die Meere südlich von Kap Hoorn. Sie operieren von Südgeorgien aus und vernichten in wenigen Jahren Tausende von Seehunden und Pinguinen, ohne die geographischen Kenntnisse zu erweitern: Einerseits liegt ihnen

daran, ihre Fanggründe geheimzuhalten, andererseits verfügen sie weder über die Kenntnisse noch über die Instrumente, um präzise Messungen anzustellen.

1819 stürzt sich auch Zar Alexander I. in das antarktische Abenteuer: mit der Expedition Fabians von Bellingshausen.

Bei der zweiten Antarktis-Umsegelung gelingt es Bellingshausen, sich bei 69° 25' südlicher Breite der Küste bis auf weniger als 30 Seemeilen zu nähern. Bellingshausen hat also den Kontinent vermutlich als erster gesehen. Es ist Anfang Februar 1820, als er südlich und östlich des Polarkreises in noch unbekannten Gewässern segelt. Im April macht er wegen des Winters in Sydney Station und nimmt die Reise im November wieder auf. Er entdeckt zwei neue Inseln, die er zu Ehren Peters des Großen und Alexanders I. Peter-Insel und Alexander-Insel tauft. Im August 1821 kehrt er nach Kronstadt zurück.

Die „Resolution" und die „Adventure", auf denen Cook die südlichen Meere durchmessen hat, erreichen 1773 den 67. südlichen Breitengrad. Mitten zwischen den Eisbergen bringen die Matrosen die Boote zu Wasser und machen Jagd auf See-Elefanten.

Fabian von Bellingshausen (links), ein Bewunderer Cooks, will so weit wie möglich nach Süden vorstoßen, um das Werk seines Vorgängers abzuschließen.

Auch eine englische Walfanggesellschaft macht bedeutende Entdeckungen.

In „Moby Dick" schreibt Herman Melville über die englische Reederei Enderby: „eine Firma, die nach meiner, eines armen Walfängers, Meinung an zweiter Stelle unmittelbar nach den Königshäusern der Tudors und Bourbonen kommt". Im Gegensatz zu konkurrierenden Firmen verwendet die Reederei Enderby viel Mühe auf die geographische Erkundung und zeichnet sich hier mit ihren beiden Kapitänen John Biscoe und John Balleny aus. John Biscoe läuft 1830 nach Süden aus und entdeckt im Januar 1831 südlich von Afrika Land, das er Enderbyland nennt. Er macht in Hobart Halt, überquert dann den Pazifik und stößt südlich von Kap Hoorn auf die Adelaide-Insel und Grahamland.

1839 sichtet Balleny mit der „Elisa Scott" und der „Sabrina" 500 Seemeilen östlich des späteren Adélieland eine Inselgruppe, der er seinen Namen gibt. Im selben Jahr entdeckt er weiter im Westen die Sabrinaküste.

Von 1838 bis 1843 nähern sich eine französische, eine amerikanische und eine englische Expedition dem magnetischen Pol. Jede erforscht einen Küstenstreifen.

Paris, 1837. Jules Dumont d'Urville, ein Marineoffizier, der Berühmtheit erlangte, als er die Venus von Milo von Griechenland nach Paris brachte, hat bereits zwei Weltumsegelungen hinter sich, als er dem Marineminister des Königs Louis-Philippe den Plan einer neuen Pazifik-Expedition unterbreitet. Zu diesem Zeitpunkt gelangen nämlich Amerikaner und Engländer immer weiter in den begehrten Süden: James Weddell hat bereits 74° 15' südlicher Breite erreicht.

Im südlichen Ozean durchqueren die „Astrolabe" und die „Zélée" ein Gebiet ständiger Stürme, die Mannschaften und Schiffe auf eine harte Probe stellen.

„Nachmittags nimmt die Windstärke zu. Es weht eine steife Brise mit heftigen Böen, die See ist rauh und der Nebel immer so dicht, daß wir die Küste trotz ihrer Nähe nie sehen."
Aus Dumont d'Urvilles Tagebuch

Die Expedition wird genehmigt, soll jedoch nach königlichem Willen die antarktischen Gewässer erkunden. Für die Mannschaften werden eigens Prämien ausgesetzt: 100 Francs für das Erreichen von 75° südlicher Breite, 20 Francs für jeden weiteren Breitengrad.

Die „Astrolabe" und die „Zélée" folgen Weddells Route, erreichen jedoch nur eine Breite von 63° 23'. Im Dezember 1839 legen beide Schiffe in Hobart an. „Mein Plan eines Vorstoßes nach Süden auf dem Meridian von Hobart-Town war zunächst nur als ehrenvolle Ergänzung zu den bereits durchgeführten Arbeiten gedacht. Im Nachhinein hat er sich jedoch als fast zwingend erwiesen. Die amerikanische Expedition, die sich gegenwärtig in Sydney befindet, und die Expedition von James Ross können jeden Augenblick hier eintreffen, und beide haben das gleiche Ziel", schreibt Dumont d'Urville.

Am 19. Januar 1840 sichtet Dumont d'Urville eine Halbinsel des antarktischen Kontinents.

Zu Ehren seiner Frau Adèle tauft er sie Adélieland. Zwei Tage später landen einige Offiziere auf einer kleinen Insel. Die „Astrolabe" und die „Zélée" setzen ihre Fahrt nach Westen am Packeisrand entlang fort. Am 29. Januar

„Beim Anblick dieser Felsen blieb nicht der geringste Zweifel an der Natur der hohen und mächtigen Barriere, die unseren Schiffen den Weg versperrte. Da verkündete ich den Offizieren und der versammelten Mannschaft, daß dieses Land von nun an den Namen ‚Adélieland' tragen sollte."
Dumont d'Urville

Das französische Banner wird auf Adélieland gehißt, während die Offiziere erste Messungen vornehmen. Sie beweisen, daß die beiden Schiffe dem magnetischen Südpol, der sich zu der Zeit im Landesinneren befindet, am nächsten gekommen sind.

bemerken sie ein Schiff, das rasch aufholt: Es ist die „Porpoise", eine *Brigg* der Expedition von Charles Wilkes. Dumont d'Urville läßt Segel setzen, um im Verband zu segeln. Der junge Fähnrich, der die „Porpoise" befehligt, interpretiert das Manöver jedoch als Flucht. Dieses Mißverständnis führt dazu, daß sich beide Kapitäne beleidigt fühlen, und jeder bleibt auf seinem Kurs.

Der offizielle Auftrag der Expedition von Wilkes ist die Wahrung „amerikanischer Handelsinteressen im Walfang".

Washington, 1836. Der amerikanische Präsident John Quincy Adams bemüht sich, die ablehnende Haltung von Kongreß, Senat und Marine bezüglich der Erforschung des südlichen Kontinents zu überwinden. Schließlich zwingen die damals allmächtigen amerikanischen Walfänger den Kongreß zum Einlenken, und die Expedition wird beschlossen.

Im August 1838 sticht eine bunt zusammengewürfelte Armada von sechs Schiffen mit 82 Offizieren, 9 zivilen Forschern und 342 Matrosen unter dem 40jährigen Kapitänleutnant Charles Wilkes in See.

Die Besatzung der „Vincennes" von Charles Wilkes geht nicht an der Küste, sondern auf einem Eisberg „an Land". Die Männer versorgen sich dort mit Wasser und vergnügen sich mit Rutschpartien auf dem Eis.

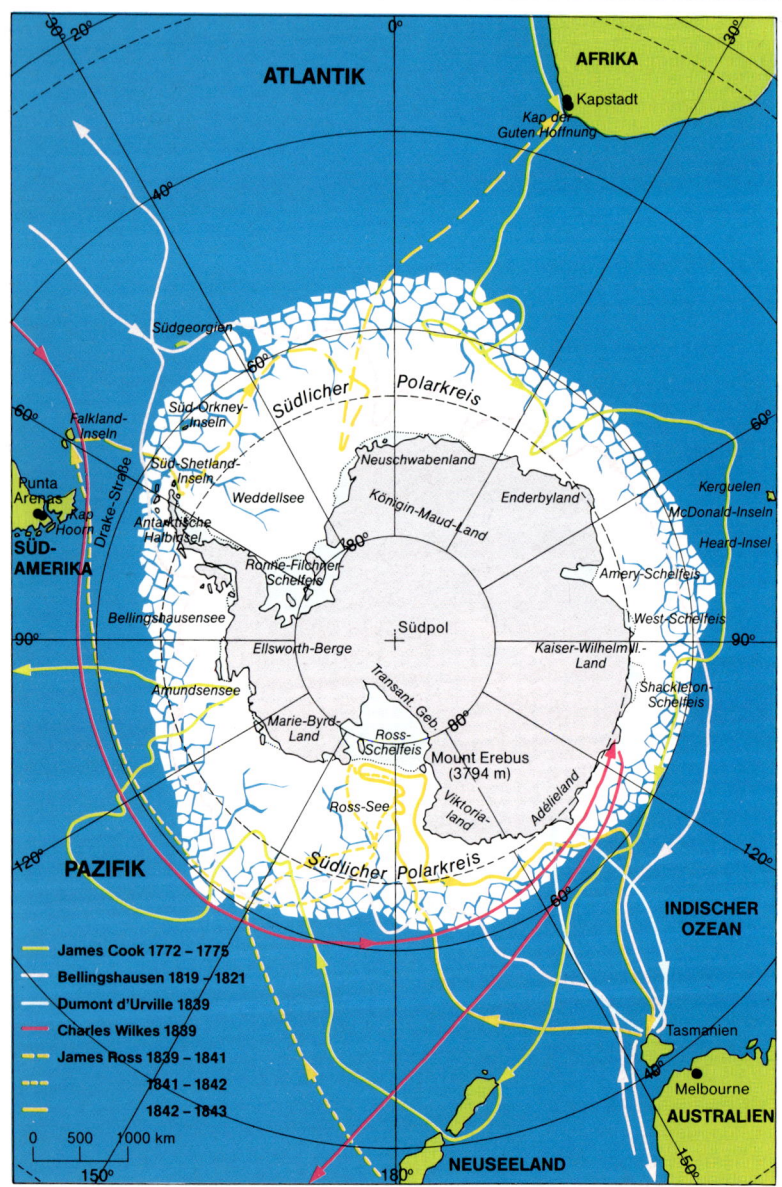

ATLANTIK

AFRIKA

Kapstadt

Kap der
Guten Hoffnung

Südgeorgien

Südlicher Polarkreis

Süd Orkney-
Inseln

Falkland-
Inseln

Punta
Arenas
Kap Hoorn
SÜD-
AMERIKA

Süd-Shetland-
Inseln

Weddellsee

Neuschwabenland

Königin-Maud-Land

Enderbyland

Kerguelen
McDonald-Inseln
Heard-Insel

Antarktische
Halbinsel

Amery-Schelfeis

Ronne-Filchner-
Schelfeis

West-Schelfeis

Bellingshausensee

Ellsworth-Berge

Südpol

Kaiser-Wilhelm II.-
Land

Shackleton-
Schelfeis

Amundsensee

Transant. Geb.

Marie-Byrd-
Land

Ross-
Schelfeis

Mount Erebus
(3794 m)

Viktoria-
land

Adélieland

Ross-See

Südlicher Polarkreis

PAZIFIK

INDISCHER
OZEAN

Tasmanien

Melbourne

AUSTRALIEN

James Cook 1772 – 1775
Bellingshausen 1819 – 1821
Dumont d'Urville 1839
Charles Wilkes 1839
James Ross 1839 – 1841
         1841 – 1842
         1842 – 1843

0   500   1000 km

NEUSEELAND

Drake-Straße

Eine erste Umsegelung von Grahamland endet mit einem Mißerfolg. Zwei völlig ungeeignete Schiffe werden nach Amerika zurückgeschickt, die übrigen überqueren den Pazifik und landen in Sydney. Am 26. Dezember 1839, fünf Tage vor Dumont d'Urville, sticht Wilkes mit südlichem Kurs in See. Am 19. Januar, dem Tag, an dem Dumont d'Urville Adélieland entdeckt, befindet er sich 500 Seemeilen weiter östlich. Dort glaubt er, unbekanntes Land zu sichten. Es handelt sich aber um einen Irrtum. Heute wissen wir, daß sich die Küste dort mehr als 300 Seemeilen weiter südlich befindet… Aber Wilkes hat westlich von Adélieland mehr Glück. Dort segelt eines seiner Schiffe, die „Vincennes", zwölf Tage an einer neuen Küste entlang, die heute ihren Namen trägt.

Nachdem 60 Matrosen desertiert sind und seine Offiziere ihn enttäuscht haben, kehrt Wilkes in die Vereinigten Staaten zurück. Er wird vor ein Kriegsgericht gestellt, das ihn schließlich freispricht. Erst Jahre später erkennt man die Bedeutung seines mutigen Unternehmens und rehabilitiert ihn schließlich.

Die dritte Expedition unter dem Engländer James Clark ist am besten geplant und auch am erfolgreichsten.

Das Ziel der Expedition Clarks ist zunächst ein wissenschaftliches: die Erforschung des *erdmagnetischen Kraftfeldes*, nachdem der deutsche Physiker Karl Friedrich Gauß soeben eine Formel gefunden hat, mit der erdmagnetische Größen für jeden Punkt der Erde angegeben werden können. Diese Theorie bedarf der Überprüfung durch praktische Erfahrung. Der Geograph Alexander von Humboldt regt deshalb Kontrollmessungen an.

Zum Leiter der Expedition wird James Ross ernannt, der bereits den *magnetischen Nordpol* bestimmt hat. Er verfügt über zwei Dreimaster, die „Erebus" und die „Terror", die besonders für die Navigation im Eis ausgerüstet sind. Der einzige Zivilist an Bord ist Joseph Hooker, ein 21jähriger Naturforscher, der sich mit antarktischen Flechten befaßt. Im südlichen Herbst 1840 erreicht Ross Hobart, dessen Gouverneur John Franklin einer der großen Arktisforscher ist. Von ihm erfährt Ross Einzelheiten über die Entdeckung von Adélieland und über die Route der Expedition von Wilkes. Nun kann Ross seine Entscheidung fällen: „Ich war sehr erstaunt, daß die Leiter dieser großen nationalen Expeditonen sich für ihre antarktische Forschungstätigkeit ausgerechnet diejenigen Gewässer ausgesucht hatten, mit deren Erkundung man mich betraute, was sie sehr wohl wußten… Ich habe daher sofort beschlossen, mich nicht in ihre Unternehmungen einzumischen, sondern auf dem 170. Meridian östlicher Länge

Kurs nach Süden zu nehmen und wenn möglich den magnetischen Pol zu entdecken." Dieser Entschluß soll zu den aufsehenerregendsten Entdeckungen des 19. Jahrhunderts führen. Im November 1840 sticht Ross von Hobart aus mit der „Erebus" und der „Terror" in See. Anfang Januar kämpft er vier Tage lang gegen eine Packeisbarriere, kommt dann wieder in freie Gewässer und entdeckt bei 71° südlicher Breite Kap Adar. Die Schiffe setzen ihre Fahrt nach Süden entlang der Bergkette von Viktorialand fort: Weddells südlicher Rekord ist gebrochen. An Bord herrscht Begeisterung, es werden Wetten darüber abgeschlossen, ob man auch den 80. Breitengrad noch erreicht. Ende Januar findet der Vorstoß bei 77° 10' südlicher Breite vor einer Bucht, die Ross McMurdo tauft, ein Ende. Dort erhebt sich ein aktiver Vulkan von 3 785 m Höhe: der Mount Erebus.

Hinter McMurdo entdecken die „Erebus" und die „Terror" riesige Eisklippen, die sich 50 m aus dem Meer erheben und sich über 800 km erstrecken. Auf dem Rückweg erwägt Ross zu überwintern, findet jedoch keine geeignete Stelle und unterbricht die Reise erst am 6. April 1841 in Hobart. Die Expedition war erfolgreich, zahlreiche Entdeckungen sind gemacht worden, Schiffe und Besatzung sind bereit, wieder auszulaufen.

Dieses Mal handelt es sich darum, die geheimnisvolle riesige Eisbarriere, das Ross-*Schelfeis*, näher zu erforschen. An Bord befinden sich Lebensmittel für drei Jahre. Das Wetter ist jedoch nicht so gut wie im Vorjahr. Noch bevor er die Barriere erreicht, muß Ross abdrehen und Kurs auf die Falkland-Inseln nehmen, da ihn der Winter überrascht. Er unternimmt noch einen dritten Versuch, Weddells Spuren zu folgen, aber Anfang März 1843 sind seine beiden Schiffe erst bei 71° 30'. Es ist bereits zu spät im Jahr, er muß aufgeben und kehrt nach England zurück.

„Der Erdmagnetismus ist zweifellos das große wissenschaftliche Thema der Expedition. Ihm muß das Hauptaugenmerk von Kapitän J. C. Ross und seinen Offizieren gelten." Mit diesen Anweisungen der Royal Society übernimmt der Neffe von Sir John Ross, der Arktisforscher James Clark Ross, das Kommando über die „Terror" und die „Erebus".

DRITTES KAPITEL
DAS WETTRENNEN IM NORDEN

N ach den Napoleonischen Kriegen hat die britische Royal Navy den größten Teil ihrer Streitmacht verloren: Von den einst 140 000 Mann bleiben ihr noch 19 000. Nun, im Frieden, muß sie sich ein anderes ruhmreiches Betätigungsfeld suchen. Auf Betreiben John Barrows entscheidet sie sich für eine Politik des Prestiges: England rüstet neue Polar-Expeditionen aus.

S ein ganzes Leben gilt das Interesse des großen Arktisforschers Fridtjof Nansen (links) der Polarforschung. Aufgrund des beharrlichen Bemühens von Lady Jane Franklin, ihren verschollenen Mann wieder aufzuspüren, führt Nansen vier Suchaktionen durch, die wertvolle geographische Erkenntnisse bringen.

Im Jahr 1817 teilt der Walfängerkapitän William Scoresby mit, daß die arktischen Gewässer eisfrei seien. Eine wichtige Information, denn bis heute sind genaue Voraussagen über den Packeisgang kaum möglich. Ohne Zeit zu verlieren, trifft Barrow Vorbereitungen für zwei Polar-Missionen, während das Parlament eine Belohnung von 5 000 Pfund (d. h. mehr als das Zehnfache eines Kapitänsgehalts) für dasjenige Schiff aussetzt, das als erstes nördlich des Polarkreises über den 110. westlichen Längengrad hinaus vordringt. 1818 scheitert John Ross, der mit der „Isabella" und der „Alexander" auf der Suche nach der Nord-Westpassage ist. Sein Offizier W. E. Parry ist trotzdem überzeugt, daß es die Nord-Westpassage geben muß. Bei seiner Rückkehr gelingt es Parry, auch Barrow zu überzeugen.

Eine See-Expedition reicht nicht aus, sie wird durch eine Expedition zu Land unterstützt.

Barrow überträgt Parry das Kommando über zwei Schiffe, die „Hecla" und die „Griper". Gleichzeitig beauftragt er

„Am 5. September 1819 versammelte ich die Mannschaft der ,Hecla' um mich und teilte ihr offiziell mit, daß sie ein Anrecht auf die Belohnung von 5 000 Pfund Sterling hätte, weil der 110. Meridian überschritten sei. Ich erhöhte aus diesem Anlaß die übliche Fleischration und ließ zusätzlich Bier ausgeben."

Aus Edward Parrys Tagebuch

einen Veteranen der Schlacht von Trafalgar, John Franklin, die Küste auf dem Landweg von der Hudsonbai aus zu erforschen. Parry bricht im Mai 1819 auf, erreicht im September die Insel Melville bei 110° westlicher Länge und gewinnt damit die ausgesetzten 5 000 Pfund Belohnung. Gleichzeitig bringt er Unterlagen nach England zurück, die die Kartographierung von 1 000 km Küste ermöglichen. Von 1819 bis 1822 legt Franklin 8 800 km, 850 davon am Rand des arktischen Eises, zurück. 1825 läuft er wiederum aus und stößt dabei über den 110. westlichen Längengrad nach Osten vor. Die Forschungsergebnisse von Parry und Franklin sowie die Landvermessungen zweier Männer der *Hudson's Bay Company*, Simpson und Dease, bis zur Halbinsel Boothia müßten jetzt die Bestimmung der Passage ermöglichen.

Franklin hat den Ehrgeiz, der erste zu sein: 1845 bricht er zu einer neuen See-Expedition mit zwei Schiffen, der „Erebus" und der „Terror", sowie 129 Mann Besatzung auf. Keiner von ihnen kehrt lebend zurück.

Ende Juli erreicht John Franklin die Mündung des Coppermine. Dort, so berichtet er in seinem Tagebuch, „fuhren wir in östlicher Richtung in zwei Kanus die amerikanische Küste entlang. An markanten Punkten, denen sich Kapitän Parry vermutlich nähern würde, wenn er in diese Gewässer käme, stellten wir einen Pfahl mit einer Fahne auf und hinterließen einen Brief mit allen Informationen, die ihm nützlich sein konnten."

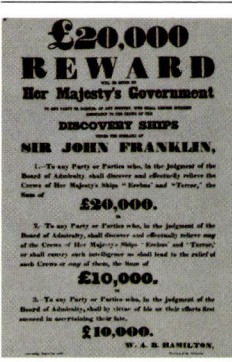

£20,000
REWARD
Her Majesty's Government

DISCOVERY SHIPS
SIR JOHN FRANKLIN.

1.—To any Party or Parties who, in the judgment of the
Board of Admiralty, shall discover and effectually relieve the
Crews of Her Majesty's Ships "Erebus" and "Terror," the
Sum of

£20,000.

2. To any Party or Parties who, in the judgment of the
Board of Admiralty, shall discover and effectually relieve any
of the Crews of Her Majesty's Ships "Erebus" and "Terror,"
or shall convey such intelligence as shall lead to the relief of
such Crews or any of them, the Sum of

£10,000.

3. To any Party or Parties who, in the judgment of the
Board of Admiralty, shall by virtue of his or their efforts first
succeed in ascertaining their fate.

£10,000.

W. A. B. HAMILTON.

**1847 beginnt eine groß-
angelegte Rettungsaktion:
Zehn Jahre lang suchen
40 Schiffe nach Spuren der
„Erebus" und der „Terror".**

Selbst als es keine Hoffnung
mehr gibt, läßt Lady Franklin,
die Frau des verschollenen
Kommandanten, den Mut
nicht sinken. Mit ihrer Über-
redungskunst versichert sie sich
der Hilfe der Admiralität, des
Präsidenten der USA und auch
des Zaren.

Für jede Nachricht
über den Verbleib
der Expedition Frank-
lins verspricht die bri-
tische Admiralität eine
Belohnung von 20 000
Pfund. Die Abbildung
illustriert die Suche
der „Investigator", die
am 10. Januar 1850
unter Kapitän Robert
McClure ausläuft, um
die Nord-Westpassage
und gleichzeitig Frank-
lin zu finden. Drei Jahre
hintereinander wird sie
von Eismassen einge-
schlossen und kehrt erst
1853 nach England
zurück.

Die Jahre verstreichen, eine Expedition folgt der
anderen: keine Spur von den Schiffen, wenigstens nicht in
den bezeichneten Gegenden. Es bleibt schließlich nur
noch ein Gebiet, der Streifen zwischen der Lancaster-
Straße und der amerikanischen Küste weiter im Süden.
1854 geben Inuitberichte über den Tod weißer Männer an
der Mündung des Great Fish River, d.h. in einem noch
nicht erforschten Gebiet, den Nachforschungen neuen
Schwung. Lady Franklin veranstaltet eine nationale Geld-
sammlung. Mit dem Kommando über die „Fox", eine
30-m-Jacht, betraut sie den Kapitän zur See F. M. McClintock, einen auf drei früheren Missionen erprobten Seemann. Dieser findet schließlich im Frühjahr 1859 in
einem Steinhaufen auf der King-William-Insel ein Metall-
rohr mit einer Botschaft der Expeditionsmitglieder.

Diese Aufzeichnungen eines Offiziers ermöglichen es, die Route der „Erebus" und der „Terror" zu
rekonstruieren und Näheres über den Tod der Besatzungsmitglieder zu erfahren: Sir John Franklin stirbt
als erster am 11. Juni 1847, die Schiffe werden am
22. April 1848 aufgegeben, und die Überlebenden,
insgesamt 105 Mann, begeben sich zu Fuß zur Mündung des Great Fish River. Später findet man ihre
Skelette auf den letzten 250 km ihres Leidensweges.
Von den beiden Schiffen fehlt jede Spur.

In der Westminsterabtei steht heute ein Denkmal zu
Ehren von „Sir John Franklin und derer, die mit ihm bei
der Entdeckung der Nord-Westpassage starben". Ein teurer
Sieg. Von da an vergehen 50 Jahre, in denen die Regierung
und die Öffentlichkeit andere Interessen verfolgen.

Franklin (oben) fährt
1819 zum ersten Mal
in die Arktis. 1845
kehrt er, immer noch
auf der Suche nach der
Nord-Westpassage,
dorthin zurück. 1847
kommt er im Alter von
61 Jahren um.

Franklins Tod, der nach zehnjähriger Suche zur Gewißheit wird, gibt zu vielen Spekulationen Anlaß. Aus dem von McClintock gefundenen Dokument weiß man, daß Franklin von 1845 bis 1846 auf der Beechey-Insel überwinterte, nachdem er vergeblich in der Wellingtonstraße nach einer Nordpassage gesucht hatte. Im Sommer 1846 werden die „Erebus" und die „Terror" zwölf Seemeilen nordwestlich von der King-William-Insel von den Eismassen eingeschlossen. Die Mannschaften beider Schiffe bleiben 18 Monate lang an Bord und machen sich dann ohne jede Hoffnung auf einen Weg, von dem keiner lebend zurückkehrt. Verschiedene Maler haben sich von dem Ereignis zu dramatischen Bildern inspirieren lassen. Auf diesem Gemälde vom Ende des vorigen Jahrhunderts stirbt der Entdecker nicht an Bord der „Erebus", sondern neben einer von überlebenden Seeleuten an Land gezogenen Schaluppe.

Der Eddystone-Leuchtturm

Seit 1845 ist England ohne Nachricht von Franklin, der mit zwei Schiffen, der „Erebus" und der „Terror", mit Proviant für mindestens drei Jahre an Bord aufgebrochen war. 1847 steigert sich die Besorgnis. Die Admiralität konsultiert die Arktisveteranen, unter ihnen auch Ross und Parry, und beschließt dann, drei Expeditionen auf Franklins geplanter Route nach ihm suchen zu lassen. 1848 beginnt die erste Suchaktion, doch sie schlägt fehl. Die nächsten Suchunternehmen sollen gleichzeitig im Westen und im Osten stattfinden.

Die „Assistance" und die „Pioneer" im Sturm

Im Frühjahr 1850 wird eine Flottille von vier Schiffen unter dem Fregattenkapitän Horatio Austin zusammengestellt. Sie besteht aus zwei Segelschiffen, der „Resolute" und der „Assistance", sowie zwei Schraubendampfern, der „Intrepid" und der „Pioneer", einem Dampfer von 430 t unter dem 28jährigen Kapitän Sherard Osborn. Die Verwendung von Dampfschiffen im Eismeer ist zu der Zeit etwas ganz Ungewöhnliches.

Ihre Aufgabe ist die Erforschung des Gebiets zwischen der Meerenge von Wellington und der Melville-Insel. Gleichzeitig werden weitere Schiffe auf private Initiative hin ausgerüstet. 1850 laufen weitere zwölf Schiffe aus, um Franklin zu suchen.

Das Nordkap um Mitternacht

Am 3. Mai verläßt die Flotte England und passiert den Eddy-stone-Leuchtturm. Unterwegs gerät sie in einen Sturm und entdeckt dann nach und nach die Eisklippen und die Eisberge.

Die „Assistance" und die „Pioneer" am Mount Barrow

Im Lauf des Sommers findet die Expedition auf der Beechey-Insel die ersten Winterquartiere Franklins. Im Oktober werden die „Resolute", die „Assistance", die „Intrepid" und die „Pioneer" in der Barrow-Straße vom Eis eingeschlossen. Vor dem Eisberg die „Lady Franklin" von John Ross.

Von Eisbergen eingeschlossen

Der Hafen von Viktoria

Die Barrow-Straße

Im Winterlager, wo die Außentemperatur manchmal bis auf −51° sinkt, regelt Osborn das tägliche Leben: Iglus und Schutzhütten werden gebaut, Theateraufführungen und Vorträge sorgen an den kurzen Tagen für Abwechslung. Ein Teil der Mannschaft geht auf Bären- oder Polarfuchsjagd, die künstlerisch Begabten fertigen Skulpturen aus Eis.

Die Winterquartiere

Das Schneedorf

Offiziere bauen Schlitten und erkunden in ausgedehnten Streifzügen die Umgebung. Das ist die Vorbereitung einer für das Frühjahr geplanten Landexpedition. Im April 1851 brechen 200 Männer in zwei Gruppen nach Süden und nach Westen auf. Sie erkunden die Küste und die Inseln und legen dabei mehr als 11000 km zurück, ohne auch nur die geringste Spur von Franklins Schiffen zu finden. Im August kommen die Schiffe endlich aus dem Eis frei, und Austin und seine Gefährten kehren nach England zurück. Die allgemeine Enttäuschung ist groß, die Suche geht jedoch weiter.

Fury Beach

Eine Unterkunft für die Nacht wird aufgeschlagen

Im Jahr 1853 läuft dieselbe Flotte wieder aus. Die Leitung hat Sir Edward Belcher an Bord der „Assistance", während Sherard Osborn wieder das Kommando der „Pioneer" übernimmt. Gemeinsam fahren sie die Wellington-Straße bis zur Northumberland-Straße hinauf, wo sie überwintern. Vom 10. April bis zum 15. Juli unternimmt Osborn eine Suchexpedition im Schlitten. Die Schiffe nehmen unterdessen Kurs nach Süden. Die Expedition wird jedoch wiederum vom Eis eingeschlossen und verbringt den Winter 1853 in der Wellington-Straße. Die Überwinterung steht unter einem unglücklichen Stern. Zwischen dem düsteren und tyrannischen Kapitän Belcher und den anderen Offizieren kommt es häufig zu Meinungsverschiedenheiten. Schließlich erteilt Belcher im folgenden Frühling seinen Leuten Befehl, drei Schiffe zu verlassen und auf nur einem Schiff nach England zurückzukehren. Damit verläuft die zweite Expedition ebenso ergebnislos wie die erste.

Die Eisbrücke

Ross 1818
Parry 1819 – 1820
Franklin 1819 – 1822
Franklin 1825 – 1827
Franklin 1845 – 1848
Nordenskjöld 1878 – 1879
Nansen 1893 – 1896
Amundsen 1903 – 1905

Peary   Rückweg
Cook   Rückweg

Magnetischer Pol Ross 1831

PAZIFIK

180°

Bering-
straße

Tschuktschen-
see

KANADA

Alaska

Wrangel-Insel
Barrow

Kap Schelagskij
Kolyma

Ostsibirische
See

Mackenzie

Großer
Bärensee

Beaufortsee

NORDPOLARMEER

Nördlicher Polarkreis
Sibirien
Jakutsk

Lena

Coppermine

Banks-Insel

Prinz-Patrick-Insel

Neusibirische
Inseln

Laptewsee

Dease-Straße
Viktoria-
Insel

Parry-Inseln
Melville-Insel

80°

Kap Tscheljuskin

UdSSR

Viktoria-
Straße

Prinz-Insel

Barrow-
Straße

Lancaster-
Sund

Nordpol

Sewernaja
Semlja

90°E

Ellesmere-Land
Kap Columbia

Karasee

Dickson

Jenissei

Naresstraße

Baffinland

Thule

Franz-Josef-
Land

Baffinbai

Nowaja
Semlja

Waigatsch

Ob

Spitzbergen
(Svalbard)

Barentssee

GRÖNLAND

70°

Labradorsee

Nördlicher

Bären-Insel

Nordkap

Murmansk

Archangelsk

Polarkreis

80°

Dwina

Scoresby-Sund

Jan Mayen

SKANDINAVIEN

60°

Reykjavik

Europäisches
Nordmeer

ISLAND

Färöer

Leningrad

ATLANTIK

Oslo

Moskau

Shetland

50°   30°

0   500   1000 km

Ochotskisches
Meer

150°
50°

Kamtschatka

60°

70°

120°

Erst 1905 findet ein Norweger fast im Alleingang die Nord-Westpassage.

Mit einem alten Fischkutter, der „Gjoa", und Lebensmittelvorräten für drei Jahre an Bord landet Roald Amundsen auf der Beechey-Insel. Zwei Jahre lebt er mit sechs Gefährten unweit eines Inuitstamms im Südosten der King-William-Insel. Während seiner zweimaligen Überwinterung führt er Messungen durch, mit denen er den magnetischen Pol an der Oberfläche bestimmt. In dieser Zeit studiert er auch die Lebensweise der Inuit, um nach ihrem Vorbild der Kälte standhalten zu können.

Am 13. August 1905 läuft die „Gjoa" endlich mit westlichem Kurs aus. Und Ende August begegnet ihr ein Segelschiff, das aus – San Francisco kommt. Die Verbindung ist hergestellt, die Nord-Westpassage nach vielen Leiden und Opfern gefunden. Sie bleibt allerdings weitgehend ungenutzt.

Roald Amundsen überwintert 1903 in einer kleinen Bucht der King-William-Insel, derselben Insel, wo man 50 Jahre vorher die Überreste der Franklin-Expedition gefunden hat. 200 Inuit schlagen in der Nähe der „Gjoa" ein Lager auf. Sie bieten Kleidung aus Rentierfell im Tausch gegen Nadeln und Messer an. Amundsen und seine Gefährten tragen die Inuitkleidung, die „jedem noch so warmen europäischen Kleidungsstück bei weitem vorzuziehen ist".

Auf dem Weg von Göteborg nach Yokohama findet die „Vega" endlich die Nord-Ostpassage.

Als Adolf Erik Nordenskjöld am 4. Juli 1878 Göteborg mit seinen beiden Schiffen, der „Vega" und der „Lena", verläßt, liegen bereits Expeditionen nach Grönland, Spitzbergen und dem Karameer hinter ihm: Er weiß also, was auf ihn zukommt. Als Mitglied der Akademie der Wissenschaften hat er sowohl wissenschaftliche als auch ökonomische Beweggründe für seine Fahrt. Im übrigen finanzieren der schwedische König und zwei Geschäftsleute das Unternehmen. Am 19. August umfahren die beiden Schiffe das Kap Tscheljuskin (74° 34' Nord) und stellen damit den europäischen Rekord im Osten auf. Ruhig und glatt ist das Meer, ruhig und flach ist das Land: Moose und Flechten so weit das Auge reicht.

Nachdem die „Lena" die Mündung des Flusses, dessen Namen sie trägt, erreicht hat, fährt sie ihn 1 500 km hinauf bis nach Jakutsk, während die „Vega" ihre Reise nach Osten fortsetzt und Kap Schelagskij auf dem 180. Längengrad trotz Packeiszonen erreicht. Genau an diesem Punkt liegt die Datumsgrenze. Aber das Meer beginnt zuzufrieren, und obwohl die offene See nurmehr drei Seemeilen und die Beringstraße nur eine Tagesreise entfernt ist, sieht Nordenskjöld sich gezwungen, bei den Tschuktschen zu überwintern. Und Überwintern heißt, sich neun Monate in Geduld zu fassen, während eisige Winde über das Eis fegen.

Der einzige Zeitvertreib sind Tauschgeschäfte mit den Einheimischen. Leutnant Norquist nutzt die lange Pause zur Abfassung eines Wörterbuchs und einer Grammatik der Sprache der Tschuktschen...

Dem Stammeshäuptling vertraut man Post für Frau Nordenskjöld und den schwedischen König an. Und die Tschuktschenpost funktioniert nicht einmal schlecht: Die Briefe kommen fünf Monate später tatsächlich an.

Adolf Erik Nordenskjöld ist 47 Jahre alt, als er mit der „Vega" von Schweden nach Yokohama in Japan fährt. Die „Vega" ist ein Walfängerschiff von 45 m Länge und hat einen eichenen, mit Greenhart verstärkten Bug und eine Maschine von 60 PS. An Bord befinden sich ein Ersatzsteuer und eine Ersatzschiffsschraube.

Eine Szene während der Überwinterung: abendliche Offiziersrunde an Bord der „Vega".

„Die ‚Jeannette' wurde von den Eismassen zermalmt und sank am 12. Juni 1881 bei 77° 15' Nord und 155° Ost nach 22monatiger Drift über das Eismeer. Die 33 Mann Besatzung, Offiziere und Matrosen, zogen drei Boote und ihre Vorräte über das Eis bis zu 76° 38' Nord und 150° 30' Ost, wo sie am 19. Juli auf einer neuen Insel landeten, der Bennett-Insel. Von dort wendeten sie sich nach Süden… Am 10. September landeten sie auf der Semenowski-Insel, 90 Seemeilen nördlich der Lena-Mündung. Am 12. brachen sie gemeinsam in ihren Booten auf, wurden jedoch in der folgenden Nacht durch einen Sturm getrennt."

In einer Botschaft, die man nach seinem Tod fand, schildert der Kapitän der „Jeannette", G.W. de Long, den ersten Teil des Dramas. In der Folge haben jedoch die drei Boote nicht das gleiche Schicksal: Boot Nr. 2 geht mit sieben Mann an Bord verloren. Die elf Mann auf dem Walfangboot werden von russischen Verbannten, die an der Küste leben, gerettet. Die Männer in Boot Nr. 3, das von de Long geführt wird, sterben an Hunger und Erschöpfung.

Am 18. Juli des folgenden Jahres nimmt die
„Vega", als das Meer eisfrei ist, ihre Route wieder
auf und langt am 2. September in Yokohama an.
In Japan werden die Entdecker begeistert emp-
fangen. Alle wollen Nordenskjölds Erfolg feiern,
allen voran der Kaiser, der ihm eine Audienz
gewährt und einen Orden verleiht. Auf der
Rückreise über den Südrand des asiatischen
Kontinents wird jede Zwischenlandung zum
Triumph. Und als die „Vega" am 24. April
schließlich in Stockholm eintrifft, erklärt
König Oscar den Tag zum Nationalfeiertag.

Ist der Nordpol ein Meer oder ein Kontinent?

1879 ist James Gordon Bennett, der mächtige
Eigentümer des New York Herald und der Mann,
der Stanley auf die Suche nach Dr. Livingstone
schickte, immer noch auf der Jagd nach neuen Sensatio-
nen. Dieses Mal möchte er das Geheimnis des Nordpols
ergründen und seinen Lesern als erster darüber berichten.
So schickt er die „Jeannette", einen kleinen Dampfer, in
die Eisfelder im Norden der Beringstraße.

Das Unternehmen wird ein völliger Fehlschlag. Im
Juni 1881 wird die „Jeannette" bei 77° 15' nördlicher
Breite vom Eis zermalmt. Mit Hilfe der Russen gelingt
es nur wenigen Besatzungsmitgliedern, sich zu retten.
Zermalmt heißt allerdings nicht verschlungen. 1884
erfährt Fridtjof Nansen, ein junger norwegischer Wissenschaftler, daß einige Inuit Teile der „Jeannette" 2900 Seemeilen von der Unglücksstelle entfernt an der Südwest-
küste Grönlands gefunden haben.

Daraus ergibt sich folgende Erkenntnis: Die Wrack-
teile waren mit dem Eis täglich zwei bis drei Seemeilen
über das Polarmeer gedriftet. Es erhebt sich nun die Frage,
ob nicht ein widerstandsfähigeres Schiff die gleiche Route
nehmen könnte, ohne dabei von den Eismassen zerstört
zu werden. Auch wenn man sich am Pol von den Eismassen einschließen ließe, würde das immer noch bedeuten, daß man sich fortbewegt. 1890 überprüft Nansen
die Hypothese. Er ist 29 Jahre alt, seit mehreren Jahren
bereits Doktor der Naturwissenschaften und verfügt über
solide Fachkenntnisse. Er hat gerade Grönland von Ost
nach West auf Skiern durchquert, hat also auch eine gute
physische Kondition.

Nach Ankunft an
der Lena-Mündung
schickt de Long den
Bordzimmermann und
einen Matrosen aus, um
in der Umgebung Hilfe
zu suchen. Nach einem
anstrengenden Marsch
werden sie von Tungu-
sen aufgenommen. Sie
bemühen sich, ihnen
ihre Lage zu schildern,
und bitten sie um Hilfe
für ihre Kameraden.
Ihre Mühe ist vergebens:
Eine Verständigung
zwischen den Einheimi-
schen und den Ame-
rikanern ist in keiner
Sprache möglich.
Mehrere Monate später
werden die Leichen
de Longs und seiner
Männer gefunden.

Nansen unterbreitet seine Überlegungen verschiedenen wissenschaftlichen Gesellschaften. Je nach Theorie – ist der Nordpol ein Meer oder befindet er sich auf festem Land? – hört man ihm entweder begeistert zu, so in Norwegen und Schweden, tut seine Ideen verächtlich ab wie in England oder nimmt sie mit großer Skepsis auf wie in Amerika.

Aber Nansen ist aller Kritik zum Trotz entschlossen, das Abenteuer zu wagen. Norwegen stellt 25 000 Pfund für die Expedition zur Verfügung. Davon baut er mit Colin Archer, einem schottischen Schiffsbauer, sein Schiff, die „Fram". Ihr Bug ist abgerundet, damit sich das Schiff unter dem Druck der Eismassen über das Eis schiebt.

Am 24. Juni 1893 läuft die „Fram" von Bergen aus. An Bord sind zwölf Mann Besatzung und 34 Samojedenhunde.

Man beabsichtigt, sich nördlich von der Lena-Mündung vom Eis einschließen zu lassen. Nansen benutzt die Nord-Ostpassage entlang der sibirischen Küste und erreicht Ende September bei 77° 14' nördlicher Breite die Packeisgrenze. „24. September. Als der Nebel sich lichtete, sahen wir uns von ziemlich dicken Eisschollen umgeben. Die Gegend ist fast ohne Leben, von einem Seehund und neueren Eisbärspuren abgesehen."

Es werden jetzt Vorkehrungen zum Überwintern getroffen, das Steuer wird hochgezogen und durch einen Schacht geschützt. „Um uns herum krachen die Eismassen mit Donnergetöse aufeinander, sie schichten sich zu Wällen und Barrieren auf, die die Brücke der ‚Fram' überragen."

Die ersten sechs Wochen sind alles andere als ermutigend: Entgegen Nansens Berechnungen driftet die „Fram" nach Südosten. Im Dezember kehrt sich die Strömung um, das Schiff befindet sich nun wieder auf derselben Breite wie zwei Monate zuvor. Jetzt erst beginnt die Überquerung des Polarmeers. Nach einem Jahr der Eintönigkeit, die nur gelegentlich durch Eisbären unterbrochen wird, hat die „Fram" 300 Seemeilen zurückgelegt und nähert sich dem Nordpol. Allerdings zeichnet sich ab, daß die Drift nicht über den 85. Breitengrad hinausgehen wird.

Mit der Zeit beginnt sich die Kritik an Nansens Projekt zu häufen. Sie betrifft vor allem die „Fram". Admiral Nares meint: „Man sagt, das Schiff sei sehr widerstandsfähig und werde sich mit dem zunehmenden Druck des Eises heben. Aber wenn ein Schiff erst einmal im Eis gefangen ist, nützt seine Form auch nichts mehr, da es dann einen Block mit dem Eis bildet." Joseph Hooker, der letzte Überlebende der Antarktis-Expedition von Ross, schreibt: „Die ‚Fram' kann dem Druck des Eises nur dann standhalten, wenn das Eis kaum höher ist als die Wasserlinie des Schiffes." Der amerikanische General Greely greift sogar Nansen persönlich an: „Nansen hat keinerlei Erfahrung mit der Arktis und führt seine Männer in den sicheren Tod!"

Das polare Becken, das Nansen mit der „Fram" zu erkunden beschließt, ist ein mehrere tausend Meter tiefer Ozean, der mit einer drei bis vier Meter dicken Eisschicht bedeckt ist. Wenn es hier auch keinen Seegang wie auf anderen Weltmeeren gibt, so ist das Eis dafür unter dem Einfluß der Gezeiten, Winde und Meeresströmungen in ständiger Bewegung. Diese führt unter Druck zur Bildung von Eishügeln, den Hummocks. Wo zwei Blöcke aneinanderstoßen, bilden sie an ihren Rändern zusammen mit neuem Eis Wälle von übereinandergetürmten Eisschollen, die eine Höhe von 4 m und einen Tiefgang von mehr als 15 m erreichen können. Die Navigation in diesem Gebiet ist auf grobe Schätzungen der zurückgelegten Entfernungen angewiesen. Ständig sind Hummocks zu überwinden oder zu umfahren, was die Strecke länger macht und die Kursberechnung erschwert.

Wenn auch die „Fram" vielleicht nie den Pol erreicht: Nansen gibt nicht auf.

Mit einem Gefährten, drei Schlitten, zwei Kajaks und 27 Hunden bricht Nansen in Richtung Pol auf und will anschließend das 1000 Seemeilen (1852 km) entfernte Franz-Josef-Land erreichen. Nach seiner Rechnung bleiben ihm dafür die vier bis fünf Monate des polaren Frühlings und Sommers. Nansen hat für sich und seinen Gefährten Frederick Hjalmar Johansen Lebensmittelvorräte für 100 Tage dabei. Wie in diesen Regionen nicht ungewöhnlich, werden die Hunde nacheinander getötet, um den anderen zum Fraß zu dienen. Bis zum Pol sind es 360 Seemeilen (667 km). Am 14. März 1895 brechen Nansen und Johansen auf.

Am 8. April befindet sich Nansen erst auf 86° 3' nördlicher Breite, er hat also drei Wochen für 123 Seemeilen

„Das Eis war hier, das Eis war dort. Das Eis dehnte sich fahl in die Unendlichkeit. Es knackte, stöhnte, donnerte und heulte. Es waren Geräusche, die einer Ohnmacht vorausgehen."
Samuel Coleridge,
„Die Ballade vom alten Seemann"

gebraucht. Aufeinandergetürmte Eisschollen haben die Reise verlangsamt. Die beiden Forscher müssen kehrtmachen und Franz-Josef-Land, 360 Seemeilen in südsüdöstlicher Richtung, ansteuern. Mit fortschreitendem Frühling brechen immer wieder Wassergräben zwischen den Eisschollen auf. Jedesmal müssen dann Hunde und Material auf Kajaks geladen und übergesetzt werden, ehe die Reise weitergehen kann. „Mittwoch, 14. Juli. Nach nahezu zwei Jahren sehen wir endlich etwas an der weißen Horizontlinie."

Es ist Land, die äußerste Nordostspitze des Franz-Josef-Archipels. Nansen entdeckt eine Insel, der er den Vornamen seiner Frau Eva gibt. Die Forscher haben gerade noch zwei Hunde. Gut, daß es Seehunde und Eisbären gibt…

Am 7. August gelangen die beiden an den Rand des Wasserstreifens, der die Insel vom Packeis trennt. Sie verbinden die beiden Kajaks zu einem Katamaran, setzen ein Segel und legen in drei Wochen 100 Seemeilen auf südwestlichem Kurs zurück.

Doch nun bricht der Winter herein. So landen Nansen und Johansen auf der nächsten Insel auf halbem Weg zum Kap Flora und schlagen dort ein Winter-

Als Nansen und Johansen den Franz-Josef-Archipel sichten, erscheint die Küste im sommerlichen Glanz. Es ist Brutzeit, Tausende und Abertausende von Jungvögeln machen über Mohnfeldern ihre ersten Flugversuche. Eines Abends ist der Schnee rosenfarben: Eine winzige Alge, die Spirella Nivalis, verwandelt die weiße Landschaft für einige Augenblicke. Die beiden Männer werden zwar nicht mehr von Bären bedroht, dafür versuchen Walrosse ihre riesigen Stoßzähne an den zerbrechlichen Kajaks.

lager auf. Sie jagen Eisbären, kleiden sich mit deren Fellen, bauen eine Steinhütte und verwenden Walroßöl für ihre Lampen: Nansen und Johansen überleben als regelrechte Eskimos.

Am 19. Mai wird die Reise fortgesetzt.

Das Ziel der Expedition ist, Spitzbergen zu erreichen, wo sie ein norwegischer Seehundfänger aufnehmen soll. Allerdings können sie ihren gegenwärtigen Standort nicht mehr genau bestimmen. Befinden sie sich gerade in Franz-Josef-Land oder in Gillesland? Sie werden von häufigen Schneestürmen aufgehalten und brauchen drei Wochen, um eisfreies Wasser zu erreichen. Dort bauen sie die Kajaks wieder zum Katamaran um und fahren jetzt die Küste des vermeintlichen Franz-Josef-Lands entlang.

Am 17. Juni glaubt Nansen bei einem Erkundungsgang an Land Hundegebell und eine menschliche Stimme zu vernehmen. „Wer konnte das sein? Wir näherten uns einander hüteschwenkend und schüttelten uns die Hand. Auf der einen Seite der glattrasierte, zivilisierte Europäer im englischen Sportdress und Gummistiefeln, auf der anderen ein ölverschmierter, zerlumpter Wilder mit langen Haaren und struppigem Bart." Der Fremde heißt Jackson. „Sind Sie nicht Nansen?" – „Ja." – „Wie bin ich froh, Sie zu sehen." Sie befinden sich am Kap Flora. Am 7. August schifft sich Nansen auf der „Windward" ein. Die „Windward" ist das englische Versorgungsschiff der Expedition Jackson. Eine Woche später geht Nansen in Vard an Land.

Nansen ist zwar aus Vard zurück, aber was wird aus der im Eis zurückgelassenen „Fram"? Nansen hat sie am 14. März 1895 unter dem Kommando von Otto Sverdrup zurückgelassen. Am 20. August 1896 befindet sich Nansen an Bord der „Otaria", der Yacht von Sir George Baden-Powell, als ihn folgendes Telegramm erreicht: „An Fridtjof Nansen. Die ‚Fram' ist wohlbehalten angekommen, an Bord ist alles wohlauf. Wir nehmen sofort Kurs auf Tromsö. Grüße an die Heimat. Otto Sverdrup." Sverdrup hat sich unmittelbar nach seiner Rückkehr zum Postamt begeben, um Nachrichten von Nansen zu erhalten. Alle Expeditionsteilnehmer treffen sich nun am 25. August in Tromsö, wo der Hafen im Schmuck von Hunderten von Wimpeln leuchtet. Von überall ist man zur Begrüßung herbeigeeilt.

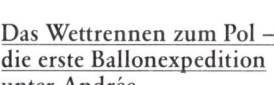

Das Wettrennen zum Pol – die erste Ballonexpedition unter Andrée.

Genau genommen besteht kein wissenschaftliches Interesse am Erreichen des *geographischen Nordpols*. Trotzdem hat er für viele, sei es aus Entdeckerfreude oder aus Ruhmsucht, große Anziehungskraft.

Der schwedische Ingenieur Salomon Andrée sieht

Drei Tage nach seinem Start gerät der Ballon Salomon Andrées, der „Adler", in Nebel. Ein Eisfilm auf der Ballonhaut erhöht sein Gewicht, und Andrée muß auf einer Eisscholle im Meer notlanden, 300 Seemeilen nordöstlich der Dänen-Insel. Zwei Monate lang arbeiten sich die Männer, die sich von Bärenfleisch ernähren, zu Fuß durch ein Gemisch von halbgetautem Schnee und Eis in Richtung des Franz-Josef-Archipels vor. Sie schaffen täglich nur 1,7 Seemeilen und sind sowohl durch die Strapazen des Marsches als auch durch unzureichende Ernährung erschöpft. Anfang Oktober erreichen sie die Weiße Insel, eine kleine Felseninsel, die zu ihrer letzten Zuflucht wird.

im Ballon die Möglichkeit, Eisbarrieren und offene Wassergräben, die die Fortbewegung über das Eis erschweren, zu überwinden. Man schreibt das Jahr 1896: Montgolfieren gibt es seit 100 Jahren, das Luftschiff ist im Kommen, das Flugzeug noch ein Traum der Ingenieure.

Es gelingt Andrée, den schwedischen König und den Mäzen Alfred Nobel für die Finanzierung seines originellen Unternehmens zu gewinnen. Er läßt seinen Ballon in Paris bei Lachambre bauen und tauft ihn „Oe Örn" (schwedisch für „Adler"). In Spitzbergen, dem Ausgangspunkt der Reise, wird der Ballon 3 000 km weit abgetrieben. Andrée gibt auf, läßt das Gas aus seinem 4 800 m^3 fassenden Ballon – und unternimmt im folgenden Jahr einen zweiten Versuch. Der Fotograf Strindberg und der Ingenieur Fränkel begleiten ihn. Keinen der drei sieht man lebend wieder.

Im Oktober sterben sie auf der Weißen Insel. Erst 33 Jahre später trifft ein norwegischer Seehundfänger zufällig auf ihr letztes Lager, ihre Aufzeichnungen, Fotos und Abschiedsbriefe.

Diese beiden Stiche aus zwei zeitgenössischen Zeitschriften, dem Petit Journal (rechts) und der Domenica del Corriere (unten), machen deutlich, wie groß das öffentliche Interesse an Polar-Expeditionen war. Unter dem Beifall der Menge verläßt der Neffe des italienischen Königs, der Herzog von Abruzzen, den Bahnhof von Turin, um sich auf seinem Schiff in die polaren Gewässer zu begeben. Ein anderes weltweit beachtetes Ereignis ist der Kampf um die Eroberung des Nordpols zwischen Peary und Cook.

1899 unternimmt der junge italienische Prinz Luca-Amadeo von Savoyen, Herzog von Abruzzen, eine Polarexpedition.

Das Schiff des Prinzen, die „Stella Polare" erreicht bei Kap Fligely im äußersten Norden der Rudolf-Insel (81° 50' nördlicher Breite) den Franz-Josef-Archipel. Während der Überwinterung erfrieren dem Prinzen zwei Finger. Damit ist seine Hoffnung, sich am Wettrennen zum Pol zu beteiligen, zunichte gemacht. So bricht sein Gefährte Cagni am 13. März 1900 mit 13 Schlitten ohne den Prinzen auf. Das Fortkommen ist schwierig: Durchschnittlich legt die Expedition sechs Seemeilen pro Tag zurück. Und drei Männer kommen unterwegs ums Leben. Cagni erreicht am 24. April 86° 34' nördlicher Breite. Damit übertrifft er Nansens Rekord um ein geringes, aber der Pol selbst ist noch zu erobern.

PÔLE NORD

Das Duell Peary – Cook:
Wahre oder falsche Nachrichten?

Zur gleichen Zeit beschließt Robert Peary, ein amerikanischer Marineingenieur, auch den Pol zu erreichen, um dort „den Ruhm eines Christoph Kolumbus zu gewinnen". In den Jahren 1886 – 1908 rüstet er mit Hilfe amerikanischer Industrieller acht Expeditionen aus. Die ersten führen ihn in den Kanadischen Archipel und nach Nordgrönland. Sie dienen ihm als Training: Er gewinnt dort gute Kenntnis in den Techniken der Inuit, die ihm bei seinem Sturm auf den Pol 1908 / 1909 zugute kommen.

   Im August 1908 macht er mit seinem Schiff, der „Roosevelt", eine Zwischenlandung an der Nordwestküste Grönlands und nimmt mehrere Inuitfamilien sowie 246 Schlittenhunde an Bord. Er überwintert auf Kap Sheridan und bereitet währenddessen seinen Plan bis ins Detail vor. Eisbären, kanadische Rentiere und Moschusrinder werden gejagt, Räucherfleisch und Fett zum Heizen und zur Beleuchtung gesammelt, Schlitten und Geschirr für die Hunde angefertigt, während die Frauen Pelzkleider und Stiefel herstellen.

   Am 1. März 1909 sticht Peary von Kap Columbia aus in See. An Bord befinden sich 17 Inuit, 19 Schlitten, 133 Hunde, fünf Weiße und ein Schwarzer, sein ständiger Begleiter Matthew Henson. Einen Monat später tritt bei 87° 47' nördlicher Breite der letzte Hilfstrupp unter Bartlett den Rückweg an. Peary setzt mit vier Inuit und Henson seinen Weg nach Norden fort.

   Am 27. April, nur vier Tage später als der Hilfstrupp, kehrt Peary triumphierend an Bord der „Roosevelt" zurück und behauptet, am 6. April den Pol erreicht zu haben. „Wir haben das Sternenbanner auf dem Nordpol aufgepflanzt", telegraphiert er bei seiner Rückkehr am 5. September nach Indian Harbour. Mit diesem Siegesruf beginnt die Polemik gegen ihn.

   Am 1. September erhält der New York Herald, dessen besonderes Interesse immer noch dem hohen Norden gilt, ein anderes Telegramm: „Ich habe den

Nordpol am 21. April 1908 erreicht und Land im hohen Norden entdeckt." Das Telegramm ist von Frederick Cook, einem amerikanischen Arzt, unterzeichnet, der Peary in Nordgrönland begleitet und 1897 – 1899 die belgische Antarktisexpedition des Baron Gerlache gerettet hatte.

Cook, dessen Reise von John Bradley, einem reichen Amerikaner, finanziert wird, hat in Annootak, einem Inuitdorf, 700 Seemeilen vom Pol entfernt und weit südlich von Kap Columbia, überwintert. Von dort bricht er angeblich am 19. Februar 1908 mit 11 Inuit, 11 Schlitten und 103 Hunden auf und erreicht nach seinen Angaben am 21. April den Pol. Er sieht sich dann gezwungen, in einer Höhle von Kap Sparbo im Norden der Insel Ellesmere zu überwintern und kehrt erst am 15. April 1909 nach 14monatiger Abwesenheit zu seinem Basislager zurück.

8. September. „Cook ist nie am Pol gewesen, weder am 21. April 1908 noch zu irgendeinem anderen Zeitpunkt. Er hat die Öffentlichkeit schlicht betrogen. Dafür habe ich Beweise", erklärt Peary auf Fragen von Journalisten. Zwischen den beiden früheren Freunden herrscht jetzt erklärte Feindschaft.

Die Zeitungen sorgen für eine Sensation, indem sie sich die exklusive Berichterstattung für den einen oder den anderen Rivalen sichern. Der New York Herald verteidigt Cook, die New York Times Peary, der auch von der mächtigen National Geographic Society unterstützt wird. Langsam wird die Affäre zu einem Politikum. Nach einer stürmischen Debatte kommt es im Kongreß zur Abstimmung: Mit 135 gegen 34 Stimmen erklären die amerikanischen Abgeordneten Peary zum offiziellen Sieger und ernennen ihn sogar ausnahmsweise zum Konteradmiral. Die Polemik kommt jedoch nicht zum Schweigen, denn bis heute fehlen die Beweise.

Weder Robert Peary (links) noch Frederick Cook (unten) können als Bezwinger des Nordpols gelten. Es scheint unmöglich, daß sie den Nordpol, ohne je Positionsbestimmungen und Messungen vorzunehmen, erreichen konnten. Es dauert bis zum 23. April 1948, als vier Russen mit drei Flugzeugen als erste Menschen auf dem Pol landen und dort ihre Position bestimmen: genau 90°.

Wie konnte Peary, nachdem er sich von Bartlett getrennt hatte, täglich 71 km zurücklegen, während Nansen,
Cagni und er selbst bei früheren Expeditionen nie mehr
als 15 km am Tag schafften? Und bei Cook lassen die
ungenauen Angaben über Daten und Positionen am
Wahrheitsgehalt seines Berichts zweifeln. Erst der
Amerikaner Plaisted kann unwiderlegbare Beweise
erbringen, daß er den Nordpol am 20. April 1968
zu Fuß erreichte.

Mit 52 Jahren führt Roald Amundsen, der Entdecker der Nord-Westpassage und Pionier des Südpols, eine Lufterkundung des hohen Nordens durch.

New York, Herbst 1924. Amundsen befindet sich auf einer Vortragsreise durch die USA, als im Waldorf-Astoria-Hotel das Telefon klingelt: „Ich bin Lincoln Ellsworth, ein Bewunderer Ihrer Polar-Expeditionen. Wenn Sie einverstanden sind, stelle ich Ihnen die nötigen Mittel für Ihre nächste Expedition zur Verfügung."

Der Ingenieur und Millionär Ellsworth wird zum Freund und Helfer Amundsens. Die Vortragsreise war also erfolgreich: Wie beabsichtigt, ist es Amundsen gelungen, einen reichen Industriellen für seinen Plan, den Nordpol aus der Luft zu erkunden, zu gewinnen. Nach seiner Rückkehr nach Norwegen beginnt Amundsen mit den Vorbereitungen. Zusammen mit dem Luftwaffenoffizier Riiser Larsen wählt er zwei Wasserflugzeuge italienischer Bauart aus. Damit beabsichtigt er, auf dem Pol zu landen.

Dort will er ein Flugzeug zurücklassen, das verbleibende Benzin in das andere umtanken und mit diesem über noch wenig erforschtes Gebiet weiter nach Alaska fliegen.

Am 21. Mai 1925 sind sechs Männer reisefertig: Amundsen und Ellsworth, die beiden Piloten sowie zwei Mechaniker. Es weht ein steifer Nordostwind, und bereits nach acht Stunden ist die Hälfte des Treibstoffs verbraucht. So wassern die Flugzeuge auf einem offenen Kanal bei 87° 44' nördlicher Breite, 136 Seemeilen vom Pol entfernt. Bei der Wasserung wird ein Flugzeug beschädigt, und die offene Wasserstelle friert schnell zu. Die Expedition braucht drei Wochen, um auf einer Scholle eine 500 m lange Piste zu bauen. Am 14. Juni startet das intakte Flugzeug endlich und landet acht Stunden später in der Nähe des Nordkaps. Am 5. Juli wird den Expeditionsteilnehmern in Oslo ein triumphaler Empfang bereitet. Alle Schiffe auf Reede veranstalten zur Begrüßung ein Sirenenkonzert, der König und die Königin beglückwünschen Amundsen und Ellsworth persönlich zu ihrem Erfolg.

Lincoln Ellsworth (oben) ist 44 Jahre alt, als er Amundsen (links) begegnet und dessen Luftexpedition finanziert. Ihre beiden Wasserflugzeuge sind mit 360 PS starken Rolls-Royce-Motoren ausgerüstet. Sie können sowohl auf Wasser wie auch auf Schnee landen. Jedes davon kostet $ 85 000.

Das lenkbare Luftschiff „Norge" überquert den Pol.

Die Erkundung des Pols aus der Luft bleibt ein riskantes Unternehmen: Die damaligen Flugzeuge verfügen nicht über genügende Treibstoffvorräte, um die großen Entfernungen im Polargebiet ohne Zwischenlandung zurückzulegen. Dagegen hat das Luftschiff einen beachtlichen Aktionsradius und kann darüber hinaus bei ruhigem Wetter überall landen. In Italien hat Riiser Larsen den Konstrukteur Umberto Nobile kennengelernt, der ihm ein halbstarres Luftschiff baut.

Nobile ist auch der erste Erfolg zu verdanken: Die „Norge" verläßt Rom am 10. April 1926 und erreicht am 7. Mai den Kongsfjord in Spitzbergen. Dort treffen Nobile und Larsen eine amerikanische Expedition unter Fregattenkapitän Richard Byrd. Mit seinem Piloten will dieser vom Kongsfjord aus eine Polar-Expedition starten. Ihr Hin und Rückflug findet am folgenden Tag innerhalb von 15 Stunden und 30 Minuten statt. Angesichts der Wetterverhältnisse und der bekannten Durchschnittsgeschwindigkeit des Flugzeugs müssen Byrds Angaben, den Pol erreicht zu haben, jedoch bezweifelt werden.

Die Norge ihrerseits startet am 11. Mai um 8.50 Uhr. 16 Stunden und 40 Minuten später erreicht sie den Pol, geht auf 200 m herunter und wirft die norwegische, amerikanische und italienische Flagge ab. Damit erreicht die „Norge" nicht nur als erste den Pol auf dem Luftweg, sondern es gelingt auch, nachzuweisen, daß es, im Gegensatz zu den Vermutungen einiger Geographen, am Nordpol kein Festland gibt.

Nobiles N-1 ist ein halbstarres, lenkbares Luftschiff mit einem Volumen von 19 000 m³. Es ist mit drei Maybachmotoren von 250 PS ausgerüstet, hat eine Nutzlast von 23 t und einen Aktionsradius von 8 000 km. Amundsen und seine Gefährten sind alles bereit, um dieses Luftschiff zu bekommen, auch dazu, unter Nobiles Führung die Überquerung zu wagen. Ihr Plan findet das Wohlgefallen des italienischen Premierministers Benito Mussolini, des Führers der Faschistischen Partei. Er hat gerade seine Machtübernahme in Italien offiziell bestätigt und benötigt jetzt aus Publizitätsgründen eine werbewirksame Aktion. Deshalb zeigt er sich bereit, den N-1 zur Verfügung zu stellen, unter der Bedingung, daß er die italienische Flagge führt. Die Norweger jedoch kaufen das Luftschiff und taufen es in „Norge" um.

„Man soll das Schicksal nicht zweimal herausfordern", sagt Mussolini zu Nobile.

Die Mitglieder der Expedition „Norge": vorn sitzend von links nach rechts Amundsen, Ellsworth und Nobile.

Nobiles Erfolg begeistert seine Landsleute. Lenkbare Luftschiffe scheinen das Verkehrsmitel der Zukunft zu sein. Die Einrichtung einer Flugroute Rom – Rio de Janeiro wird erwogen. Nobile aber beharrt auf seinem Vorhaben: eine neue, wissenschaftliche Arktis-Expedition im lenkbaren Luftschiff. Allen Einwendungen des Duce zum Trotz startet er am 15. April 1928 von Mailand mit der „Italia", einem Schwesterschiff der „Norge". Am 6. Mai erreicht er den Kongsfjord, wo ein italienisches Versorgungsschiff, die „Città di Milano", auf ihn wartet. Von dort führt er verschiedene Erkundungsflüge über den sibirischen Inseln durch. Am 23. Mai erreicht die „Italia" den Pol. Wieder wirft man eine italienische Flagge ab, daneben ein großes Eichenkreuz. Auf dem Rückweg nach Spitzbergen kommt Nebel auf, es wird kälter, und der Gegenwind erreicht eine Stärke von 20 bis 25 Knoten.

30 Stunden nachdem sie am Pol war, gerät die „Italia" in einen Schneesturm. Sie wird schwerer, sinkt ab, und um 19.30 Uhr schlägt sie mit der Gondel auf das Eis auf.

Nach der Bruchlandung des Luftschiffs sitzen Nobile und acht Besatzungsmitglieder auf dem Packeis. In den Trümmern der Gondel befinden sich Lebensmittel für 45 Tage, ein Zelt, ein Revolver und ein Notfunkgerät, das der Funker beim Aufschlagen geistesgegenwärtig an sich gepreßt hat. Der Sturm reißt die Trümmer der „Italia" mit sich fort. Die Verunglückten befinden sich 60 Meilen nördlich der Nordostküste Spitzbergens, aber Nobile und der Mechaniker sind verletzt, an eine Fortsetzung der Reise zu Fuß ist also nicht zu denken. In regelmäßigen Abständen sendet Nobile Notrufsignale mit Positionsangabe. Die

Nobile ist zwar kein Faschist, aber stolz auf seine italienische Nationalität. Er fühlt sich von dem Gespann Amundsen – Ellsworth in den Hintergrund gedrängt. Selbst der Teamgeist, den die drei Männer entwickeln, kann nicht alle Konflikte verbergen, die sich aus der Begegnung so verschiedener Charaktere ergeben.

„Città di Milano" hat inzwischen zwar Alarm ausgelöst, jedoch den SOS-Ruf ebensowenig aufgefangen wie alle anderen europäischen Funkstationen, obwohl sich seit dem Verschwinden der „Italia" alle im Alarmzustand befinden. Als weiterhin keine Nachricht von den Verschollenen kommt, beschließen drei Männer namens Zappi, Mariano und Malmgren am 1. Juni eine Rettungsexpedition. Fünf Tage später fängt ein Amateurfunker in Archangelsk den SOS-Ruf auf. Endlich wird Kontakt mit der „Città di Milano" hergestellt.

Rettungsmannschaften aus sechs Ländern rüsten eine Expedition aus. Sie besteht aus 18 Schiffen,

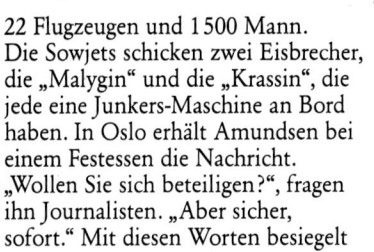

22 Flugzeugen und 1500 Mann. Die Sowjets schicken zwei Eisbrecher, die „Malygin" und die „Krassin", die jede eine Junkers-Maschine an Bord haben. In Oslo erhält Amundsen bei einem Festessen die Nachricht. „Wollen Sie sich beteiligen?", fragen ihn Journalisten. „Aber sicher, sofort." Mit diesen Worten besiegelt Amundsen sein Schicksal.

Mussolini, der zwar die Regierungen Schwedens und Norwegens um Hilfe ersucht hat, lehnt jedoch Amundsens Hilfsangebot ab. Er betrachtet Amundsen wegen verschiedener Unstimmigkeiten anläßlich der „Norge"-Expedition als Feind Italiens. Die norwegische Mannschaft startet deshalb unter Führung von Riiser Larsen, während der tiefgekränkte Amundsen versucht, auf eigene Faust loszufahren. Schließlich nimmt er ein Angebot der französischen Regierung an: eine für Polarflüge wenig geeignete Latham 47. Mit seinem Piloten, Kapitän Guilbaud, startet Amundsen am 18. Juni mit acht Gefährten in Tromsö, um den Flug in die Legende anzutreten.

Keiner hat ihn je wiedergesehen.

An Bord der „Krassin" werden die Arbeiten von Professor Samoilowitsch, einem erfahrenen Polarforscher, geleitet. Nördlich von Spitzbergen trifft der Eisbrecher auf besonders hartes Packeis. Dabei wird das Steuer beschädigt und backbords die Schiffsschraube zerbrochen. Da die „Krassin" aber inzwischen Funkkontakt zu Nobile herstellen konnte, setzt der Eisbrecher dennoch seine Fahrt fort. Am 11. Juli sichtet die „Krassin" endlich das rote Zelt und geht in seiner Nähe vor Anker. Außer Nobile werden noch fünf Mann der Expedition gerettet.

Ankunft der Rettungsmannschaften nach 30 Tagen.

Am 24. Juni gelingt es einer einmotorigen schwedischen Maschine, neben dem roten Zelt zu landen. Sie startet wieder mit einem Verunglückten an Bord: Nobile. Er soll auf Wunsch seiner Kameraden die Rettungsmaßnahmen koordinieren.

Der schwedische Pilot Lundberg kehrt anschließend zu dem Zelt zurück, um die anderen Verunglückten zu retten, überschlägt sich jedoch bei der Landung und gesellt sich zu den Überlebenden des Lagers. Natürlich wird Nobile jetzt kritisiert, weil er sich als erster retten ließ. Er spielt jedoch trotz seiner Verletzungen bei der Dirigierung der russischen Rettungsmannschaften eine entscheidende Rolle.

Die Junkers des Eisbrechers „Krassin" sichtet am 10. Juli auf dem Packeis zwei gestikulierende Männer. Es sind Zappi und Mariano, Nobiles Kameraden, die vor mehr als einem Monat aufgebrochen waren, um Hilfe zu holen – Malmgren, der dritte von ihnen, ist mit erfrorenen Füßen zurückgeblieben, um seine Gefährten nicht aufzuhalten. Es gelingt der „Krassin", die Männer drei Tage später an Bord zu nehmen. Zappi ist warm angezogen und gut in Form. Bei Mariano muß drei Tage später eine Amputation durchgeführt werden. Da die Leiche Malmgrens nicht mehr gefunden wird, wird Zappi später sogar des Kannibalismus beschuldigt – allerdings ohne Beweise. Am selben Abend rettet die „Krassin" noch die fünf letzten Überlebenden des Luftschiffunglücks.

Bei seiner Rückkehr nach Rom bereitet die Menge Nobile einen begeisterten Empfang. Mussolini ordnet indessen eine Untersuchung des Falles an. Nobile wird zwar freigesprochen, fühlt sich aber durch böswillige Kritik gekränkt und geht als Konstrukteur von Luftschiffen in die Sowjetunion. 1978 stirbt er in Italien und hinterläßt sein Erinnerungsbuch „Der Pol, das Abenteuer meines Lebens".

The "Discovery" in Winterquarters. 1903.   EAW.

VIERTES KAPITEL

IM HERZEN DER ANTARKTIS

L ondon, 1895. „Die Erforschung der
Antarktis ist die wichtigste geographische
Aufgabe unseres zu Ende gehenden Jahrhunderts." Der VI. internationale Kongreß für
Geographie beschließt, sich der Erforschung
des äußersten Südens, der merkwürdigerweise
mehr als ein Jahrhundert in Vergessenheit
geraten war, wieder anzunehmen.

D ie Geschichte des
Südpols ist eng mit
dem tragischen Schick-
sal der Expedition Scott
verbunden. 1903: Die
„Discovery" (links) auf
der ersten Expedition
im Kampf gegen das
Packeis. 17. Januar 1912:
Scott und seine Gefähr-
ten erreichen schließlich
den Pol und erfahren,
daß Amundsen schon
vor ihnen dort war.

Baron M. de Gerlache, ein 29jähriger belgischer Marineoffizier, möchte als erster versuchen, den Südpol zu erreichen.

Im August 1897 läuft er mit der „Belgica" aus Antwerpen aus. An Bord befinden sich der amerikanische Arzt Frederick Cook, der soeben mit Peary Nordgrönland durchquert hat, und der junge norwegische Leutnant Roald Amundsen, der die Nord-Westpassage entdeckte.

Während des Sommers (Januar und Februar) 1898 erkunden sie Teile von Grahamland, nehmen dann Kurs nach Osten ins Bellingshausen-Meer und lassen sich vom Packeis einschließen. Den ganzen Winter über driften sie je nach Wind 150 Seemeilen von der Küste entfernt. An Bord herrschen Skorbut und Anämie. Cook rettet die Mannschaft, indem er sie zwingt, Seehund- und Pinguinfleisch zu essen. Der harte Winter erlaubt es immerhin, Informationen über die Witterung zu sammeln, die späteren Expeditionen zugute kommen.

Zu Beginn des 20. Jahrhunderts dehnen fünf europäische Länder – Schweden, Deutschland, Großbritannien, Frankreich und Norwegen – ihre wissenschaftlichen Expeditionen auf die Antarktis aus. Otto Nordenskjöld, der Neffe des Entdeckers der Nord-Ostpassage, bricht in die Weddellsee auf. Während er an der Ostküste von Grahamland überwintert, wird sein etwas weiter nördlich eingefrorenes Schiff, die „Antarctic", von den Eismassen zerdrückt und sinkt.

Die Deutschen hatten sich bis dahin nur wenig an Polar-Expeditionen beteiligt. Jetzt bauen sie ihr Forschungsschiff, die „Gauß", nach dem Vorbild der „Fram".

Berlin, August 1899. VII. Geographiekongreß. „In jüngster Zeit wurden in der Arktis zwar zunehmend Hunde als Fortbewegungsmittel eingesetzt, doch kann man ihren Nutzen kaum messen. Im Grunde hat nur eine wichtige Expedition in der Arktis auf Hunde zurückgegriffen: die Pearysche Grönland-Expedition. Aber auch Peary wäre ohne die Hilfe der Eingeborenen verloren gewesen, denn alle seine Hunde bis auf einen starben an Erschöpfung oder wurden getötet, um den anderen als Nahrung zu dienen. Ein grausames System!" Darauf antwortet Nansen: „Ich habe versucht, sowohl mit Hunden als auch ohne Hunde zu reisen. In Grönland hatte ich keine, in der Arktis hingegen habe ich Hunde benutzt. Meiner Meinung nach erleichtern sie uns unsere Aufgabe. Es ist sicherlich grausam, Hunde zu benutzen, aber ist es nicht auch grausam, Menschen Strapazen auszusetzen, die ihre Kräfte übersteigen?"

Mit ihr überwintert Erich von Drygalski in Kaiser-Wilhelm II.-Land, um erste magnetische Messungen durchzuführen.

**England will auch nicht zurückstehen:
Die Royal Geographical Society macht ihren ganzen
Einfluß geltend, um eine Expedition auszurüsten,
die das Werk von Ross fortführen soll.**

1899 gelingt es dem Präsidenten der Society, Clement Markham, den Industriellen Llewellyn Longstaff und den Gründer der „Daily Mail", Harmsworth, für sein Projekt zu gewinnen und den Grundstock für eine große Antarktis-Expedition zu legen. Den Rest steuert die Regierung – durch das deutsche Beispiel angeregt – bei. Markham läßt die „Discovery" bauen.

Die Admiralität stellt die meisten Matrosen und Offiziere der Mannschaft sowie den Leiter der Expedition, Korvettenkapitän Robert Falcon Scott. Für den 32jährigen Scott ist es die erste Polar-Expedition. Zur Expeditionsmannschaft gehören, auch Wissenschaftler, von denen der Naturwissenschaftler Edward Wilson neben Scott bis zu beider Tod eine wichtige Rolle spielen soll. Schließlich

Von der technischen Diskussion zwischen zwei verschiedenen Forscherschulen abgesehen, zeigt die Meinungsverschiedenheit um den Einsatz von Hunden sehr gut den englischen Standpunkt: eine geradezu mystische Verherrlichung der Anstrengung des einzelnen. Wenn Scott von seinen Leuten verlangt, die Schlitten selbst zu ziehen, so führt er damit nur eine Tradition der Royal Navy weiter und zeigt sich überdies übertrieben sentimental gegenüber den Tieren.

sind noch zwei Vertreter der Handelsmarine mit von
der Partie: Armitage, ein früheres Mitglied der Arktis-
Expedition Jacksons, und der 26jährige Ernest Henry
Shackleton, einer der späteren großen
Polarforscher. Fridtjof Nansen rät zur
Verwendung von Schlittenhunden, aber weder
Scott noch später Shackleton hören auf ihn.

Den Winter verbringt die „Discovery" in
der McMurdo-Bucht am Fuße des Mount
Erebus, und Anfang November starten Scott,
Wilson und Shackleton mit Kurs nach Süden.
Nach Sitte der englischen Marine ziehen sie ihre
Schlitten selbst. Ende Dezember kehren sie um,
aus Hunger und aus Sorge um Shackleton, der
als erster vom Skorbut befallen wird.

Ende Januar 1903 ist die „Discovery" noch immer von den Eismassen eingeschlossen, aber die „Morning", ein Versorgungsschiff, geht zehn Seemeilen entfernt vor Anker. Scott schickt einige Männer auf die „Morning" – unter ihnen auch Shackleton –, er selbst bleibt gemäß der geheimen Order von Markham noch einen zweiten Winter. Die Admiralität sieht sich vor ein Fait Accompli gestellt, sie protestiert und übernimmt im folgenden Jahr die Leitung des Unternehmens.

Ein ganzes Jahr lang geschieht nichts. Erst im Februar 1904 kommen zwei von der Admiralität entsandte Schiffe Scott zu Hilfe und übermitteln ihm den Befehl, die „Discovery" bis spätestens zum 15. Februar zu verlassen. Doch genau an diesem Tag kommt die „Discovery" aus dem Eis frei und kann nach Neuseeland zurückkehren.

Die Expeditionen Charcots: von der „Français" zur „Pourquoi-Pas?".

Jean-Baptiste Charcot ist ebenso wie sein Vater, der berühmte Psychiater, Mediziner. Doch daneben ist er der geborene Entdecker. Am 31. August 1903 verläßt er Brest an Bord der „Français", einer in St. Malo gebauten Dreimastbark. Er überwintert auf der Wandel-Insel und führt *hydrographische* Messungen auf 500 Seemeilen

„Woher kommt die eigentümliche Anziehungskraft der Polarregionen? Sie ist so stark und so dauerhaft, daß man nach der Rückkehr alle seelischen und körperlichen Leiden vergißt und nur davon träumt, dorthin zurückzukehren. Woher rührt dieser unerhörte Reiz dieses im Grunde doch einsamen und schrecklichen Landstrichs?"
Jean-Baptiste Charcot

Zusammen mit seiner Mannschaft aus Marineoffizieren und zivilen Forschern bringt Charcot von seinen Expeditionen mit der „Français" und der „Pourquoi-Pas?" viele Forschungsergebnisse mit nach Hause. Die Karten der Antarktischen Halbinsel tragen noch heute die französischen Namen, mit denen er die Inseln, Kaps und Erhebungen bezeichnete.

Länge an der antarktischen Küste durch. Als er 1905
nach Frankreich zurückkehrt, wird er stürmisch gefeiert,
und bei seiner zweiten Expedition will die Regierung
zur Finanzierung seines neuen Schiffs, der „Pourquoi-
Pas?", beitragen. Charcot läuft am 15. August 1908 von
Le Havre mit Kurs nach Süden aus. Er erkennt die
Adelaide-Insel wieder, entgeht bei den Sandbänken der
Faure-Inseln mit knapper Not einem Schiffbruch und
nähert sich Alexander I.-Land, einer Insel von der Größe
Irlands, die aber erst 1938 von Rymill erforscht wird.
Charcot überwintert weiter nördlich auf der kleinen
Petermann-Insel und fährt dann am Packeisrand entlang
weiter bis zum 120. westlichen Längengrad. Damit sind
Charcots antarktische Expeditionen abgeschlossen.
Nach dem Ersten Weltkrieg erforscht er das nördliche
Polarmeer um Grönland. Jahrelang hält sich die „Pour-
quoi-Pas?" in arktischen Gewässern auf, bis sie am
16. September 1936 mit Mann und Maus in einem
Sturm vor der isländischen Küste sinkt.

Im Herzen der Antarktis: die Expedition Shackleton,

Nachdem er 1903 gezwungenermaßen nach England
hatte zurückkehren müssen, brennt Shackleton darauf,
wieder loszufahren. In der Über-
zeugung, Besseres als Scott leisten
zu können, wendet er sich mit der
Bitte um Unterstützung an die
Finanzmagnaten der City. Sie
sollen ihm die Ausrüstung
einer Expedition zum geographischen Südpol finanzieren.
Im Februar 1907 erklärt sich
schließlich der Industrielle
Beardmore dazu bereit.
Das geschieht an einem
Freitag. Am folgenden
Montag sucht Shackle-
ton den Generalsekretär
der Royal Geographic
Society in seinem Büro
auf. Er stößt dort
auf einige andere
Besucher:

Als Shackleton (links) entgegen Nansens Rat Mandschurei-Ponys Hunden vorzieht, begeht er den gleichen Fehler wie Scott drei Jahre später. Er vergleicht die beiden Zugtierarten: Ein Pony zieht 800 kg und braucht täglich 5 kg Futter, während ein Hund 50 kg zieht und 750 g Futter täglich braucht. Aber Shackleton kalkuliert nicht ein, daß die Ponys im tiefen Schnee einsinken und im Schneesturm entsetzlich leiden: Sie transpirieren nämlich am ganzen Körper, und ihr Fell wird dann mit einer Eisschicht überzogen. Die Hunde dagegen schwitzen nur mit der Zunge und können selbst im Schneesturm bei – 40° draußen schlafen.

Amundsen hält gerade einen Vortrag über seine Durchfahrt durch die Nord-Westpassage. Am folgenden Tag
steht in der Times ein Bericht über Amundsens Vortrag –
sowie die Ankündigung einer neuen britischen Südpol-
Expedition.

Alles ist zur Abfahrt bereit: Das Schiff, die „Nimrod",
ist ein kleiner Seehundfänger; die Mannschaft, die vor
Ort überwintern soll, besteht aus 16 Mann, davon drei
Geologen. Zielgebiet ist McMurdo. In diesem Augenblick
greift jedoch Scott ein: Er verlangt, daß sein früherer
Leutnant Shackleton sich ein anderes Operationsgebiet
sucht: McMurdo bezeichnet er als sein ureigenstes Gebiet.

Daher nimmt die „Nimrod" Kurs auf die Walfischbucht, wo sie Ende Januar anlangt. Die Bucht ist jedoch
durch Packeis versperrt, und es ist unmöglich, dort zu
überwintern. Shackleton versucht nun, weiter westlich auf
Edward VII.-Land zu landen, scheitert aber wiederum am
Packeis. Es bleibt ihm nichts anderes übrig, als das Winterlager doch in McMurdo aufzuschlagen, was Scott ihm
nie verzeiht.

Die Mannschaft der geographischen Polexpedition bei ihrer Rückkehr auf dem Schiff. Von links nach rechts: Franck Wild, Ernest Shackleton, Eric Marshall und Jameson Adams.

Für die Expedition mußten Transportmittel, Vorräte und natürlich die Teilnehmer sorgfältig ausgewählt werden. Nansen hatte zur Verwendung von Hunden geraten, doch Shackleton zieht Mandschurei-Ponys vor. Aber sechs von zehn Ponys sterben noch vor dem Aufbruch aus dem Winterlager, so daß schließlich die Männer die Schlitten selbst ziehen müssen.

Die Organisation der Lebensmittel hingegen gelingt besser. Shackleton erinnert sich an seine Erfahrung der ersten Expedition, als er fast an Skorbut gestorben wäre. Die Tagesrationen werden deshalb mit ärztlicher Hilfe ausgearbeitet: Seehundfleisch während der Überwinterung, Pemmikan und Trockenbrot (900 g pro Person und pro Tag).

Ende November gelangt Shackleton noch weiter nach Süden als Scott und entdeckt den Beardmore-Gletscher, einen idealen Zugang zum Antarktischen Plateau: einen über 200 km sanft auf 2000 m Höhe ansteigenden Hang.

Am 9. Januar sind die Engländer nur noch 97 Seemeilen vom Südpol entfernt. Angesichts der schlechten körperlichen Verfassung seiner Leute und wegen der Knappheit der Lebensmittel beschließt Shackleton jedoch den Rückzug. Sie haben 70 Tage für den Hinweg gebraucht, für den Rückweg benötigen sie 50 Tage. Und als sie ankommen, ist die „Nimrod" nicht mehr da. Sie hatte Befehl, spätestens am 1. März abzufahren.

Inzwischen befindet sie sich 20 Seemeilen weiter nördlich, und an Bord hat man wenig Hoffnung, die vier Männer der Expedition lebend wiederzusehen. Freiwillige bieten sich an, zu überwintern, um wenigstens die Leichen zu finden. Plötzlich wird eine Rauchsäule gesichtet. Shackleton hatte die Idee, eine Hütte anzuzünden, um sich bemerkbar zu machen. Immerhin verzeichnet die Expedition einen Erfolg: Sie erreicht den magnetischen Südpol.

Scott – Amundsen: Der Wettlauf zum Südpol.

Shackleton kehrt am 14. Juni nach England zurück und wird dort von der Presse als Held gefeiert, die Massen jubeln ihm zu. Mit 36 Jahren wird er von König Edward VII. in den Adelsstand erhoben.

Dem von ihm entdeckten Gletscher gibt Shackleton den Namen Beardmore, nach dem englischen Industriellen, der sein Expeditionsprojekt als erster unterstützte. Die Gebirgskette, die den Gletscher nach Westen abschließt, tauft er nach der Königin Alexandra, die ihm die britische Fahne, die am Südpol aufgezogen werden soll, übergeben hat. Die Mannschaft erreicht zwar ihr Ziel nicht, die Fahne wird aber trotzdem gehißt, 97 Seemeilen vom Pol entfernt.

„So wird tapferen Seelen die Widrigkeit plötzlich zum Triumph."
Robert Browning

Sein ehemaliger Vorgesetzter Scott kann diesen Erfolg nur schwer ertragen: Er muß jetzt ebenfalls eine neue Expedition starten. Aber die Marine ist gegen ihn, und die Umstände sind nicht günstig. Man munkelt von Krieg, und die Admiralität investiert lieber in Panzerschiffe. Die wissenschaftlichen Institutionen, die immer bereit sind, Forschungen zu unterstützen, finden bei den Finanziers kein Gehör. Die Öffentlichkeit allerdings verlangt Heldentaten. Scott setzt jetzt alles auf eine Karte: Er veröffentlicht sein Vorhaben in der Times, und man veranstaltet eine nationale Sammlung, die durch offizielle Subventionen ergänzt wird. Die Expedition kann stattfinden, wenn auch mit beschränkten Mitteln.

Scott schifft sich auf einem alten schottischen Walfänger, der „Terra Nova", mit 65 Mann (50 davon aus der Kriegsmarine), 17 Ponys und 30 Hunden ein. Außerdem führt er noch drei Raupenfahrzeuge mit, die Charcot auf dem Lautaretpaß erprobt hat. Insgesamt haben die Vorbereitungen etwa ein Jahr gedauert.

Die Expedition hat zwei verschiedene Ziele: die Durchführung eines wissenschaftlichen Forschungsprogramms und die Bezwingung des Südpols. Aber dort soll Scott einem mächtigen Rivalen begegnen: Roald Amundsen.

Amundsen bereitet mit Nansens Zustimmung einen neuen Abdriftungsversuch der „Fram" vor: Ausgehend von der Beringstraße hofft er, über den Nordpol zu driften. Als aber im September 1909 Cook und Peary die gleiche Absicht ankündigen, sieht sich Amundsen gezwungen, sein Vorhaben aufzugeben, zumal einige seiner Geldgeber sich von dem Unternehmen zurückgezogen haben. Folglich

Am 1. Juni 1910 läuft die „Terra Nova" unter dem Kommando von Edward Evans, einem Fähnrich zur See, der von Scott zum ersten Offizier ernannt worden ist, aus. Scott selbst trifft in Simonstown in Südafrika auf die Expedition. Unterdessen ist Cecil Henry Meares in Sibirien unterwegs, um 30 Hunde und Ponys einzukaufen. Auf den Kauf von Hunden, die ja nur in zweiter Linie eingesetzt werden sollen, versteht er sich gut. Bei den Ponys dagegen fehlt ihm jede Erfahrung, er trifft eine schlechte Auswahl. Lawrence E. G. Oates, Hauptmann der Kavallerie, der für die Ponys verantwortlich ist, merkt das leider zu spät – erst bei der Zwischenlandung in Neuseeland. Während der Überwinterung versucht Oates, den seine Kameraden spöttisch „den Bauern" nennen, die Ponys für die Polar-Expedition vorzubereiten.

ändert er seine Pläne: Er wird zwar in die Arktis fahren und einen Abdriftungsversuch von der Beringstraße aus unternehmen, doch der Weg dorthin soll ihn über die Antarktis führen. Das klingt seltsam, hat aber seinen Grund: Um an die amerikanische Nordwestküste zu gelangen, muß Amundsen um Kap Hoorn, da der Panamakanal noch nicht existiert.

Insgeheim träumt Amundsen von einem Sieg im Süden, sagt davon allerdings nichts, denn die politischen Beziehungen zwischen Norwegen und England sind gespannt. Er weiß auch, daß er jetzt mit Scott konkurriert. Daher ist es am besten zu schweigen.

Im Juni 1910 läuft die „Fram" offiziell mit Kurs auf die Beringstraße aus.

„Erlaube mir, Ihnen mitzuteilen, daß die ‚Fram' Kurs auf die Antarktis genommen hat."

Dieses Telegramm Amundsens aus Madeira ist an Scott gerichtet. Gleichzeitig werden der norwegische König und Nansen über die Programmänderung unterrichtet. Scott ist außer sich vor Zorn.

Am 14. Januar landet Amundsen in der Walfischbucht und bereitet mit acht Gefährten und 116 Hunden seine Überwinterung in Framheim, einem auf dem Ross-Schelfeis errichteten Lager, vor.

Eine Woche vorher ist Scott in der McMurdo-Bucht vor Anker gegangen. Er hat ehrgeizige Pläne: eine Reihe geophysikalischer und naturwissenschaftlicher Untersuchungen mit den Wissenschaftlern, die Eroberung des Südpols mit einer kleineren Gruppe und die Überwinterung einer anderen Mannschaft unter Campbell auf König-Edward VII.-Land. Auf dem Weg nach McMurdo trifft die „Terra Nova" auf die „Fram" und Amundsen. Man spricht über die jeweiligen Projekte und vergleicht die Schiffe. Dann fahren die Engländer in Richtung McMurdo weiter, um Scott zu informieren und die Mannschaft Campbells in Kap Adar an Land zu setzen.

Der Marsch zum Pol.

Im arktischen Herbst (im März) hat Amundsen 1,5 t Lebensmittel auf drei Depots bei 80°, 81° und 82° südlicher Breite verteilt. Im Frühjahr stellt er seine vier-

In der Walfischbucht. In zehn Tagen errichten Amundsen und seine Gefährten ihr Basislager Framheim. Links sieht man ein vom Schnee halb bedecktes Zelt. In 14 ähnlichen Zelten sind Hunde, Lebensmittel und Kohlenvorräte untergebracht. Polheim (rechts) liegt, wie sich später erweist, 2,7 km vom geographischen Südpol entfernt.

köpfige Mannschaft zusammen: Kapitän Helmer Hansen, ein Hundespezialist, Sverre Hassel, Zöllner und Schlittenführer, Olav Olavson Bjaaland, ein preisgekrönter Skiläufer, und Oskar Wisting, ein Waljäger.

Am 20. Oktober 1911 brechen sie von Framheim mit jeweils zwölf Hunden pro Schlitten auf. Am 17. November befinden sie sich bei 85° südlicher Breite am Fuß einer Bergkette. Bis jetzt haben sie sich mit einer Tagesgeschwindigkeit von 13 Seemeilen nicht sehr verausgabt. Es bleiben ihnen nun für den Hin- und Rückweg noch 600 Seemeilen, aber vor allem müssen sie einen Weg durch das Gebirge finden.

Es beginnt der mühsame Aufstieg auf den Axel-Heiberg-Gletscher, der von gefährlichen Spalten durchzogen ist. Auf dem Gipfel läßt Amundsen die überzähligen Hunde töten und behält nur noch 18 Tiere für drei Schlitten zurück. Am 10. Dezember ist er nur noch 60 Seemeilen vom Pol entfernt.

Am 14. Dezember erreichen Amundsen und seine Gefährten den sagenumwobenen 90. Breitengrad. Drei Tage lang vermessen sie mit dem Sextanten den Sonnenstand, um ihre Position genauestens zu bestimmen, was weder Peary noch Cook beim Nordpol getan hatten. Vor dem Aufbruch hinterlegt Amundsen einen Brief an Scott. Am 25. Januar 1912 ist die siegreiche Mannschaft wieder in Framheim. Sie hat für den Hin- und Rückweg 97 Tage gebraucht.

Der ganze Winter wird für die Vorbereitung der Expeditionen genutzt. In Framheim (unten links), dem Basislager Amundsens, überprüfen die Norweger ihre Ausrüstung, erproben die Schlitten und trainieren die Hunde. Amundsen ist zwar von Hause aus recht selbstherrlich, fügt sich aber in die demokratischen Spielregeln und sorgt so für einen guten Gemeinschaftsgeist.

„Ich kenne niemanden, der sich in einer seinen Wünschen derartig entgegengesetzten Lage befunden hat wie ich. Seit frühester Kindheit träume ich davon, den Nordpol zu erreichen, und finde mich am Südpol wieder."
Roald Amundsen

Ein Winter in
Cap Evans

In Cap Evans, dem Basislager Scotts, besteht die überwinternde Mannschaft aus einem Generalstab von 15 Personen, der durch neun Seeoffiziere und Matrosen ergänzt wird. Der Expeditionsleiter hält dort die traditionelle Ordnung und Hierarchie der Royal Navy aufrecht: Offiziere und Wissenschaftler bewohnen einen Bau, die Mannschaft ist gesondert untergebracht. Der Winter ist reich an Forschungsergebnissen und Entdeckungen: Dank Sir Raymond Simpson und George Priestley werden auf dem Gebiet der Meteorologie und der Glaziologie entscheidende Fortschritte gemacht, ebenso auf dem der Geologie und der Kartographie. Dr. Edward Wilson, Apsley Cherry-Garrard und Henry Robertson Bowers trotzen den niedrigsten Temperaturen, um sich Embryonen von Kaiserpinguinen zu beschaffen. Diese Vögel sind damals noch nicht genauer erforscht. Man vermutet in ihnen das fehlende Bindeglied zwischen Reptilien und Vögeln. Indem er seinem Forschungsprogramm einen so großen Stellenwert einräumt, vernachlässigt Scott die Schwierigkeiten einer Polar-Expedition. Zwar ist er von mutigen Männern umgeben, es fehlt ihm jedoch die Erfahrung eines Amundsen.

Fest im Basislager

Am 22. Juni 1911 feiern Scott und sein Stab die Wintersonnenwende, ein in allen Antarktisstationen übliches Fest. Sitzend von links nach rechts: Frank Debenham, Oates, Meares, Bowers, Cherry-Garrard, Scott, Wilson, Simpson, Thorvald Nilsen, Edward Evans, Bernhard Day, Griffith Taylor. Stehend links Charles Wright, E. L. Atkinson; rechts Trygve Gran. Links an der Wand ein Stich Napoleons, der in dieser britischen Atmosphäre fehl am Platz wirkt. Oates, ein großer Bewunderer des Kaisers, hat das Bild aufgehängt. Zu essen gibt es unter anderem ein Seehundconsommé und einen Kuchen von Buszard (einem bekannten Londoner Konditor); dazu wird Bordeaux und Champagner getrunken.

Ein bitterer Sieg

Dieses Foto hätte ein Foto des Sieges sein sollen. Während des ganzen Unternehmens scheinen Scott (stehend Mitte) und seine Gefährten Bowers (stehend rechts), Wilson (stehend links), Oates (sitzend rechts) und Evans (sitzend links), der den Selbstauslöser betätigt, vom Unheil verfolgt. In dem von Amundsen zurückgelassenen Zelt finden sie einen Brief.

„Verehrter Captain Scott, da Sie vermutlich als erster nach uns hier anlangen, möchte ich Sie bitten, das beiliegende Schreiben an König Haakon VII. zu senden. Wenn die im Zelt zurückgelassene Ausrüstung für Sie von Nutzen ist, zögern Sie bitte nicht, sich ihrer zu bedienen. Mit den besten Wünschen für eine gesunde Rückkehr, Ihr ergebener Roald Amundsen."

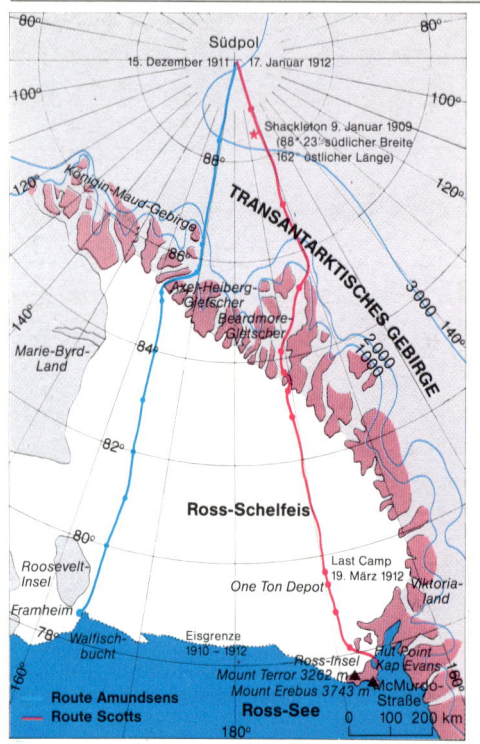

Inzwischen ist Scott mit seinen Leuten am Fuß des Beardmore-Gletschers angekommen.

Er hat sein Unternehmen pyramidenförmig organisiert, d.h. die zahlenmäßig zuerst starke Mannschaft soll sich in dem Maß verringern, d.h. kehrtmachen, wie man sich dem Pol nähert. Am 10. Dezember 1911 sind alle am Fuß des Gletschers angelangt. Die Ponys arbeiten sich mühsam durch den lockeren Schnee. Der Schweiß auf ihren Körpern verwandelt sich in der Kälte sofort in eine Eiskruste. Schließlich läßt Scott sie töten.

Die Lasten werden jetzt auf drei Schlitten verteilt, und mit vier Mann pro Schlitten beginnt der Aufstieg. Bis zum Pol sind es noch 420 Seemeilen, d.h. allein elf Tage Marsch über den Gletscher. Scott schickt die letzte Hilfsmannschaft zurück und wählt vier Männer zu seiner Begleitung aus: Wilson, Oates, Bowers und Evans.

„Die Ursachen der Katastrophe sind nicht auf mangelnde Vorbereitung der Expedition zurückzuführen, sondern auf Mißgeschicke in allen kritischen Situationen, die wir nicht umgehen konnten."
Robert Scott

Am 9. Januar 1912 erreichen sie bei 88° 23' 5'' die Position, bei der Shackleton drei Jahre zuvor den Rückweg angetreten hat. Sie gehen weiter. Eine Woche später bemerkt Bowers als erster eine schwarze Fahne, die an einer Schlittenkufe befestigt ist.

<u>Scotts Tagebuch, 16. Januar: **„Das Schlimmste ist eingetreten. (…) Die Norweger sind uns zuvorgekommen… Morgen werden wir bis zum Pol gehen, dann so schnell wie möglich zum Basislager zurück."**</u>

Der Rückweg vom Südpol beginnt unter günstigen Umständen: Der Südwind treibt die mit einem Segel versehenen Schlitten an. Aber alle Expeditionsteilnehmer sind krank, Evans ist völlig erschöpft, Oates erfrieren allmählich die Füße. Am 17. Februar stirbt Evans an den Folgen eines Sturzes. Der Leidensweg für die anderen geht

Draußen tobt der Schneesturm. Oates hat beschlossen, sich zu opfern, den Tod in der Kälte zu suchen, um die Rückkehr der Kameraden nicht zu behindern. Dieses Gemälde mit dem Titel „A very gallant gentleman" setzt ihm ein Denkmal.

weiter. 16. März: Oates spürt, daß ihm die
Füße absterben. Am Tag darauf ist sein
32. Geburtstag. Er verläßt das Zelt während
eines *Blizzards*, um nicht mehr zurückzukehren. Am 21. März sind Scott, Wilson und
Bowers noch zehn Seemeilen vom One Ton
Depot entfernt. „Seit vier Tagen können wir
das Zelt nicht verlassen, draußen heult ein
Orkan..."

Im Oktober 1912 findet eine Expedition
die sterblichen Überreste der drei Männer,
das Expeditionstagebuch und ihre letzten
Briefe.

Die Australier im Reich des Blizzards: die Expedition Mawson.

Douglas Mawson, geboren im Jahr 1882, hätte schon
1912 sterben können: Scott hatte sich im Winter 1910
bemüht, ihn für sein Vorhaben zu gewinnen. Aber
Mawson zog es vor, seine eigene Expedition zu organisie-
ren, die von Industriellen seiner Heimat Australien
finanziert wurde.

Mawsons „Aurora" läuft am 2. Dezember von Hobart
aus, fährt an der Packeisgrenze entlang und ankert kurz
vor Adélieland bei Kap Denison. 18 Männer gehen in dieser Eiswüste, über die ein eisiger Schneesturm fegt, an
Land. Kap Denison ist für seine Schneestürme bekannt:
Sie toben hier an 285 Tagen im Jahr.

Nachdem sie Mawson abgesetzt hat, fährt die „Aurora"
weiter nach Westen: Eine zweite achtköpfige Mannschaft
unter Franck Wild kartiert einen Küstenstreifen von
250 Seemeilen Länge und entdeckt zufällig in der Nähe
der Hasswell-Insel eine große Pinguinkolonie.

Im Frühling brechen mehrere Expeditionen auf. Eine
versucht, den magnetischen Pol zu bestimmen, eine
andere mit Stoßrichtung nach Westen durchquert ganz
Adélieland und findet dabei nur eine Eiswüste. Drei
andere wenden sich nach Osten. In einer davon zieht auch
Mawson mit, begleitet von Mertz, einem preisgekrönten
Skiläufer, und Ninnis, einem britischen Offizier.

Langsam und vorsichtig machen sie sich daran, die
Gletscher zu überqueren. Am 14. März verunglückt
Ninnis und stürzt samt Hunden, Schlitten, dem Zelt und
dem größten Teil der Vorräte in eine Gletscherspalte.

Am 14. Dezember
1912 verschwin-
den Ninnis und sein
Schlittengespann in
einer Gletscherspalte.
Drei Stunden lang ruft
Mawson in der Hoff-
nung auf ein Lebens-
zeichen nach ihm.
Alles, was er in 45 m
Tiefe sieht und hört, ist
ein winselnder Hund
mit gebrochenem Rück-
grat. Weiter unten herr-
schen vollständige Dun-
kelheit und tödliche
Stille. Mawson kann
nur noch am Rand der
Spalte ein Totengebet
für seinen jungen
Gefährten sprechen.

Mawson und Mertz sind etwa 250 Seemeilen vom Basislager entfernt, die Vorräte reichen nur noch für etwa zehn Tage, und für die Hunde haben sie überhaupt kein Futter. So bleibt ihnen nichts übrig, als ihre sechs Hunde nacheinander aufzuessen. Mertz stirbt schließlich an Erschöpfung. Mawson setzt den Weg mit einem Schlitten, den er selbst zieht, allein fort.

Am 1. Februar erreicht er endlich das Lager. Die „Aurora" ist seinem Befehl gemäß zu Beginn des Herbstes abgefahren, aber sechs Männer haben auf ihn gewartet. Über Funk – Mawson ist der erste, der in der Antarktis damit ausgerüstet ist – fordern sie das Schiff zur Rückkehr auf. Aber der Schneesturm, der nun einsetzt, macht jede Navigation unmöglich. Mawson und seine Gefährten müssen noch einen weiteren Winter bleiben. Erst im Dezember 1913 werden sie von der „Aurora" gerettet.

Im Kampf gegen den Blizzard, einen heftigen Schneesturm, der die Sicht nahezu unmöglich macht, wagen sich Mawson und einer seiner Männer trotzdem nach draußen, um Eis zur Trinkwasserversorgung zu hacken.

Die zweite Expedition Shackletons: die Irrfahrt der „Endurance".

Anfang 1912: Die Welt erfährt vom Sieg Amundsens über den Südpol. Doch noch immer fehlt jede Nachricht von Scott, dessen Scheitern erst 1913 bekannt wird. Sein früherer Rivale Shackleton beschließt, die britische Polarforschung neu zu beleben. Er hat den Plan, den antarktischen Kontinent von der Weddellsee bis zur Ross-See über den Südpol zu überqueren, d.h. eine Strecke von 3 300 km zurückzulegen. Für dieses Unternehmen, das weit schwieriger ist als die Expeditionen Amundsens und Scotts, veranschlagt Shackleton 120 Tage. Er beabsichtigt, mit fünf Gefährten und 54 Eskimohunden aufzubrechen.

August 1914. In Europa ist der Erste Weltkrieg aus-
gebrochen. Die „Endurance" ist startklar, aber Shackleton
zögert noch, aufzubrechen. Doch der Erste Lord der
Admiralität, Winston Churchill, erteilt ihm den Befehl
auszulaufen... Shackleton erreicht Südgeorgien Anfang
November, muß jedoch einen Monat warten, ehe er die
Weiterreise antreten kann: In diesem Jahr reicht das
Packeis weit nach Norden. Am 5. Dezember lichtet er
schließlich Anker und sucht nacheinander alle eisfreien
Wasserstreifen zwischen der Küste und dem Packeis nach
einem Zugang zum offenen Meer ab.

10. Januar. Die „Endurance" erreicht Coatsland. Die
Küste besteht jedoch aus 20 m hohen Felsklippen, die eine
Landung unmöglich machen.

Franck Hurley, der
Fotograf der Expedi-
tion, hat dieses drama-
tische Bild von der
„Endurance" in einer
Blitzlichtaufnahme fest-
gehalten. Trotz des un-
geheuren Drucks kann
sich das Schiff noch
eine Zeitlang behaupten.

16. Januar. „Nach dem Schneesturm sehen wir uns plötzlich völlig von Packeis umgeben, bis zum Horizont ist weit und breit kein Fleck offenen Wassers zu sehen." Die Eisschollen frieren zu starren Wällen zusammen, und Shackleton muß sich ins Unvermeidliche fügen: Die „Endurance" ist mitten im antarktischen Sommer im Packeis gefangen.

Die „Endurance" driftet neun Monate mit dem Packeis.

Vom 20. Januar bis zum 27. Oktober 1915 driftet die „Endurance" täglich fünf Seemeilen mit dem Packeis. An Bord normalisiert sich das Leben der 28köpfigen Besatzung: Man macht Jagd auf Seehunde und Pinguine, spricht mit Sorge vom Krieg, über dessen Verlauf man völlig im unklaren ist.

Nach einem relativ bequemen Winter taucht im Frühling das eigentliche Problem auf. Mit der wärmeren Jahreszeit türmt sich das Eis an offenen Wasserstellen zu hohen Wällen auf, die das Schiff bedrohen. Shackleton befiehlt deshalb am 27. Oktober die Räumung der „Endurance". Die Expedition soll sich über das Packeis zur Paulet-Insel begeben, die 312 Seemeilen in Richtung Nordnordwest liegt. Doch man kommt kaum vorwärts – ganze zehn Seemeilen in einer Woche –, und der tiefe Schnee macht das Fortkommen noch schwieriger. Schließlich muß man das Vorhaben aufgeben. Shackleton beschließt, auf einer soliden Eisscholle zu driften. Dieses Unternehmen dauert fünf Monate, von November bis April 1916.

8. April 1916. Der Fotograf der Expedition, Franck Hurley, berichtet: „Das Packeis und die Eisschollen wurden durch die unaufhörliche Wellenbewegung und den Wind zu immer kleineren Stücken zerrieben. Nach wie vor war es höchst gefährlich, in die Rettungsboote zu gehen, aber ein Verbleib auf dem Eis war ebenso risikoreich."

„Zwei riesige Eisschollen schließen das Schiff auf beiden Seiten ein, während eine dritte den Bug bearbeitet und das Ruder wie ein Streichholz zerbricht... Der Stoß war von unvorstellbarer Wucht. Es war, als würde die ganze Welt von einem mächtigen Erdbeben erschüttert."

Worsley, Kapitän der „Endurance"

Shackleton verteilt seine Leute auf drei Boote. Er selbst, Franck Wild und elf Männer besteigen das größte Boot, die „James Caird", Worsley und neun Expeditionsmitglieder nehmen das zweite Boot, während Crean und drei Männer sich in einem kleinen Kanu einschiffen.

Sie bewegen sich mit Hilfe von Segeln und Rudern vorwärts, vor allem jedoch mit den wechselnden Strömungen. Am 13. April erreichen sie endlich bei der Elefanten-Insel das offene Meer. Hier gehen sie auch an Land. Das erste Mal nach 20 Monaten haben sie festen Boden unter den Füßen. Aber jetzt kommt der Winter, und keiner wird hier nach ihnen suchen. Ob es möglich ist, allein durch die Jagd auf Seehunde und Pinguine zu überleben? Shackleton ist sich dessen nicht sicher. Er zieht es vor, die Überfahrt zu wagen, um Hilfe zu holen.

Sechs Männer trotzen in einem Boot den antarktischen Stürmen: die Odyssee der „James Caird".

Shackleton möchte versuchen, mit dem Kommandanten der „Endurance", Worsley, dem zweiten Offizier Crean, mit dem Zimmermann sowie zwei Matrosen nach Südgeorgien zu gelangen, das 800 Seemeilen ostnordöstlich liegt. Und tatsächlich gelingt ihnen in diesem Walfängerboot von 6,70 m Länge und 1,80 m Breite mit zwei

„Sehr bald schon verlor die ‚James Caird' den Strand und die kleinen schwarzen Gestalten aus den Augen… Der Westwind trieb uns schnell auf das Packeis zu. Die folgenden 16 Tage waren ein einziger, unaufhörlicher Kampf gegen die aufgewühlte See. Das südliche Eismeer machte seinem teuflischen Ruf alle Ehre… In unseren engen Unterkünften, halb erstarrt und ständig von der Gischt durchnäßt, litten wir während der ganzen Zeit furchtbar unter der Kälte."

Shackleton, „Meine Südpolexpedition"

Tonnen Steinen als Ballast und einem Segel die Überfahrt. Allerdings landen sie nicht an der Nordküste Südgeorgiens, wo sie in den Walfangstationen sofort Hilfe gefunden hätten, sondern an der wilden und zerklüfteten Südküste, wo sie von Stürmen umtost werden.

9. Mai. „Kurz nach 18 Uhr befanden wir uns in einer verzweifelten Lage. Wir wurden immer näher auf die Felsenriffe getrieben, als plötzlich der Wind drehte und wir Kurs aufs Meer hinaus nehmen konnten. Ich habe mich oft gewundert, wie nahe Erfolg und Scheitern beieinanderliegen", schreibt Shackleton. Die sechs fast verdursteten Männer werden an ein sandiges Ufer geworfen, wo ein Süßwasserbach versickert. Wieder hat ihr Leben auf Messers Schneide gestanden. „Dieses Wasser war brackig, trüb und schmutzig, aber für uns war es eine Köstlichkeit."

Südgeorgien muß man sich als in den Atlantik versetzte Alpen vorstellen, mit Gipfeln, Gletschern, zugefrorenen Seen, die noch nie ein Mensch betreten hat. Am 19. Mai bricht Shackleton mit zwei Männern auf, versehen mit Lebensmittelvorräten für drei Tage und mit einem Seil. Das Wetter ist schön, es herrscht Vollmond. Die drei Männer marschieren 36 Stunden über Gletscherspalten hinweg. Am 20. Mai, einem Samstagmorgen, hören sie die Werkssirene der Walfangstation Stromness. Shackleton

„Trotz der Stürme nahmen wir unsere Mahlzeiten regelmäßig ein. Das Frühstück um acht Uhr bestand aus einem Topf warmen ‚Hoosh', zwei Zwiebäcken und einigen Zuckerstücken. Zum Mittagessen um ein Uhr gab es ungekochte Bovril-Rationen und für jeden einen Topf Milch. Das gleiche gab es um fünf Uhr abends. Nachts tranken wir noch einmal ein heißes Getränk, meistens Milch. Diese Mahlzeiten hielten uns aufrecht. Mit der Wärme und dem Wohlbehagen, das sie vermittelten, gaben sie uns unseren Lebenswillen zurück."

Shackleton, „Meine Südpolexpedition"

wendet sich an den norwegischen Direktor der Station: „Mein Name ist Shackleton." – „Kommen Sie doch herein!" – „Sagen Sie mir, seit wann ist der Krieg zu Ende?"

Doch der Krieg ist noch nicht zu Ende, und schon seit langer Zeit hat die Zahl der Toten in Europa die Millionengrenze überschritten.

Sechs Männer sind in Sicherheit: 22 weitere müssen noch gerettet werden.

Worsley bricht sofort auf, um die drei anderen Geretteten im Süden der Insel zu holen, während es Shackleton gelingt, einen Walfänger auszurüsten, um damit zur Elefanten-Insel zurückzufahren. Am Dienstagmorgen sticht er mit der „Southern Sky" in See. Aber das Packeis versperrt die Zufahrt zur Insel, und er muß umkehren.

Aber er verliert nicht den Mut. Uruguay leiht ihm einen Fischdampfer: Auch der muß umkehren. Daraufhin begibt sich Shackleton nach Punta Arenas auf Feuerland, gewinnt die Hilfe der britischen Kolonie und chartert einen Schoner: Auch der scheitert am Packeis, und man kehrt zu den Falkland-Inseln zurück.

Inzwischen ist es Juli 1916, mitten im Winter. Ein englisches Hilfsschiff, die „Discovery", soll Mitte September ankommen. Doch so lange kann Shackleton nicht warten. Die Kameraden müssen sofort gerettet werden. Am 25. August gelingt ihm endlich mit einem chilenischen Schlepper die Rettung seiner ganzen Mannschaft. Sehr viel später, im Jahr 1956, resümiert der Geologe Raymond Priestley die Verdienste Scotts, Amundsens und Shackletons folgendermaßen: „Gebt mir Scott als wissenschaftlichen Expeditionsleiter, gebt mir Amundsen für eine rasche und effiziente Polar-Expedition, aber betet auf Knien um einen Shackleton, wenn sich das Schicksal gegen euch verschworen zu haben scheint und ihr keinen Ausweg mehr seht…"

Entgegen den Erwartungen ist es kaum weniger schwierig, den Südpol mit dem Flugzeug als zu Fuß zu erreichen.

In der Antarktis gibt es weder bewohnte Stützpunkte noch Flughäfen, dafür aber ständigen Wind. Alle Flüge müssen in einer Höhe von bis zu 4000 m stattfinden. Vor allem aber liegen zwischen der Antarktis und den

Hubert Wilkins (unten) läßt sich seine Reise zum größten Teil vom Pressemagnaten Randolph Hearst finanzieren. Deshalb kann er zwei moderne Lockheed Vega kaufen. Sein erster Flug findet am 16. November 1928 statt. Er überfliegt als erster die Antarktis.

nächsten Versorgungsstationen riesige Entfernungen. Es ist also verständlich, daß die Erkundung aus der Luft wenig Liebhaber gefunden hat, während das arktische Meer oft von Flugzeugen und Luftschiffen überflogen wurde.

Als erster wagt es der Australier Sir Hubert Wilkins, die insgesamt 2100 km von der Deception-Insel zum Südpol hin und zurück zu fliegen. Von seinem Flug bringt er die Information mit, daß Grahamland vom antarktischen Festland durch mehrere Meerengen getrennt sei, was sich aber als falsch herausstellt.

Im gleichen Jahr 1928 überwintert Kapitän Byrd mit einer privaten Expedition aus der Walfischbucht in der Ross-See. Er tauft seinen Stützpunkt Little America. Dieser bildet in den Jahren von 1929 bis 1956 den Ausgangspunkt für fünf amerikanische Expeditionen. Der Erkundungsflug im Jahr 1929, der der Route Amundsens folgt, bringt keine neuen Erkenntnisse. Aber bei weiteren Flügen und Schlitten-Expeditionen entdeckt und erforscht der Geologe Lawrence Gould das Rockefellergebirge, das den Namen eines der Mäzene der Expedition trägt. Byrd kehrt 1934 in die Antarktis zurück und erkundet nun systematisch den damals noch völlig unerforschten Ostrand des Ross-Schelfeises.

Von 1933 bis 1936 überfliegt Lincoln Ellsworth, der Begleiter Amundsens in der Arktis, zum ersten Mal die Antarktis: 3700 km von Grahamland bis nach Little America.

Mit seiner dreimotorigen Ford, der „Floyd Bennett", überfliegt Richard E. Byrd den Südpol. Er folgt dabei den Spuren Amundsens und hält sich an dessen Ratschläge. Zu seiner Expedition gehören drei Flugzeuge, 95 Hunde und über 50 Mann. Er erreicht das Ross-Schelfeis am Weihnachtstag des Jahres 1928. Zunächst muß das Lager Little America errichtet werden. Die eigentliche Südpol-Expedition findet nach mehreren Erkundungsflügen am 28. November 1929 statt. Byrd legt in 15 Stunden und 51 Minuten die Entfernung zurück, für die Amundsen zu Fuß drei Monate gebraucht hatte...

FÜNFTES KAPITEL

DIE BEDEUTUNG DER POLE

D en Entdeckungen folgt die wissenschaftliche Auswertung. Seit 50 Jahren ist es
dank des wissenschaftlichen und technischen
Fortschritts möglich, die Polargebiete zu erforschen. Jetzt geht es weniger um Entdeckungen,
als vielmehr um die wirtschaftliche, handelspoli-
tische und militärische Nutzung dieser Gebiete:
um Erdöl, Seetransport von Handelswaren
und militärische Stützpunkte in der Arktis, um
große, multinationale Forschungsprogramme
in Arktis und Antarktis.

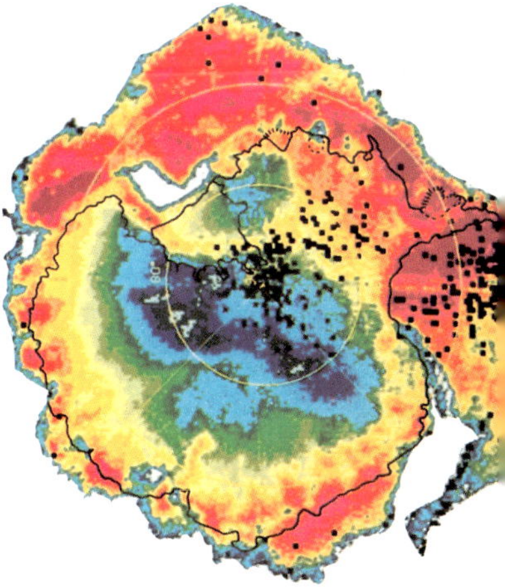

D ie Eroberung des
Weltraums hat
auch die Beobachtungs-
methoden in den Polar-
regionen grundlegend
verändert. Die Satelli-
tenaufnahme (von Nim-
bus V) rechts zeigt die
Ausdehnung des die
Antarktis umgebenden
Eises an einem Winter-
tag.

Ab 1930 wird das grönländische Inlandeis, das den größten Teil der 2 000 000 km² großen Insel einnimmt, systematisch erforscht.

Nansen und Peary hatten Grönland auf Skiern durchquert, der Ethnologe Knud Rasmussen im Hundeschlitten die Nordostküste erforscht, und 1912 hatte der Schweizer *Glaziologe* A. de Quervain die ersten Temperatur- und *Schneedichtemessungen* durchgeführt. Spätestens nach 1930, als der erste Non-stop-Flug Paris – New York auf dem kürzesten Weg über Grönland gelingt, gewinnt die Insel an Bedeutung für die Atlantikflüge. Zur Sicherung der Flugroute müssen die atmosphärischen Bedingungen genau erforscht werden.

Als Hauptinteressenten an dieser Route rüsten die Deutschen eine wissenschaftliche Expedition unter Alfred Wegener, dem Begründer der Theorie der *Kontinentalverschiebung*, aus. Ziel der Expedition ist es, 400 km landeinwärts in 3 000 m Höhe eine Forschungsstation für Glaziologie und *Meteorologie* – Eismitte – zu errichten. Zwei weitere meteorologische Stationen sollen an der Ost- und Westküste der Insel eingerichtet werden. Im April 1930 landet Wegener mit 100 t Material an der Westküste nördlich der Disko-Insel. Ernst Sorge und Johannes Georgi richten sich während des Sommers in Eismitte ein, während Wegeners Mannschaften die Station von der Westküste aus mit Lebensmitteln und Material versorgen.

Ende Oktober, also sehr spät im Jahr, führt Wegener einen letzten Versorgungsgang durch. Er wird dabei nur von Fritz Loewe und dem Inuit Rasmus begleitet. Die Temperatur ist bereits auf – 50° gesunken. Loewe erfrieren die Füße, eine *Nekrose* beginnt, und die einzige Rettung für den Kranken ist die Amputation. Er wird nach Eismitte transportiert, und Georgi beschließt, seinen Gefährten mit Bordmitteln zu operieren. Loewe wird gerettet, kann sich aber nicht mehr allein fortbewegen. Er soll deshalb in Eismitte überwintern, wo die Lebensmittelvorräte gerade für einen zusätzlichen Mann ausreichen. Wegener und sein treuer Führer Rasmus brechen mit 17 Hunden wieder auf, um die Westküste zu erreichen. Dort kommen sie jedoch nie an. Im nächsten Frühling wird 189 km von der Küste entfernt ein im Schnee steckender Ski

Alfred Wegener, ein 26jähriger Gelehrter, bricht 1906 mit der dänischen Expedition von Mylius Erichsen zur Nordostküste Grönlands auf. Trotz des tragischen Todes von Erichsen und zweier seiner Leute kartographiert die Forschergruppe zahlreiche neue Gebiete. Wegener entdeckt das Königin-Louise-Land. Von 1912 bis 1913 überquert er Grönland mit von Ponys gezogenen Schlitten von Ost nach West.
Man sieht ihn unten auf seiner letzten Expedition im Jahr 1930, wie er eine Schneeprobe aus den oberen Schichten entnimmt, um die jährliche Schneefallmenge zu bestimmen.

gefunden. Er kennzeichnet als Kreuz Wegeners letzte Ruhestätte. Von Rasmus hat man nie wieder etwas gehört.

Die französischen Polarexpeditionen.

Mit Paul-Emile Victor erweitern die Franzosen das Wegenersche Programm. Von Eismitte aus führen sie eine Vielzahl von *seismischen Messungen* durch. Inzwischen werden die Ponys und Hundeschlitten durch moderne Mittel ersetzt: Raupenfahrzeuge und später Hotchkiss für den

Herbst 1948. Die erste Forschungsmannschaft der französischen Polar-Expeditionen schifft sich in Port Victor zur Rückreise ein.

Landtransport, niedrig fliegende Flugzeuge für die Versorgung mit Lebensmitteln und Treibstoff aus der Luft. 1950 und 1951 überwintern nacheinander zwei Mannschaften unter Robert Guillard und Paul-Emile Voguet in der Zentralstation. Während der Forschungsunternehmen im Sommer führen die Geophysiker insgesamt noch einmal 400 seismische Messungen durch.

1952 schließt Victor mit amerikanischen Militärs einen Vertrag, um, ausgehend von dem amerikanischen Stützpunkt in Thule, eine Durchquerung des äußersten grönländischen Nordens zu versuchen. Die Leitung dieses Unternehmens – 2000 km auf Raupenfahrzeugen – überträgt er Guillard, der die Route von Peary und Rasmussen einschlägt.

Paul-Emile Victor (links) kommt 1934 mit Charcot auf der „Pourqoui-Pas?" zum ersten Mal nach Grönland. Seit 1947 rüstet er unermüdlich immer neue Expeditionen nach Grönland und Adélieland aus, für die er Gruppen von Wissenschaftlern und Technikern zusammenstellt. Einer von ihnen, Robert Guillard (unten), gilt heute mit 44 Polarexpeditionen als der erfahrenste französische Polarexperte.

Die Royal Navy hat ihre glorreiche Zeit vom Anfang des Jahrhunderts nicht vergessen. Auch jetzt sind die Briten wieder dabei, diesmal im Norden Grönlands.

Unter der Schirmherrschaft von Königin Elizabeth II. und Premierminister Sir Winston Churchill wird eine Expedition ausgerüstet, deren Leitung Fregattenkapitän Simpson hat. Das Forschungsgebiet, auf das man sich konzentrieren will, ist besonders schwer zugänglich; selbst im Sommer versperrt häufig Packeis den Zugang. Das Material muß weiter südlich ausgeladen und anschließend mit Wasserflugzeugen bis zum Britannia-See transportiert werden, wo das Lager aufgeschlagen werden soll. Zwei Jahre lang (von 1952 bis 1954) dient die 400 km landeinwärts gelegene Station Northice als Winterlager. Während der sommerlichen Forschungszüge dringen

britische Mannschaften bis nach Thule vor und führen
klassische Erdbeben-, Schwerkraft- und Höhenmessungen
durch.

Die internationale glaziologische Expedition vertieft in 15jähriger Arbeit, von 1959 bis 1974, das Wissen über Grönland.

Um die Masse des Inlandeises genauer zu bestimmen und
um festzustellen, ob diese Masse im gleichen Zustand ver-
harrt, ab- oder zunimmt, bedarf es wiederholter Messungen
über mehrere Jahre hinweg. Dieses Programm übersteigt
die Möglichkeiten der einzelnen Nationen. Deshalb tun sich
fünf Länder zusammen, um die
Forschungen zu ermöglichen. Die
Verantwortung für die Organisation liegt bei den Franzosen;
Dänemark, die Schweiz, Öster-
reich und Deutschland beteiligen
sich an dem Unternehmen.

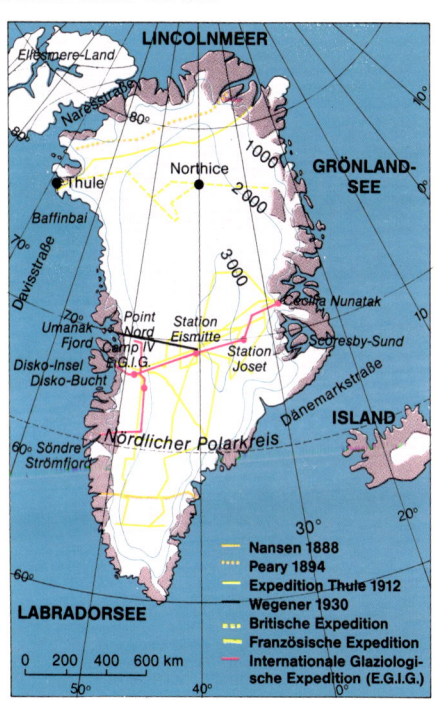

Unterstützt von zwei For-
schungsschiffen, zwei Hubschrau-
bern und zahlreichen Raupenfahrzeugen, führen Wissenschaftler der fünf Länder genaue glaziologische Messungen durch. Sie
erreichen eine bessere Berech-
nung der Massenbilanz, d.h. des
Unterschieds zwischen Zuwachs
und Verlust an Eis. Zu diesen
Massenverlusten kommt es einerseits durch das Abschmelzen
der Schneedecke auf weniger als
1500 m Höhe in den Küsten-
gebieten, andererseits durch die
Eisberge, die sich von den
Gletschern lösen und ins Meer
stürzen. Der Zuwachs an Masse
dagegen stammt von den jährlichen Schneefällen im Zentral-
gebiet. Beim gegenwärtigen Stand
der Forschung läßt sich noch nicht mit Bestimmtheit
sagen, ob das Grönlandeis zu- oder abnimmt. Fest steht
aber, daß, wenn diese Eismasse verschwände, sich der
Meeresspiegel um ungefähr 7 m heben würde.

Im hohen Norden arbeiten neben Physikern, Geographen und Geologen auch Ethnologen und erforschen die Kultur der Inuit, der letzten Könige von Thule.

Der dänische Forscher Knud Rasmussen interessiert sich als erster für die polare Inuitpopulation. Er gründet 1910 mit seinem Freund Peter Freuchen in Upernavik, einer für die Inuit bedeutenden Siedlung, ein privates Kontor, dem er den mythischen Namen Thule gibt. Durch die Niederlassung hofft Rasmussen, die Inuit vor der Ausbeutung durch Walfänger und einige Forscher schützen und den Pelzkauf regeln zu können. Neben der Handelstätigkeit organisiert er aber auch Expeditionen, um Geschichte und Sitten der Inuit zu untersuchen. Bald hat er alle ihre Techniken erlernt, die Jagd ebenso wie den Transport mit Hundeschlitten. Auf seiner bekanntesten Expedition, der Thule V (1923 – 1924), die ihn auf der Nord-Westpassage von Thule nach Alaska führt, erforscht er alle dort lebenden Inuitstämme. Heute wird sein Werk von dem

Iwan Papanin (1895 – 1986) ist wohl der bekannteste Polarforscher der Sowjetunion. Nach seiner neunmonatigen Drift mit dem Eis wird er von 1939 bis 1945 Direktor der russischen Seefahrt im Norden. Später wird er zum Konteradmiral ernannt. Seit 1955 ist er der unermüdliche Befürworter sowjetischer Antarktis-Expeditionen.

Franzosen Jean Malaurie fortgeführt, dessen Buch „Die letzten Könige von Thule" die Inuit in der ganzen Welt bekannt gemacht hat.

Die Erforschung des Polarmeers.

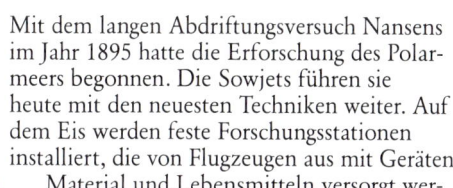

Mit dem langen Abdriftungsversuch Nansens im Jahr 1895 hatte die Erforschung des Polarmeers begonnen. Die Sowjets führen sie heute mit den neuesten Techniken weiter. Auf dem Eis werden feste Forschungsstationen installiert, die von Flugzeugen aus mit Geräten, Material und Lebensmitteln versorgt werden. So können Forschergruppen die Drift durch Wind, Stömungen und Gezeiten beobachten.

Im Mai 1937 starten sowjetische Flugzeuge von der Rudolf-Insel im Franz-Josef-Archipel, landen in der Nähe des Pols und setzen vier Männer und Material ab: den Missionschef Iwan Papanin, den *Ozeanographen* Schirschow, den Geophysiker Fedorow und den Funker Krenkel. Neun Monate lang driftet die Station täglich einige Seemeilen nach Süden. Ende Februar 1938 werden die vier Männer in der Nähe der Ostküste Grönlands wieder von Flugzeugen abgeholt. Ihre wissenschaftliche Ausbeute besteht aus Bohrproben und wichtigen meteorologischen und ozeanographischen Beobachtungen.

1950 nehmen Somow und Treschnikow das Prinzip der driftenden Forschungsstation mit SP 2 und SP 3 wieder auf. In der Folge stellt eine Station gleichen Typs einen Rekord an Funktionsdauer auf: Insgesamt arbeiten dort in den acht Jahren, von 1973 bis 1981, 1500 Personen. Amerikaner und Sowjets richten von nun an gleichzeitig weitere, diesmal automatische Forschungsstationen ein.

Atomunterseeboote, Satelliten, Atomeisbrecher: neue Möglichkeiten der Polarforschung.

Das Atomunterseeboot „Nautilus" steht am Anfang der „modernen" Polarforschung: Sie fährt in 99 Stunden unter dem Eis der Arktis hindurch. Sechs Monate später erreicht die „Skate" den Pol unter Wasser. 1962 tun es ihr die

Knud Rasmussen (1879 – 1933), „der Mann, dem sein Lachen vorausging", ist ein dänischer Pastorensohn von der Westküste Grönlands. Seine Kindheit verbrachte er mit Inuitjungen. Zusammen übten sie sich im Führen von Hundeschlittengespannen. Später wird Rasmussen Professor für Grönländisch an der Kopenhagener Universität. Sehr bald beschließt er, sich an Ort und Stelle dem Studium der Ethnologie und Archäologie verschiedener Inuitstämme zu widmen. Seine Untersuchungen finanziert er aus den Gewinnen seines Kontors in Thule.

Sowjets mit der „Leninski Komsomolets" nach, während
die Engländer 1973 mit der „Dreadnought" die Arktis
durchfahren. Die Fahrten der Unterseeboote und deren
Ergebnisse dringen kaum an die Öffentlichkeit. Die
Arktis ist in der Tat das ideale Gebiet für geheime militärische Unternehmungen: Das Eis verhindert eine Ortung
durch Satelliten, und seine ständige Bewegung verursacht
ein Geräusch, das die Sonarortung unter Wasser erschwert. Einige Ergebnisse werden jedoch veröffentlicht,
z.B. über die Meerestiefen.

Seit einigen Jahren untersucht eine große internationale Forschergruppe, die Mizex, das Zusammenwirken
von Eis, Atmosphäre und Meer, insbesondere im nördlichen Polarmeer.

1977. Neue Pioniertat: Der größte, atomar betrie-
bene Eisbrecher, die „Arktika", erreicht den Pol an der
Wasseroberfläche. Im Jahr darauf eskortiert ihr Schwesterschiff, die „Sibir", einen Frachter nördlich der sibirischen
Inseln und eröffnet so einen neuen Seeweg.

**Es gibt immer noch Einzelunternehmen, die For-
schung nach den Methoden der Polar-Expeditionen
um die Jahrhundertwende betreiben.**

Der Engländer Wally Herbert beschließt, mit drei
Gefährten das ganze Nordpolarmeer mit

Hundeschlitten zu überqueren. Dieses Projekt soll sowohl eine sportliche Herausforderung sein als auch der wissenschaftlichen Beobachtung dienen. Die Überquerung findet zwischen Februar 1968 und Mai 1969 statt und führt von der Barrow-Spitze in Alaska über den Nordpol nach Spitzbergen. Die Entfernung beträgt 3 500 km Luftlinie. Für die Männer sind es jedoch wegen der Eisbarrieren, die umgangen werden müssen, etwa 6 000 km. Während des 16 Monate dauernden Unternehmens ist die Expedition die Hälfte der Zeit zur Untätigkeit verurteilt: Im Sommer behindern neu aufbrechende Wasserstellen das Vorankommen, im Winter Dunkelheit und Kälte. In dieser Zeit suchen die Männer Schutz in einer auf einer Eisscholle driftenden Station und stellen Untersuchungen über die *thermische* Wechselwirkung zwischen Luft, Wasser und Eis an.

Im März 1956 gelangt das amerikanische Atomunterseeboot „Skate" an den Nordpol. Mit einer Sonde wird die Eisdicke bestimmt, und es gelingt, eine günstige Stelle zum Auftauchen zu finden.

Auch Sportler tauchen neuerdings am Pol auf: Sie bezwingen ihn zu Fuß.

Wie Meer und Gebirge finden nun auch die Pole ihre Liebhaber. Diese Leute lassen sich in Flugzeugen vor Ort absetzen, von der Luft aus versorgen und im Notfall retten. Unternehmen dieser Art werden immer zahlreicher.

1978 geht der Japaner Uemura den Nordpol im Alleingang an, mit einem Schlitten und 17 Hunden. Von einem zweimotorigen Flugzeug läßt er sich insgesamt fünfmal versorgen. Am 6. März bricht er in Kap Columbia auf und erreicht den Pol am 29. April: Er braucht also für eine Entfernung von 770 km Luftlinie über sieben Wochen, da er oft Eisbarrieren umgehen muß.

Im Jahr darauf steckt sich eine sowjetische Expedition ein noch ehrgeizigeres Ziel. Angestrebt wird wiederum der Nordpol, aber dieses Mal von der Henrietta-Insel (nordöstlich des Neusibirischen Archipels) aus, die 1 500 km vom Pol entfernt ist. Die sechs Männer unter Leitung von D. I. Shparo haben weder Hunde noch Schlitten, sondern tragen jeder einen 45 kg schweren Rucksack. Sie brechen am 16. März auf und brauchen 76 Tage, um Ende Mai den Pol auf Skiern zu erreichen. Um diese Jahreszeit erschweren ihnen schon viele offene Wasserstellen das Fortkommen.

Auf der Strecke Kap Columbia – Nordpol finden schließlich 1986 zwei Expeditionen nacheinander statt. Der Amerikaner Will Steger will die Pearysche Expedition wiederholen, allerdings ohne Versorgung von außen. Seine Gruppe besteht aus fünf Männern und einer Frau. Transportmittel sind Hundeschlitten. Er bricht am 8. März auf und erreicht den Pol am 1. Mai, hat also 56 Tage gebraucht – immer noch 20 Tage mehr als Peary angeblich benötigte. Einen Tag nach Steger bricht Jean-Louis Etienne, ein junger französischer Arzt, im Alleingang auf. Er zieht auf Skiern einen 50 kg schweren Schlitten hinter sich her und läßt sich alle zwei Wochen aus der Luft versorgen. Nach einmonatigem Marsch trifft er in Nebel und Eisbarrieren zufällig auf die amerikanische Mannschaft. Jeder setzt seinen Weg für sich fort, und am 11. Mai erreicht auch Dr. Etienne den Pol.

Als strategisch und wirtschaftlich wichtiges Gebiet ist die Arktis in den Händen der beiden Großmächte UdSSR und USA.

Amerikaner und Sowjets kontrollieren die Seewege: die Beringstraße auf der einen, die Framstraße und die Barentssee auf der anderen. Sie beuten auch die ungeheuren natürlichen Bodenschätze des Gebiets aus: Erdöl in der Prudhoe-Bucht an der Nordküste Alaskas, Erdgas bei Urengoye am Polarkreis in Sibirien.

Von den beiden Nordpassagen wird heute die Nord-Ostpassage am häufigsten benutzt: Die Sowjets bewältigen dort jährlich mit der größten Eisbrecherflotte der Welt ein Verkehrsvolumen von 4 000 000 t. Damit erhält Sibirien wirtschaftliche und strategische Bedeutung.

Die Nutzung des arktischen Raums hat aber verhängnisvolle Folgen für die Umwelt und das Leben der arktischen Bevölkerung. In Zukunft muß sich also die wissenschaftliche Erforschung des Raumes auf den ökologischen Aspekt konzentrieren. Man hofft hier auf eine

Jean-Louis Etienne (links), der erste Franzose am Nordpol, hatte seine Unternehmung sorgfältig vorbereitet und insbesondere seine Anpassungsfähigkeit an die Kälte zu steigern versucht.

Am 9. August 1977 läuft die „Arktika", ein atomgetriebener Eisbrecher mit 20 000 BRT und 75 000 PS von Murmansk aus. Die Route geht über Nowaja Semlja und Kap Tscheljuskin hinaus und dann nordwärts. Am 17. August ereicht die „Arktika" den Pol. Zwei Hubschrauber lotsen sie durch jahrealtes Eis, in dem sie nie mehr als 2 Knoten (3,7 km/h) machen kann. Am 23. August kehrt sie, nachdem sie in 13 Tagen 3 850 Seemeilen zurückgelegt hat, nach Murmansk zurück. Damit ist bewiesen, daß ein Überwasserschiff das Eismeer auch außerhalb der Nord-Ost- und Nord-Westpassage durchfahren kann.

enge Zusammenarbeit sowjetischer und westlicher Forschergruppen, wie sie bereits im großen Forschungslabora-
torium der Antarktis erfolgreich betrieben wird.

Kurz nach dem Zweiten Weltkrieg nimmt die amerika-nische Marine den antarktischen Raum systematisch von der Luft aus auf.

1946 startet der erfahrene Polarfahrer Admiral Byrd das
Unternehmen Highjump: Ein mit sechs Spezialflugzeugen
ausgerüsteter Flugzeugträger, mehrere Eisbrecher, zahlreiche Hilfsschiffe und 4000 Mann Besatzung gehören
dazu. Tausende von Fotos werden gemacht, können jedoch
für kartographische Zwecke nur dann verwendet werden,
wenn am Boden Bezugspunkte zur Verfügung stehen. Die
ersten, 1947 – 1948 vom Unternehmen Windmill angefer-
tigten Karten umfassen einen kleinen Küstenabschnitt
westlich von Adélieland, wo die Sowjets zehn Jahre später
ihre Basis Mirny errichten.

In allen Polarstationen
ist Feuer eine ständige
Gefahr. In Port Martin
macht 1952 ein Schnee-
sturm alle Versuche, das
Feuer unter Kontrolle
zu bekommen, zunichte.
Die Expeditionsteilneh-
mer, die zum Glück alle
wohlauf sind, können
nichts anderes tun, als
tatenlos dem Unglück
seinen Lauf zu lassen.

Das 1840 von Dumont d'Urville entdeckte Adélieland wird die erste französische Basis in der Antarktis.

Kraft der Tatsache, daß Dumont d'Urville Adélieland
1840 als erster entdeckte, beansprucht Frankreich das
Gebiet 1924 für sich. Es gilt jetzt nur noch, eine Expedition auszurüsten. Der Forscher Paul-Emile Victor bereitet
1947 eine mit Regierungskrediten finanzierte Grönland-
Expedition vor. Das Projekt, das ihm drei junge Forscher,
Yves Vallette, Robert Pommier und Jacques-André Martin
jetzt unterbreiten, hat mit diesen Plänen kaum etwas zu
tun: eine Expedition nach Adélieland. Victor ist von der
Idee begeistert, und es gelingt ihm, einen weiteren Kredit
zu erhalten. Daraufhin nimmt er das Projekt zusätzlich in
sein Forschungsprogramm auf: Das ist der Anfang der
französischen Polarexpeditionen.
   Zunächst braucht man ein Schiff. Victor findet es in
Kalifornien. Es wird auf einen neuen Namen getauft –
„Commandant Charcot" – und in St. Malo überholt.
Dann wird es von der französischen Marine übernommen
und der Führung von Fregattenkapitän Max Douguet
anvertraut. Ende Dezember 1949 läuft die „Charcot" in
Hobart mit Kurs nach Süden aus. Nach einer Woche
erscheint ein heller Lichtstreif am Horizont: Es ist das
Packeis, durch das eine Durchfahrt gefunden werden muß.

Nach zweiwöchiger Fahrt durch das Eis ankert das Schiff in der Nähe vom Kap Découverte. Dort geht eine erste Expedition von Bord. Elf Männer sollen hier unter Führung von André Liotard in einem Lager, das zu Ehren des auf der Fahrt verstorbenen J. A. Martin Port Martin genannt wird, überwintern. Die Wissenschaftler beginnen mit der Kartierung von Adélieland und entdecken während des antarktischen Frühlings in Pointe-Géologie einen großen Brutplatz von Kaiserpinguinen.

1950 setzt die „Charcot" eine zweite Expedition in Port Martin ab: 17 Männer unter Kapitänleutnant Michel Barré führen jetzt ein geophysikalisches und naturwissenschaftliches Forschungsprogramm durch. Der älteste Expeditionsteilnehmer ist Dr. Loewe, der ehemalige Gefährte Wegeners, der zweite Mann der Expedition ist Bertrand Imbert, der während des Geophysikalischen Jahres das Kommando übernimmt. In verschiedenen Forschungsunternehmen bestimmt P.-N. Mayaud die Lage des magnetischen Südpols. In diesem Jahr findet gleichzeitig die letzte Überwinterung in Port Martin statt: Am 23. Januar 1952 zerstört ein Feuer das Lager in wenigen Stunden. Von nun an liegen die französischen Forschungsstationen weiter westlich, in Pointe-Géologie. Dort führen während einer dritten Expedition unter Mario Marret im Jahre 1952 Dr. Jean Rivolier und der Ornithologe Jean Prévost wichtige Untersuchungen an Kaiserpinguinen durch.

Maudheim und Mawson: Norweger, Schweden, Briten und Australier errichten ihre Forschungsstationen.

Eine internationale Expedition von Norwegern, Schweden und Briten überwintert zwei Jahre hintereinander in Maudheim an der Atlantikflanke des antarktischen Kontinents, 4 500 km von Adélieland entfernt. Unter der Leitung von Dr. John Gjaever werden dort meteorologische und geologische Untersuchungen sowie seismische Messungen durchgeführt, die die Grundlage für spätere Untersuchungen bilden.

Zwei Jahre später, 1954, beschließen die Australier, an die Tradition des Polarforschers Sir Douglas Mawson anzuknüpfen. Eine polare Forschungsgruppe, die ANARE (Australian National Antarctic Research Expeditions) wird unter Leitung von Philipp Law gegründet, und eine Forschungsstation in Mac-Robertson-Land (62° 52') erhält den Namen Mawson. Sie liegt in der Nähe des 700 km langen und 50 km breiten Lambert-Gletschers.

1957/1958, im Internationalen Geophysikalischen Jahr, vereinigen zwölf Nationen ihre Polarforschungsprogramme.

Eine einzelne Beobachtungsstation kann naturgemäß nur Teilergebnisse liefern. Um umfassende Informationen zu erhalten, müssen alle magnetischen Messungen sowie glaziologische und meteorologische Forschungsergebnisse weltweit ausgewertet werden.

Auf Anregung von zwei Hochatmosphärenphysikern, Sydney Chapman und Marcel Nicollet, beschließen der Internationale Rat Naturwissenschaftlicher Vereinigungen und die Naturwissenschaftlichen Akademien der größeren Länder, von Juli 1957 bis zum Dezember 1958 ihre Forschungen gemeinsam zu betreiben.

Dieses sogenannte Geophysikalische Jahr hat auch die ersten Satellitenstarts (Sputnik im Oktober 1957,

Explorer am 1. Januar 1958) zur Folge sowie zahlreiche andere Arbeiten. Zentrum der Forschungen ist jedoch die Antarktis, wo zwölf Länder 48 Stationen einrichten. Vier Länder errichten sogar im Landesinneren Forschungsstationen, wo extreme klimatische Bedingungen herrschen und die Arbeit auch sonst mit zusätzlichen Risiken belastet ist.

Spätestens seit der zweiten Hälfte des 20. Jahrhunderts bedeutet Polarforschung im wesentlichen wissenschaftliche Arbeit. Die Zeit der Abenteuer scheint vorbei.

Werden die Expeditionen an Nord- und Südpol im 18. und 19. Jahrhundert noch aus Entdeckerdrang oder um neue Seewege zu finden unternommen, gewinnen im 20. Jahrhundert wirtschaftliche und wissenschaftliche Fragestellungen an Bedeutung. Insbesondere in der Antarktis, wo ständig etwa 1000 Menschen in winterfesten Forschungsstationen leben – in den Sommermonaten sind es noch wesentlich mehr –, wird in unterschiedlichsten Bereichen geforscht.

Man erhofft sich neue Informationen über die Erdgeschichte und Rohstoffvorkommen Antarktikas, Bestandteil des ehemaligen Urkontinents (Gondwana), in dem Afrika, Südamerika, Australien und Vorderindien mit Antarktika vereint waren.

Die Kälte dieser Regionen –, der Rekord ist – 88° C – und die im Jahresmittel sehr niedrigen Durchschnittstemperaturen haben ein Ökosystem geschaffen, das äußerst empfindlich ist und nur wenig pflanzliches Leben aufweist. Permafrost unterlagert – wie in der Arktis – die unvergletscherten Landoberflächen. Ideale Voraussetzungen, um die Wechselwirkungen zwischen den einzelnen Elementen dieses Systems zu studieren. Diese Lebensbedingungen hatten auch zur Folge, daß die Antarktis bis ins 20. Jahrhundert nicht von Menschen

Die Vorbereitung des Geophysikalischen Jahrs führt zu internationaler Solidarität zwischen allen antarktischen Stationen, die täglich über Funk wichtige Informationen austauschen. Unten beraten G. Rouillon, Leiter der dritten Landexpedition in Adélieland, B. Imbert, Leiter der Expeditionen des Geophysikalischen Jahrs, und der Mechaniker M. Renard darüber, was für einen während eines Schneesturmes über dem Inlandeis abgestürzten Hubschrauberpiloten zu tun sei.

besiedelt wurde. So ergibt sich die Möglichkeit, atmosphäri-
sche, klimatische und astronomische Messungen und Beobachtungen anzustellen, die nur wenig durch Fremdwerte
wie z. B. die Luftverschmutzung beeinträchtigt werden.

   In diesem Zusammenhang ist das Ozonloch, das im
Jahr 1981 von britischen Wissenschaftlern entdeckt und
später durch Satellitenmessungen bestätigt wurde, von großer Bedeutung. Ozon ist eine sehr reaktionsfreudige, hoch-
giftige Sauerstoffverbindung (O_3), die in der Stratosphäre
oberhalb von ca. 15 km Höhe in einer Schicht von etwa
50 km Dicke in hoher Konzentration vorkommt. Diese
Schicht bildet einen Schutzschirm gegen das u. a. krebser-
regende UV-Licht. Durch Fluorkohlenwasserstoff (FCKW),
der bei uns vor allem in den Kühlsystemen von Kühl-
schränken und Klimaanlagen sowie als Treibgas in Spray-
dosen weite Verbreitung findet, wird Ozon zerstört und
verliert damit seine schützende Wirkung. Über der
Antarktis entstand ein Ozonloch, das gerade im Sommer,
wenn die Temperaturen nicht mehr in allzu extreme
Kälten abfallen, erschreckende Ausmaße annimmt. So erreichte es im Oktober 1986 die Größe der USA. Mittler-
weile arbeitet man daran, alle Ursachen für das Ozonloch
und dessen Auswirkungen ausfindig zu machen und
wirksame Schutzmaßnahmen einzuleiten.

Die wirtschaftliche Bedeutung der Antarktis liegt in ihren Rohstoffen.

Obwohl heute in der Antarktis noch keine Bodenschätze
abgebaut werden, bedeutet das nicht, daß es dort keine
Vorkommen gäbe. Vielmehr vermutet man, daß die Antarktis ebenso reich an Bodenschätzen – v. a. Edelmetalle,
Kohle, Eisen, Kupfer und Uran – ist wie Südafrika und
die Ausläufer des chilenischen Hochlandes, mit denen der
Kontinent ja einst eine Einheit bildete. Zwar gilt der
Abbau dieser Rohstoffe – wegen der Schwierigkeiten des
Abbaus unter den extremen klimatischen Bedingungen
und der enormen Transportkosten – bislang als unwirt-
schaftlich, doch betreibt eine Reihe von Staaten ihre Forschungsstationen in der Antarktis nicht zuletzt mit dem
Ziel, sich dort Hoheitsansprüche zu sichern, die heute,
nach dem Antarktisvertrag, noch nicht anerkannt sind. Es
ist unverkennbar, daß mit dem Gedanken einer wirtschaft-
lichen Nutzung der Antarktis gespielt wird.

   Ein weiterer, nicht unwesentlicher Reichtum der Antarktis besteht in der Masse des Eises, das – im Gegensatz

zur Arktis – Süßwassereis ist. Man geht davon aus, daß das gesamte in Eis gebundene Wasser in der Antarktis etwa 80 % der Vorräte an Süßwasser auf der Erde ausmacht. Wenn das Eis in der Antarktis schmölze, würde der Meeresspiegel weltweit um 60 bis 80 m steigen. Wollte man die 33 Millionen km^3 Gletschereis der Erde in Eiswürfel mit 1 m Kantenlänge zerschneiden und verteilen, so würde jeder der rund 4,5 Milliarden Menschen der Erde einen solchen Eiswürfel bekommen – 14 Jahre lang in jeder Minute. Es gibt bereits Wirtschaftlichkeitsberechnungen, die nachweisen, daß es rentabel wäre, antarktische Eisberge an süßwasserarme Küsten niederer Breiten zu schleppen.

Der eigentliche Reichtum der Antarktis liegt jedoch im Meer. Nicht nur Wale und Robben kamen – bis man vor mehr als 150 Jahren begann, sie intensiv zu bejagen –

Das großartige Schauspiel des Süd- bzw. Nordlichts war lange Zeit ein ungelöstes Rätsel. Trotzdem hat bereits im 18. Jahrhundert Halley einen Zusammenhang zwischen Südlicht und magnetischen Stürmen postuliert. Heute weiß man, daß das Südlicht durch elektrische Entladungen in ionisierten Luftschichten in Höhen zwischen 100 und 1 000 km bewirkt wird.

in großer Zahl in den antarktischen Gewässern vor, sondern die Meere bieten auch eine Fülle anderer Rohstoffe. Das gilt vor allem für Krill, von dessen Verarbeitung zu genießbaren Lebensmitteln man sich einiges verspricht. Daneben gibt es auch erhebliche Vorkommen an Fisch.

Die Nutzung dieses Reichtums birgt aber auch Risiken. Gerade durch die extremen Bedingungen ist das ökologische Gleichgewicht in der Antarktis äußerst labil. Jeder Eingriff könnte unabsehbare Folgen haben. So geht die Reproduktion organischen Materials nur äußerst langsam vonstatten, und das gilt nicht nur für

die Meeressäuger. Auch die Vermehrungsrate des Krills, der am Anfang der antarktischen Nahrungskette steht, ist noch weitgehend unerforscht.

Dazu kommt, daß die Einwirkungen, die der Mensch durch seinen Aufenthalt in der Antarktis unweigerlich auf die Natur ausübt, beträchtliche Schädigungen bei Fauna und Flora verursachen. Besonders augenfällig ist, daß es in der Antarktis aufgrund der extremen Kälte keine oder kaum Mikroorganismen gibt, die in der Lage wären, Abfallstoffe zu zersetzen und damit zu beseitigen.

Die Antarktis braucht unseren Schutz.

Nicht zuletzt dank der Aktivitäten der Umweltschutzorganisation Greenpeace ist man in der Welt inzwischen auf die vielfältige Bedrohung der Antarktis aufmerksam geworden. 1959 beschließen 12 Staaten daher in dem sogenannten Antarktisvertrag, jede wirtschaftliche und militärische Nutzung der Antarktis bis auf weiteres auszuschließen. Bis heute traten diesem Abkommen 37 Staaten bei. 1991 läuft der Vertrag aus; es ist noch ungeklärt,

Zum Gedenken an Scott starten Roger Swan, Roger Mear und Gareth Wood auf den Tag genau 74 Jahre später von demselben Ausgangspunkt McMurdo zu ihrer Expedition. Jeder von ihnen zieht einen anfangs mit 150 kg beladenen Schlitten, der es ihnen ermöglicht, während des 71 Tage dauernden Marsches ohne fremde Hilfe auszukommen. Der Marsch führt über das Ross-Schelfeis, den Beardmore-Gletscher bis zur Hochebene und zum Südpol. Hier hat sich allerdings seither einiges verändert: Statt des Zelts von Amundsen steht dort jetzt die Scott-Amundsen-Station.

ob er verlängert oder durch ein anderes Abkommen ersetzt wird.

Während sich die Umweltschützer dafür einsetzen, daß der Vertrag eines Tages durch eine internationale Vereinbarung umgewandelt und die gesamte Antarktis zu einem Weltpark erklärt wird, bemühen sich vor allem Chile und Argentinien darum, den Kontinent in nationale Gebiete aufzuteilen und diese dann voll der Verwaltung der jeweiligen Regierungen zu unterstellen. Das würde auch bedeuten, daß die Rohstoffe unkontrolliert abgebaut und die Meere abgefischt werden könnten. Bislang ist über die Zukunft der Antarktis noch keine Entscheidung getroffen worden; die Interessenskonflikte leben weiter.

Dasselbe gilt für die Ausschöpfung der sogenannten marinen Rohstoffe. Insbesondere solange sich Staaten wie Japan oder Island nicht an die Beschlüsse des internationalen Artenschutzabkommens halten und die Jagd auf Wale völlig einstellen, ist nicht darauf zu hoffen, daß es uns gelingt, das antarktische Ökosystem wirksam zu schützen.

Ein Zeugnis aus der großen Pionierzeit: Das Lager Scotts in Kap Evans gehört zu den eindrucksvollen Denkmälern der Geschichte der Polarforschung. Jede Mitgliedsnation des SCAR läßt sich dessen Pflege angelegen sein.

ZEUGNISSE UND DOKUMENTE

Erlebnisberichte aus den polaren Regionen

Der Wunsch, die polaren Eis- und Schneewüsten zu besiegen und an die Pole vorzudringen, hat jahrhundertelang Menschen getrieben, die größten Entbehrungen und Gefahren auf sich zu nehmen. Aus den Berichten der Männer und Frauen, die die Arktis und Antarktis kennengelernt haben, spricht die Faszination, die diese extremsten Landstriche auf die Menschen ausüben ...

Adolf Erik Freiherr von Nordenskjöld (1832 – 1901) brach am 4. Juli 1878 von Göteborg mit zwei Schiffen, der „Vega" und der „Lena", zur Erkundung des Polarmeeres auf der Suche nach der Nordostpassage in östlicher Richtung auf. Nach der Umrundung von Kap Tscheljuskin am 19. August 1878 trennten sich die beiden Schiffe.

Nordenskjöld beschreibt in seinen Aufzeichnungen den Versuch, kurz vor dem Einsetzen des Polarwinters den Weg bis zur Tschuktschen-Halbinsel zurückzulegen.

In der Nacht zum 22. August dampften wir durch ziemlich dichtes Eis. Den ganzen Tag hindurch herrschte fortwährend ein so starker Nebel, daß man die Ausdehnung der Eisfelder in der Umgebung des Fahrzeuges nicht sehen konnte. Wir waren deshalb gegen Mittag hin gezwungen, einen südlicheren Kurs zu nehmen. Da wir auch in dieser Richtung nicht vorwärts kommen konnten, legten wir in Erwartung klareren Wetters an einer größeren Eisscholle bei, bis es sich am Nachmittag etwas aufklärte, so daß wir unsere Fahrt fortsetzen konnten. Es dauerte jedoch nur eine kurze Zeit, bis der Nebel wieder so dicht wurde, daß man ihn, wie die Seeleute sagen, mit dem Messer schneiden konnte. Es war jetzt wirklich Gefahr vorhanden, daß die „Vega" bei Fortsetzung ihrer Fahrt auf das Ungewisse hin in dem Eislabyrinth, worin wir uns verirrt hatten, demselben Schicksal ausgesetzt werden könnte, welches die „Tegetthoff" betroffen hatte [Forschungsschiff der österreichisch-ungarischen Nordpolexpedition 1872 – 74, das an der Küste von Franz-Joseph-Land ins Eis geriet und nach zwei Überwinterungen im Frühjahr 1874 aufgegeben werden mußte]. Um dies zu vermeiden, ward es notwendig, den Versuch, von Kap Tscheljuskin direkt nach den Neusibirischen Inseln zu segeln, aufzugeben und zu versuchen, baldmöglichst das offene Wasser an der Küste zu erreichen.

Als der Nebel sich am 23. August morgens aufklärte, fingen wir deshalb wieder an, zwischen den Eisfeldern vorwärts zu dampfen, diesmal aber nicht, um in einer bestimmten Richtung vorzudringen, sondern um

Adolf Erik Freiherr von Nordenskjöld.

offenes Wasser aufzusuchen. Die Eisfelder, welche wir jetzt trafen, waren
äußerst zerfressen, was andeutete, daß
wir nicht mehr weit von dem Ende
des Treibeises sein konnten. Dessenungeachtet blieben alle Versuche vergeblich, in östlicher, westlicher oder
südlicher Richtung „passierbares" Eis
zu finden. Wir mußten also in nördlicher Richtung die Öffnung suchen,
durch welche wir eingesegelt waren.
Dies war in so beunruhigender, als
der Wind zu einem ziemlich frischen
Nordwestwinde umgesprungen war,
weshalb es bei der geringen Dampf-
kraft der „Vega" nur langsam vorwärts
ging. Erst gegen 6 Uhr 30 Min. abends
kamen wir endlich aus der sackförmi-
gen Öffnung im Eise heraus, in welche
wir am Mittag des vorhergehenden
Tages eingesegelt waren.

Ohne eigene Erfahrung kann
man sich kaum eine Vorstellung von
den optischen Täuschungen machen,
welche der Nebel in Gegenden
zuwege bringen kann, in denen die
aus dem Nebel hervorschimmernden
Gegenstände ihrer Größe nach nicht
schon vorher bekannt sind und dem-
nach dem Beschauer keinen Begriff
der Entfernung geben können. Unsere
Schätzung des Abstandes beruht in
solchen Fällen lediglich auf dem
Zufall. Hinzu kommt, daß die undeut-
lichen Konturen der nebelumhüllten
Gegenstände selbst oft unbewußt von
dem Beschauer zu launischen Phanta-
siegebilden vervollständigt werden.
Während einer Bootsreise in der
Hinlopen-Straße sollte ich einmal
zwischen Treibeis nach einem einige
Kilometer entfernten Eilande rudern.
Als das Boot ausgesetzt wurde, war
der Himmel klar, als wir aber gerade
mit dem Schießen von Vögeln für
unser Mittagessen beschäftigt waren,
hüllte sich alles in einen dichten
Nebel, und zwar so unvermutet, daß
wir nicht Zeit hatten, eine Kompaß-
peilung des Eilandes zu machen.
Hierdurch entstand ein recht unange-
nehmes Aufs-Geratewohl-Herum-
rudern zwischen den im Sunde heftig
umhertreibenden Eisstücken. Alle
strengten sich jetzt nach bestem Ver-
mögen an, das Eiland auszukundschaften, dessen Strand uns einen
sicheren Ankerplatz bieten sollte.
Hierbei sahen wir einen dunklen
Rand am Horizont hervorschimmern;
wir hielten denselben für das Eiland,
wohin wir fahren wollten, und daß
der dunkle Rand schnell höher wurde,

erschien uns anfangs nicht auffallend, da wir glaubten, daß sich der Nebel zerteile und daß infolgedessen mehr von dem Lande hervortrete. Bald wurden zwei weiße Schneefelder, die wir vorher nicht bemerkt hatten, zu beiden Seiten des Landes sichtbar, und gleich darauf verwandelte sich das Ganze in ein Meerungeheuer, einem berggroßen Walroßkopfe ähnlich. Dieses bekam Leben und Bewegung, und schließlich sank alles zu dem Kopfe eines gewöhnlichen Walrosses zusammen, welches in der Nähe des Bootes auf einem Eisstücke lag; die weißen Zähne bildeten die Schneefelder und der schwarzbraune, runderhabene Kopf die Berge. Kaum war dieses Blendwerk verschwunden, als einer der Mannschaft ausrief: „Land gerade vor uns, hohes Land!" Wir sahen nun alle vor uns ein hohes Alpenland, mit Bergspitzen und Gletschern; aber auch dieses sank gleich darauf zu einer gewöhnlichen, niedrigen, von Erde geschwärzten Eisspitze zusammen. (…)

Wenig später mußte Nordenskjöld sich auf die Überwinterung einrichten, obwohl ihn nur wenige Meilen, die aber wegen Vereisung unpassierbar waren, von der Bering-Straße trennten.

Sicher darüber, daß einige Stunden südlichen Windes genügen würden, das kaum eine schwedische Meile breite Eisband, welches unseren Weg versperrte, zu zerstreuen, und beruhigt durch Mitteilungen von sachkundigen Männern in Amerika über die Eisverhältnisse im Meer nördlich von der Bering-Straße, war ich anfangs wenig beunruhigt durch den Aufenthalt, der zu kurzen Ausflügen in das Land und zum Verkehr mit den Einwohnern benutzt wurde. Erst nachdem Tag auf Tag verflossen war, ohne daß eine Veränderung eintrat, wurde mir klar, daß wir uns auf eine Überwinterung gerade an der Schwelle zwischen dem Eismeer und dem Stillen Ozean vorbereiten mußten. Dies war ein unerwartetes Mißgeschick, um so schwerer mit Gleichmut zu ertragen, als es klar war, daß wir demselben entgangen sein würden, wenn wir einige Stunden früher an die östliche Seite der Koljutschin-Bai gekommen wären. Es hatte während des vorhergehenden Teiles der Reise zahlreiche Gelegenheiten gegeben, wo diese Stunden hätten gespart werden können. (…)

Die Lage des Fahrzeugs war durchaus nicht besonders sicher. Die „Vega" lag nämlich bei ihrem Einfrieren nicht in einem Hafen vor Anker, sondern war in Erwartung einer günstigen Gelegenheit, weiterdampfen zu können, nur hinter einem Grundeis vertaut, welches auf einer Tiefe von neuneinhalb Metern, tausendvierhundert Meter vom Land auf einer Reede sich festgesetzt hatte, die in gerader Richtung N 74° W über N nach O völlig offen war. Sie hatte hier keinen andern Schutz gegen die gewaltige Eispressung, welche die Winterstürme in den Polarmeeren zu bewirken pflegen, als eine bei hohem Wasser gestrandete, deshalb aber auch bei hohem Wasser wenig sicher eingewurzelte Eisklippe.

Bei der Einschließung des Fahrzeuges war das Meer nahe der Küste, wie bereits erwähnt, von

Das Schiff Nordenskjölds, die „Vega", im Winterquartier.

neugebildetem Eis bedeckt, das für einen Fußgänger zu dünn, aber dick genug war, um ein Boot am Vorwärtskommen zu hindern. Weiterhin lag, soweit das Auge reichen konnte, dichtgepacktes Treibeis, welches durch neugebildetes Eis so fest verbunden war, daß es fruchtlos gewesen wäre zu versuchen, hier vorzudringen. Schon am 2. Oktober kamen Tschuktschen zu Fuß an Bord. Noch am 10. gab es jedoch hier und da zwischen dem Fahrzeug und dem Lande schwache Stellen, und eine blaue Wolke im Osten deutete auf fortwährend offenes Wasser in dieser Richtung. Daß dieses offene Wasser gleichwohl von dem Fahrzeug bedeutend entfernt war, zeigte sich bei einem Ausflug, den Dr. Almqvist am 13. Oktober in nordöstlicher Richtung unternahm, indem er nach einer Wanderung von ungefähr zwanzig Kilometern über dichtgepacktes Treibeis sich zur Umkehr genötigt sah, ohne das offene Wasser erreicht zu haben. Es war hiernach klar, daß die „Vega" jetzt von einem mindestens dreißig Kilometer breiten Bande von Treibeisfeldern umgeben war, die durch neugebildetes Eis verbunden waren, welches im Laufe des Winters eine ansehnliche Dicke erreichte. In dieser mächtigen Eisdecke entstanden im Laufe des Winters häufig Sprünge oder Eisklüfte, welche sich sehr weit erstreckten; dieselben liefen ohne Unterbrechung über neugebildete Eisfelder und altes, hohes Grundeis. Eine der größten dieser Eisklüfte bildete sich in der Nacht vom 15. Dezember quer vor dem Bug des Fahrzeugs. Sie war beinahe einen Meter breit und sehr lang. Gewöhnlich waren die Eisklüfte nur einige Zentimeter breit, aber dessenungeachtet oft recht störend, weil das Flutwasser durch dieselben an die Oberfläche des Eises heraufdrang und den in nächster Umgebung liegenden Schnee durchfeuchtete.

Die Ursache der Bildung dieser Eisklüfte war eine zweifache. Entweder entstanden sie dadurch, daß ein heftiger Wind die Lage des Eises etwas verrückte, oder auch durch das Zusammenziehen des Eises bei stärkerer Kälte. Das Zerspringen geschah mit einem mehr oder weniger gewaltigen Knall, und zwar trat es, nach der Häufigkeit der Knalle zu urteilen, öfter ein, als man an dem Aussehen des schneebedeckten Eises merken konnte. Auch während starker Kälte war deshalb die scheinbar zusammenhängende Eisdecke in unzählige, dicht aneinanderpassende Stücke geteilt, welche entweder völlig lose oder nur durch das schwache Eisband verbunden waren, das sich allmählich unter dem Schnee auf der Oberfläche des in den Sprung eindringenden Wassers bildete. Bis zu einer Entfernung von sechs Kilometern vom Strand lag also das Eis im Laufe des ganzen Winters beinahe unverrückt, bis etwa auf die genannten kleinen Eisklüfte. Weiter nach der See hinaus war es dagegen in beständiger Bewegung.

Das Grundeis, an welchem die „Vega" am 20. September vertäut wurde und an dem sie im Laufe des Winters liegen blieb, war ungefähr vierzig Meter lang und fünfundzwanzig breit; sein höchster Punkt lag sechs Meter über der Wasserfläche. Es war also nicht besonders groß, gab aber dem Fahrzeug einen guten Schutz. Indessen wurde auch dieses Grundeis mit dem Fahrzeug und dem innerhalb liegenden neugebildeten Eisfelde während der heftigen Herbststürme bedeutend näher ans Land geschoben. Hin und wieder gab ein Seufzer oder ein Knacken im Rumpfe des Fahrzeuges zu erkennen, daß es hierbei ohne ziemlich harte Berührungen nicht abging; irgendwelchen Schaden aber erlitt die „Vega" im Laufe des Winters weder hierdurch noch durch die starke Kälte, während welcher scharfe Knalle sehr häufig anzeigten, daß der eine oder andere Sprung im Holz durch das Frieren des Wassers sich erweitert hatte. „Kalt, daß es in den Knoten knackt", das ist eine wohlbekannte Spruchweise, mit der wir Bewohner des Nordens häufig die Erinnerung an irgendeinen grimmig kalten Winterabend verbinden, den wir am heimischen Herde zugebracht; aber hier waren diese besonders des Nachts in unseren Kajüten hörbaren Knalle unbehagliche genug, da man befürchten mußte, daß die neugebildeten oder erweiterten Sprünge zu gefährlichen Lecks in dem Rumpfe des Fahrzeuges Anlaß geben würden. Infolge des Umstandes, daß sich das Eisen in der Kälte mehr zusammenzieht als das Holz, senkten sich während des Winters die Köpfe der Bolzen, mit denen das Schiffsbauholz zusammengefügt war, tief in die Schiffsbekleidung hinein. Aber auch hierdurch entstand kein ernstes Leck, vielleicht weil die Kälte nur auf den Teil des Fahrzeuges einwirkte, welcher oberhalb der Wasseroberfläche lag.

Adolf Erik von Nordenskjöld:
„Nordostwärts"

Erst im Frühjahr 1879 konnte Nordenskjöld mit der „Vega" seine Reise in Richtung Japan fortsetzen. Er erreichte Stockholm am 24. April 1880.

Der umstrittene, 1906 unternommene Vorstoß des Amerikaners Robert Edwin Peary (1856–1920) zum Nordpol bildet den Gegenstand seines nachfolgend zitierten Berichtes.

Der letzte Marsch nach Norden endete am 6. April um zehn Uhr vormittags. Ich hatte jetzt die fünf vorgesehenen Tagesetappen von dem Punkt ab, an dem Bartlett zurückging, erledigt. Nach meiner Rechnung mußten wir in unmittelbarer Nachbarschaft des Zieles aller meiner Bestrebungen stehen. Wir nahmen die übliche Anordnung vor und bezogen ein Iglu. Dann machte ich etwa gegen Mittag auf dem Meridian von Kap Columbia die erste Beobachtung in unserem Lager. Sie ergab als Position 89° 57'.

Wir befanden uns nunmehr am Ende des langen Hinmarsches. Obgleich nun der Pol gewissermaßen in Sichtweite lag, war ich doch zu müde, die letzten paar Schritte zu gehen. Die aufgespeicherte Müdigkeit der letzten Tage und Nächte mit ihren Eilmärschen und dem unzureichenden Schlaf sowie den ständigen Gefahren und Ängsten schien mich nun mit einem Male zu überfallen. Ich war zu erschöpft, um sofort zu begreifen, daß der Zweck meines Lebens erreicht war.

Sobald unsere Iglus fertiggestellt und unser Mittagsmahl verzehrt war, gaben wir den Hunden doppelte Rationen und krochen in unsere Hütten, um einige Stunden lang zu schlafen. Das erwies sich als absolut nötig.

Henson und die Eskimo hatten unterdessen die Schlitten abgeladen und sie für die notwendigen Ausbes-

Robert E. Peary.

serungen vorbereitet. Aber obgleich ich müde war, vermochte ich lange Zeit nicht zu schlafen. Ich wachte schon nach wenigen Stunden wieder auf. Das erste, was ich nach dem Erwachen tat, war die Niederschrift folgender Worte in meinem Tagebuch:

„Endlich am Pol! Der Preis von drei Jahrhunderten! Mein Traum und Ziel seit zwanzig Jahren. Endlich mein! Ich kann es noch nicht begreifen. Es scheint alles so einfach und selbstverständlich."

Alles war für eine Bestimmung unserer Position um sechs Uhr nachmittags nach der Zeit des Meridians von Kap Columbia bereitgelegt. Als Instrumente für die Beobachtung der geographischen Breite kann man entweder einen Sextanten mit einem künstlichen Horizont benutzen oder einen kleinen Theodoliten. Wir hatten beide Instrumente auf unsere Schlittenreise mitgenommen. Aber der Theodolit wurde wegen der geringen Höhe der Sonne über dem Horizont nicht benutzt. Wären wir hingegen bis zum Mai oder Juni aufgehalten worden, hätte sich dieses Instrument zum Bestimmen unserer Position als wertvoll erwiesen.

Wie Beobachtungen mit dem Sextanten und einem künstlichen Horizont auf einer Schlittenreise zum Pol ausgeführt werden, habe ich schon bei früherer Gelegenheit beschrieben. Wir benutzten hier dieselbe Anordnung. Das Prinzip, nach dem der Beobachter die Breite aus der Höhe der Sonne um Mittag erhält, ist sehr einfach und lautet folgendermaßen: Die Breite des Beobachters ist gleich dem Abstand des Mittelpunktes der Sonne zum Zenit, vermehrt um die Deklination der Sonne für jeden Tag und jede Stunde.

Diese Deklination der Sonne kann man für jeden Tag und jede Stunde aus Tabellen entnehmen, die hierfür angefertigt wurden. Sie beziehen sich auf den Meridian von Greenwich. Derartige Tabellen für die Monate Februar, März, April, Mai und Juni sowie die gewöhnlichen Unterlagen für eine Reduzierung der Werte auf minus 23 Grad führte ich bei mir. Sie waren aus dem „Nautical Almanac and Navigator" herausgeschrieben.

Unsere planmäßige Beobachtung konnte allerdings nicht stattfinden, weil der Himmel am späten Nachmittag noch bedeckt war. Doch gab es Anzeichen dafür, daß er sich binnen kurzem aufklären würde. Ich machte mit zweien meiner Eskimo einen leichten Schlitten zurecht, der nur die Instrumente, eine Dose Pemmikan und ein oder zwei Felle trug. Gezogen wurde er durch ein Doppelgespann unserer Hunde.

Wir marschierten etwa achtzehn Kilometer. Während wir unterwegs waren, klärte sich der Himmel auf. Am Ende dieses Tages war es möglich, um Mitternacht – betrachtet vom Meridian des Kap Columbia – eine zufriedenstellende Reihe von Beobachtungen anzustellen. Diese bewiesen, daß wir uns jetzt bereits jenseits des Poles befanden.

Fast alle Umstände, die uns jetzt umgaben, schienen uns zu sonderbar, als daß wir sie ganz begreifen konnten. Aber einer der sonderbarsten Umstände schien mir die Tatsache zu sein, daß ich auf einem Marsch von nur wenigen Stunden wirklich über den Gipfel der Welt gekommen war. Es ist so schwer zu begreifen, daß wir bei den ersten Kilometern dieses Marsches genau nach Norden gegangen waren, während wir auf den folgenden Kilometern desselben Marsches in dieselbe Richtung nach Süden gelangt waren. Es dürfte schwerfallen, sich eine bessere Illustration der Tatsache vorzustellen, daß alle Dinge relativ sind.

Nun betrachte man gefälligst den sonderbaren Umstand, daß wir jetzt

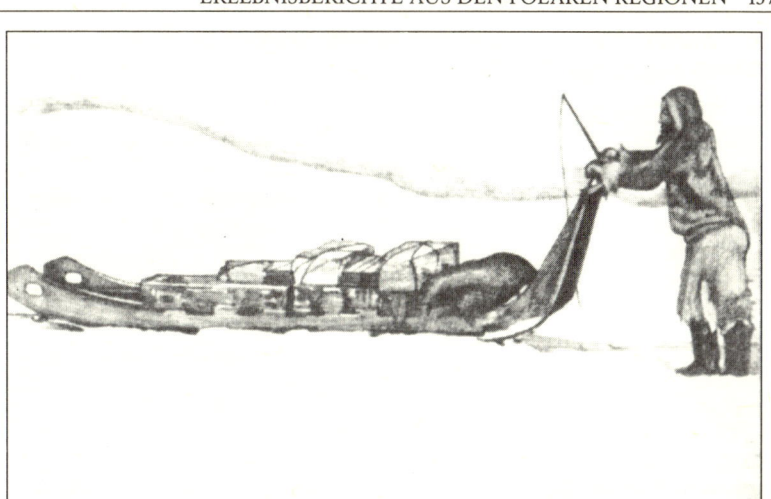

Schlitten vom Peary-Typ.

auf dem Weg in unser Lager umkehren und wieder eine Anzahl von Kilometern nach Norden gehen, dann aber direkt nach Süden gehen mußten – immer dieselbe Richtung!

Als wir nun auf diesem Wege zurückkehrten, den niemand vor uns gesehen hatte oder auch jemals wiedersehen würde, drängten sich mir gewisse Betrachtungen auf. Sie können, davon bin ich überzeugt, einzigartig genannt werden. Ost und West waren für uns verschwunden. Es gab nur noch eine Richtung, und das war Süden. Jeder Wind, der uns am Pol überhaupt entgegenblasen konnte, mußte ein Südwind sein, ganz gleich, von welcher Stelle des Horizontes er kam.

Wo wir standen, machten ein Tag und eine Nacht genau ein Jahr aus,

hundert arktische Tage und Nächte ein Jahrhundert. Hätten wir hier während der arktischen Winternacht gestanden, hätten wir beobachten können, wie alle Sterne der nördlichen Hemisphäre am Himmel stets in derselben Entfernung vom Horizont kreisten.

Während wir in das Lager zurückkehrten, lief die Sonne in ihrem rastlosen Kreisen ringsherum. Am 7. April morgens gegen sechs Uhr befanden wir uns wieder im Lager. Ich stellte eine neue Reihe Beobachtungen an. Sie ergaben, daß wir uns vom Pol aus in Richtung Beringstraße neun oder zehn Kilometer vom Pol entfernt befanden.

Ich marschierte deshalb mit einem doppelten Hundegespann und einem leichten Schlitten schätzungsweise fünfzehn Kilometer gerade auf die Sonne zu. Darauf kehrte ich rechtzeitig in das Lager zurück, um am 7. April um die Mittagszeit – wieder auf den Meridian des Kap Columbia bezogen – eine vollkommen befriedigende Reihe von Beobachtungen vorzunehmen. Sie ergaben im wesentlichen dieselben Resultate wie die Werte, die wir vierundzwanzig Stunden zuvor an gleicher Stelle gewonnen hatten.

Ich besaß jetzt mehr als ein Dutzend Bestimmungen der Sonnenhöhe von zwei verschiedenen Stationen aus, nach drei verschiedenen Richtungen und zu vier verschiedenen Tageszeiten ermittelt. Alle, außer der ersten Messung am 6. April, wurden unter zufriedenstellenden äußeren Verhältnissen gewonnen. Die Temperatur hatte zwischen 24 und 34 Minusgraden Celsius betragen. Auch war mit Ausnahme der einen Beobachtung der Himmel klar und das Wetter ruhig gewesen.

Dabei hatte ich ungefähr achtzehn Kilometer für mögliche Irrtümer bei meinen Beobachtungen eingerechnet. Daher überschritt ich das Eis in verschiedenen Richtungen; zu irgendeinem Zeitpunkt habe ich auf diesen Märschen jenen Punkt überschritten, wo Nord und Süd, Ost und West in eins zusammenfallen. Zumindest bin ich diesem Punkt sehr nahe gekommen.

Mit dem Wort „Nordpol" bezeichne ich hier den geographischen Pol im Gegensatz zum magnetischen Pol. Es ist einfach jener Punkt, wo jene imaginäre Linie, die Erdachse, die Oberfläche der Erde erreicht. Der Pol stellt natürlich nur einen mathematischen Punkt dar und besitzt weder Breite noch eine andere Ausdehnung.

Oft wird die Frage aufgeworfen: Wie genau kann der Pol eigentlich bestimmt werden? Die Antwort muß lauten: Das hängt von der Art der Instrumente ab, die hierfür benutzt werden, ferner vom Geschick des Beobachters und von der Anzahl seiner Messungen.

Wenn sich unter dem Pol Land befände und dort Instrumente mit großer Präzision auf Fundamenten aufgestellt würden, wie sie in unseren großen Observatorien stehen, wenn dann von geübten Beobachtern zahlreiche Beobachtungen, über mehrere Jahre verteilt, vorgenommen würden, ließe sich die Lage des Pols mit sehr großer Genauigkeit ermitteln.

Mit gewöhnlichen Reiseinstrumenten gestattet es eine größere Anzahl Messungen, den Pol in ganz zufriedenstellenden Grenzen festzulegen. Man erreicht freilich nicht dieselbe Genauigkeit wie bei der eben beschriebenen Methode.

Natürlich war unsere Ankunft am Bestimmungsort mit einer Anzahl mehr oder weniger formloser Zeremonien verknüpft. Aber sie waren alle vorbereitet worden.

Wir pflanzten mehrere Flaggen auf dem Gipfel der Welt auf. Die erste war die Flagge der Vereinigten Staaten, die mir vor fünfzehn Jahren meine Frau geschenkt hatte. Sie ist in hohen Breiten weit herumgekommen, denn ich trug diese Flagge, seit ich sie im Besitz habe, auf allen meinen Expeditionen nach Norden um meinen Körper gewickelt. Dann ließ ich ein Stückchen von ihr auf den verschiedenen äußersten Nordpunkten:

Am Kap Morris K. Jesup, dem nördlichsten bekannten Landpunkt der Welt. Am Kap Thomas Hubbard, dem nördlichsten bekannten Punkte des Jesuplandes, westlich vom Grantland. Bei Kap Columbia, dem nördlichsten Punkte der nordamerikanischen Länder, schließlich auf dem Eis des Polarmeeres bei 87° 06′ nördlicher Breite, meinem nördlichsten Punkt im Jahre 1906. Mit der Zeit hatte sie nun den Pol erreicht, doch inzwischen war sie verschlissen und ausgeblichen.

Ein breiter, diagonaler Abschnitt dieser Flagge bezeichnete nunmehr den Zielpunkt unserer Reise, jene Stelle, an der ich mit meinen braunen Gefährten stand.

Daneben hielt ich es für angezeigt, die Farben der Delta-Kappa-Epsilon-Brüderschaft aufzuziehen. Als Student wurde ich als Mitglied aufgenommen und besaß seit dieser Zeit die Flagge mit Rot, Weiß und Blau im weißen Felde. Weiterhin hißten wir die Flagge des Flottenvereins sowie die Flagge des Roten Kreuzes.

Nachdem die Fahne der Vereinigten Staaten über dem Eis wehte, wurde Henson aufgefordert, zusammen mit den Eskimo ein dreifaches, donnerndes „Hoch!" zu rufen. Dies taten meine Begleiter auch mit großer Begeisterung.

Darauf schüttelte ich jedem Mitglied meiner Expedition die Hand. Das geschah in ganz unzeremonieller Weise und erwies sich daher als höchst demokratisch. Die Eskimo freuten sich wie die Kinder über unseren Erfolg. Natürlich vermochten sie seine Wichtigkeit nicht ganz zu erfassen, kannten nicht seine Bedeutung

Der farbige Amerikaner Matthew Henson, der Peary bis zum Pol begleitete.

für die Welt. Aber sie begriffen doch soviel, daß es das Ende unseres Kampfes bedeutete, in den ich mich so viele Jahre verstrickt hatte.

Dann legte ich in eine Spalte zwischen die Eisblöcke eines Grates eine Flasche aus Glas. Sie enthielt einen Querstreifen meiner Flagge und eine Urkunde mit folgendem Text: *Nordpol, 90 Grad nördlicher Breite, den 6. April 1909.*

„Kam heute hier an, 28 Tagesmärsche von Kap Columbia entfernt. Ich habe bei mir fünf Männer: den farbigen Amerikaner Matthew Henson sowie die Eskimo Utäh, Etschingwäh, Sieglu und Uquiäh. Wir besitzen fünf Schlitten und 38 Hunde. Mein Schiff, der Dampfer „Roosevelt", liegt bei Kap Sheridan, 162 Kilometer ostwärts von Kap Columbia.

Die Expedition unter meinem Oberbefehl ist so glücklich gewesen, den Pol zu erreichen. Sie steht unter dem Schutz des Arctic Club in New York und wurde von den Mitgliedern und Freunden dieses Klubs ausgerüstet und nach dem Norden gesandt. Ihr Ziel war es, den Pol wenn möglich zur Ehre und für das Ansehen der Vereinigten Staaten von Amerika zu erreichen.

Ich habe heute die Staatsflagge der Vereinigten Staaten an dieser Stelle gehißt, die nach meinen Beobachtungen der nördliche Pol unserer Erde ist. Ich habe im Namen des Präsidenten der Vereinigten Staaten förmlich von der ganzen Umgegend Besitz ergriffen.

Diese Urkunde und die Flagge hinterlasse ich als Zeichen für die Besitznahme. Morgen marschiere ich zurück nach Kap Columbia."

Robert E. Peary, US-Navy

Robert E. Peary:
„Schlittenreise zum Nordpol"

Die letzte Etappe des Rückwegs Robert F. Scotts und seiner Begleiter vom Südpol zum Versorgungslager Ein-Tonnen-Depot auf dem Ross-Schelfeis ist durch Scotts Tagebuchaufzeichnungen dokumentiert. Scotts Notizen zeigen, wie groß der Wille zum Weitergehen und wie verzweifelt die Erkenntnis war, kurz vor der rettenden Station resignieren zu müssen.

[Scott überlegte], welche Strecke pro Tag sie bewältigen konnten und wie lange sie brauchen würden, um die 100 km zum Ein-Tonnen-Depot zurückzulegen, bevor ihre Vorräte zu Ende gingen. Es blieb eine Differenz von 24 km – zwei Tagesmärsche bei ihrem derzeitigen Marschtempo, „vorausgesetzt, daß die Dinge nicht noch schlechter werden".

Zwei Tage später, nachdem sie weitere 22 km zurückgelegt hatten, schrieb er: „Es besteht kein Zweifel mehr, daß es mit uns bergab geht; es läuft aber auch alles schief!" Sie zogen weiter, hatten sogar einmal Rückenwind und konnten das Segel benutzen, doch nach kurzer Zeit drehte der Wind wieder. Die Mittagstemperatur betrug −42° C. Nur Scott und Bowers waren noch voll einsatzfähig, und selbst für sie war das Lageraufschlagen eine langwierige, mühselige Arbeit; das Zelt bot ihnen auch keine rechte Zuflucht mehr, denn die Kälte ließ sie nicht mehr los. „Das Ende ist nahe – es soll ein recht gnädiges Ende werden ... Niemand von uns ist je darauf verfallen, daß es in dieser Jahreszeit hier solche Temperaturen und Winde geben könnte. Außerhalb des Zelts ist es wirklich fürchterlich. Doch wir müssen es ausfechten – bis zum letzten Zwieback; aber die Rationen können wir nicht verringern." Immer noch rechnend, sich stets der hoffnungslosen Lage bewußt, sieht man ihn in dem vollgepackten Zelt liegen, sein faltiges Gesicht bärtig und vom Wetter gegerbt über das kleine Notizbuch gebeugt, wie er mit behandschuhter Hand sorgfältig erschütternde Einträge macht, die vielleicht niemals gelesen werden – ein bemerkenswerter Beweis seiner moralischen Spannkraft trotz des physischen Zusammenbruchs.

Der nächste Eintrag läßt jedoch erkennen, daß auch ihm Anstrengung und Schmerzen schwer zusetzen. Nachdem er ein paar Tage ausgelassen hat, weiß er zum ersten Mal das Datum nicht mehr genau; er meint, es sei der 17. März. Am Morgen des 15. hatte Oates erklärt, er könne nicht mehr weiter, sie möchten ihn in seinem Schlafsack zurücklassen, aber das wollten die anderen nicht. So schleppte er sich mühsam vorwärts und war noch bei ihnen, als sie das Lager aufschlugen.

„Wir drei können seine Tapferkeit bezeugen. Wochenlang hat er unaussprechliche Schmerzen klaglos ertragen ... Bis zum Schluß hat er die Hoffnung nicht aufgegeben – nicht aufgeben wollen. Er war eine tapfere Seele, und dies war sein Ende: Er schlief die vorletzte Nacht ein in der Hoffnung, nicht wieder zu erwachen; aber er erwachte doch am Morgen. Draußen tobte ein Orkan. ‚Ich will einmal hinausgehen‘, sagte er, ‚und bleibe vielleicht eine Weile draußen.‘ Dann ging er in den Orkan hinaus – und wir haben ihn nicht wieder gesehen."

Antarktische Winterlandschaft.

Die andern hatten versucht, ihn aufzuhalten, aber sie verstanden seinen Mut, das Bedürfnis, sein Leben nach seiner Wahl würdig zu beschließen. „Wir drei übrigen hoffen, unserem Ende mit ähnlichem Mut entgegenzugehen, und dieses Ende ist sicherlich nicht mehr weit."

Am 18. März errechnete Scott, daß sie 39 km vom Ein-Tonnen-Depot entfernt waren. Er hatte jetzt selbst starke Erfrierungen am rechten Fuß. „Bowers ist, was seine Gesundheit anlangt, Nummer eins. Die anderen glauben noch, daß wir durchkommen – oder stellen sich wohl nur so – ich weiß es nicht!" Am folgenden Tag schleppten sie sich und ihren Schlitten „furchtbar mühsam" bis auf 30 km an das Depot heran. „Wir haben noch für zwei Tage Lebensmittel, aber kaum für einen Tag Brennstoff." Was seine Füße betraf, bemerkte er: „Amputation ist jetzt noch das mindeste, worauf ich mich gefaßt machen muß; aber wird das Übel nicht weitergehen?" Die Temperatur lag immer noch unter – 40° C, es herrschte weiterhin Gegenwind. Trotzdem schleppten sie sich an diesem Nachmittag nochmals 10 km weiter; elf Meilen (20 km) trennten sie noch von der Sicherheit.

Am Dienstag, dem 20. März, tobte den ganzen Tag über ein Schneesturm. Sie konnten sich nicht rühren. Scott entschied, daß Wilson und Bowers versuchen sollten, zum nächsten Depot durchzuschlagen und Brennstoff mitzubringen, aber auch dieser Hoffnungsstrahl erlosch. Die nächste Eintragung für den 22. und 23. März lautet: „Der Orkan wütet immer fort; Wilson und Bowers können sich nicht hinauswagen; morgen ist die letzte Möglichkeit: kein Brennstoff und nur noch für einen, höchstens zwei Tage Nahrung – das Ende ist nahe. Wir haben beschlossen, eines natürlichen Todes zu sterben; wir wollen mit unseren Sachen oder auch ohne sie zum Depot marschieren und auf unserer Spur zusammenbrechen."

Dann setzten die Eintragungen sechs Tage lang aus, während der Schneesturm ihre Lebenslichter Stunde um Stunde, Tag für Tag weiter verlöschen ließ. Sie traten dem Tod nun doch nicht aufrecht, mit letzter Energie vorwärts strebend entgegen, sondern sie waren gezwungen, stillzuliegen, auszuharren, zu fühlen, wie ihre Kräfte schwanden, in dem Bewußtsein, daß die Zeit und die Welt sich gegen sie verschworen hatten. Ob Scott sich jenes anderen Schneesturms erinnerte, der sie vor mehr als einem Jahr drei Tage im Zelt zurückgehalten hatte, nördlich des 80. Breitengrads, nördlich von ihrem jetzigen Lager? Dieser Schneesturm hatte sie damals gezwungen, das Ein-Tonnen-Depot 60 km nördlicher als vorgesehen anzulegen. 40 km hatten sie bereits geschafft; sie wären am 15. März in Sicherheit gewesen, wenn sich das Vorratslager an der geplanten Stelle, weiter südlich, befunden hätte. Scott erwähnt davon nichts; vielleicht war er zu erschöpft, zu schwach, um zu grübeln, was hätte sein können. Am 29. März schreibt er wieder:

„Seit dem 21. hat es unaufhörlich aus Südwest gestürmt. Wir hatten am 20. noch Brennstoff, um je zwei Tassen Tee zu bereiten und Verpflegung für zwei Tage. Jeden Tag waren wir bereit, nach unserem nur noch elf Meilen (20 km) entfernten Depot zu marschieren, aber draußen vor der Zelttür ist die ganze Landschaft ein wirbelndes Schneegestöber. Wir können jetzt nicht mehr auf Besserung hoffen. Aber wir werden bis zum Ende aushalten; der Tod kann nicht mehr fern sein.

Es ist ein Jammer, aber ich glaube nicht, daß ich noch weiter schreiben kann." R. Scott

Letzter Eintrag: „Um Gottes willen, sorgt für unsere Hinterbliebenen!" Die Schrift wird am Ende fahrig, ungelenk durch die Schwäche in der Hand des Schreibers; aber die Buchstaben stehen aufrecht, die Worte sind lesbar. Und in dem Zeitraum des Schweigens, als das Tagebuch uns nichts davon berichtet, wie sie ihre Leiden ertrugen, wie sie der Hoffnungslosigkeit, dem nahenden Tod ins Gesicht sahen, vielleicht auch erwogen, ob es die Sache wert gewesen war, dafür ihr Leben zu opfern – sie dachten sicher über ihren Mißerfolg nach, und daß von Anfang an ihr Vorhaben unter einem Unstern gestanden hatte –, in jenem Zeitraum schrieb Scott ungeachtet seiner Schwäche, des Hungers und der furchtbaren, andauernden Kälte zum Trotz seine besorgten, dennoch fast stoischen Abschiedsbriefe. Er schrieb an Wilsons Frau und schilderte seinen Freund als „immerfort heiter und bereit, sich für andere aufzuopfern, und nie hat er mir einen Vorwurf darüber gemacht, daß ich ihn in dieses Elend brachte … Ich weiß keinen anderen Trost für Sie, als daß ich Ihnen sage, er ist gestorben, wie er gelebt hat, als ein tapferer, treuer Mensch." Er schrieb an Bowers' Mutter, er beende seine Reise „im Verein mit zwei tapferen, edlen Männern … Einer dieser beiden ist Ihr Sohn … Als die Not sich immer enger um uns zusammenzog, glänzte sein furchtloser Mut immer heller …" Er schrieb an J. M. Barrie und entschuldigte sich jetzt bei diesem Mann, daß er ihn gekränkt und seine Zuneigung nicht immer in gleicher Stärke erwidert hatte; dann bat er ihn, einen berühmten, einflußreichen Mann, alles, was in seiner Macht stünde, zu tun, um den Ansprüchen der Witwen und hinterbliebenen Kinder Anerkennung zu verschaffen. „Ich habe mich vielleicht nicht als großer Entdecker erwiesen", schrieb er, „aber wir haben den längsten Marsch gemacht, der je zurückgelegt wurde, und standen

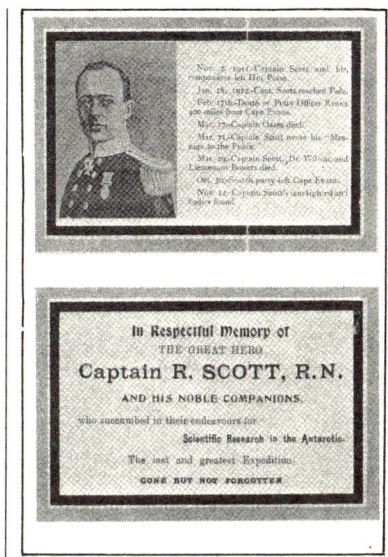

dicht vor dem großen Erfolg." Später fügte er noch hinzu: „Wir sind dem Ende sehr nahe, haben aber unseren Mut nicht verloren und wollen ihn auch nicht verlieren … Wir hatten die Absicht, unserem Leben ein Ende zu machen, falls wir in eine solche Lage geraten sollten, aber wir haben jetzt beschlossen, unterwegs eines natürlichen Todes zu sterben … Ich bin in meinem Leben nie einem Menschen begegnet, den ich so bewundert und geliebt habe wie Sie, aber ich konnte Ihnen niemals zeigen, was Ihre Freundschaft für mich bedeutete, denn Sie hatten viel zu geben und ich nichts." Er schrieb an seinen Agenten Kinsey in Neuseeland, an Männer, die ihn als Expeditionsleiter gefördert hatten, an seinen Verleger, an seinen Schwager, an alte Marinekameraden.

Zum Schluß kamen diejenigen Briefe, die ihm wohl am schwersten gefallen sein mögen, an Kathleen und an seine Mutter. Seine Mutter tröstete er, so gut er konnte, und versicherte ihr, wie stark sein religiöses Empfinden sei, betonte seinen Glauben, „daß es einen Gott gibt, einen gnädigen Gott", und erinnert sie gleichzeitig, vielleicht aus einem Schuldgefühl, vielleicht mit Genugtuung, wie er sich ihr gegenüber verantwortlich gefühlt hatte: „Du sollst wissen, daß mir Dein Wohl immer am Herzen gelegen hat und daß ich mich stets bemüht habe, Deine Lebensumstände so angenehm wie möglich zu gestalten."

Auf der ersten Seite des letzten Tagebuchheftes, in dem auch die Briefe steckten, steht die Bitte: „Schickt dieses Tagebuch meiner Frau!" Das Wort „Frau" ist ausgestrichen und „Witwe" darübergeschrieben. Er versicherte ihr, daß er keine Schmerzen gelitten habe, er gab ihren gemeinsamen Sohn in Kathleens Obhut, denn er sollte ihr zugleich ein Trost sein. Er drängt sie zur Wiederheirat, „wenn der Richtige kommt, um Dir im Leben zur Seite zu stehen". Mit seinem gewohnten und nie enden wollenden Kleinmut schreibt er ihr: „Ich war kein sehr guter Ehemann, aber ich hoffe, Du behältst mich in gutem Andenken. Unser Ende ist gewiß nichts, dessen man sich schämen muß, und ich denke gern daran, daß der Junge einen guten Start aufgrund seiner Herkunft haben wird, auf die er stolz sein kann." Immer wieder kehren seine Gedanken zu dem Kind zurück, aber dann schreibt er: „Du weißt ja, daß das schlimmste an meiner Lage ist, daß ich Dich nie

mehr wiedersehe." Dann, etwas später hinzugefügt: „Was könnte ich Dir alles von dieser Reise erzählen. Wieviel besser war sie als in aller Bequemlichkeit zu Hause herumzusitzen. Was hättest Du dem Jungen alles berichten können, aber ach, welch ein Preis wird von uns gefordert…"

Als letztes verfaßte er seine BOTSCHAFT AN DIE ÖFFENTLICHKEIT, die so beginnt: „Die Gründe unseres Untergangs sind nicht auf fehlerhafte Organisation zurückzuführen, sondern auf Unglücksfälle, die uns bei allem, was wir wagen mußten, verfolgt haben." Er nennt den frühen Verlust der Ponies, das widrige Wetter und den weichen Schnee auf den unteren Gletscherhängen. Er erklärt, was der Verlust von Edgar Evans, den sie „für den kräftigsten Mann der Polmannschaft" gehalten hatten, für sie bedeutet hatte; er erwähnt die außerordentlich niedrigen Temperaturen, denen sie ausgesetzt waren. Er schreibt: „Ich glaube nicht, daß je ein menschliches Wesen solch einen Monat durchgemacht hat wie wir", fügt aber hinzu, daß sie vielleicht doch überlebt hätten, wenn Oates nicht zusammengebrochen wäre, „wenn sich nicht in unseren Depots ein mir unerklärlicher Fehlbetrag an Petroleum herausgestellt hätte und wenn uns nicht schließlich elf Meilen vor dem Depot, wo wir unsere letzten Vorräte finden mußten, der Orkan überfallen hätte. Schlimmer konnte uns das Unglück schlechterdings nicht mitspielen." Er fügt jedoch hinzu, daß er die Reise nicht bereue, „die gezeigt hat, daß Engländer Schweres erdulden, einander helfen und dem Tod mit ebenso großer

Festigkeit entgegensehen können wie je in vergangenen Zeiten. Wir haben es gewagt, und wir wußten, was wir wagten; das Glück hat sich gegen uns entschieden, wir dürfen uns deshalb nicht beklagen … Statt meiner müssen diese kurzen Aufzeichnungen und unsere Leichen reden, aber gewiß, gewiß wird unser großes, reiches Vaterland die nicht im Stich lassen, die auf uns angewiesen sind."

Er unterzeichnete. Am 29. März machte er die letzte Tagebucheintra-gung – möglicherweise wurde die letzte gekritzelte Bitte noch später verfaßt. Wahrscheinlich starb Bowers zuerst, dann Wilson; als letzter Scott wie ein Führer, der vor dem Aufbruch alles ordnet. Übrig blieb ein kleines Zelt, ein Fremdkörper auf der weißen, leblosen Ebene, die harten Schneekristalle, das Heulen des Windes; dann legte sich die lange antarktische Polarnacht über alles.

Peter Brent: *„Captain Scott"*

Das Grab von Scott in der Antarktis.

Die Natur der Polargebiete

Die beiden Polargebiete liegen in so extremen klimatischen Zonen auf der Erde, daß die geologischen und biologischen Verhältnisse kaum mit denen gemäßigter Breiten vergleichbar sind. Eine ganz eigene Flora und Fauna hat sich in einem einzigartigen Lebensraum herausgebildet.

Der Weg zu den Polen der Erde führt durch verschiedenartige Naturräume – die Polargebiete der Arktis und Antarktis. Sie gliedern sich, je nach ihrer geographischen Position und Höhenlage, in vielfältig geprägte Landschaften und Lebensräume, wozu auch die Meere zu zählen sind. Festlandbereiche und Inseln sind teils eisbedeckt, teils unvergletschert.

Beide Polkappen (Polarkalotten) der Erde sind völlig unterschiedlich: Der Nordpol liegt im Meer. Im Umkreis von ca. 750 km gibt es kein Festland. Das zentrale Nordpolargebiet ist in Schollen zerbrochenes, zusammengepreßtes, schwimmendes Meereis (Packeis). Seine Mächtigkeit erreicht stellenweise bis über 40 m. In den Nordsommermonaten verläuft die stets wechselnde Packeisgrenze der Arktis nördlich von Spitzbergen, Franz-Josef-Land, Sewernaja Semlja, den Neusibirischen Inseln, nördlich von Kap Barrow (Alaska) durch die Beaufort-See oberhalb der Inseln des Kanadischen Archipels zur Nordküste Grönlands und von dort mit einer südlichen Ausbuchtung nach Spitzbergen. In den Wintermonaten sind zusätzliche riesige Meeresflächen von etwa 1,5 bis 3 m mächtigem Eis bedeckt. Die atlantischen Wassermassen des warmen Golfstroms, die sich bis in das europäische Nordmeer und die Barentssee auswirken, verhindern, daß das Meer im Winter parallel zu einem Breitenkreis gefriert: So sind der sowjetische Hafen Murmansk und das skandinavische Nordkap auch in den Wintermonaten per Schiff erreichbar. An der Bären-Insel vorbei verläuft die winterliche Meereisbedeckung nördlich von Island um die Südspitze Grönlands in weitem Bogen um die Neufundlandbank bis unter 40° nördlicher Breite etwa nach Halifax. In diesen Kaltwasserbereichen ist auch in den Sommermonaten mit Eisbergen zu rechnen, die von den kalbenden Gletschern Grönlands stammen (Untergang der „Titanic" 1912). Auf der pazifischen Seite erfaßt die winterliche Meereisbildung Teile des Bering-, des Ochotskischen und des Japanischen Meeres.

Im Gegensatz dazu liegt über der südlichen Polarkalotte ein vergletscherter Kontinent – Antarktika. Er ist Teil des ehemaligen Urkontinents Gondwana, der vor etwa 180 Mio. Jahren zu zerreißen begann. Die einzelnen Teile – Antarktika, Afrika, Südamerika, Australien und Vorderindien – drifteten auseinander. Dabei entstanden neue Weltmeere und deren weitgehend vulkanische Ozeanböden. Antarktika geriet in südpolare Lage.

Treibeis und Gletscher in der Antarktis.

Im Tertiär, vor ca. 25 Mio. Jahren, riß Südamerika von der antarktischen Halbinsel ab. Damit begann die isolierte klimatische Entwicklung (Abkühlung) und Vergletscherung des Südkontinents. Bereits aus dieser Zeit konnten erste Vereisungsspuren nachgewiesen werden. Die Ost-Antarktis, die halbmondförmige, zusammenhängende Hauptlandmasse, besaß schon vor 10 bis 15 Mio. Jahren eine geschlossene Eiskappe. In der West-Antarktis – ursprünglich eine riesige Inselgruppe – schloß sich die alles verbindende Vergletscherung erst vor 4 bis 7 Mio. Jahren. Die Vereisungsgeschichte der Südpolarkalotte reicht damit wesentlich weiter zurück als in arktischen Breiten. Dort hat das Kaltklima vermutlich erst vor ca. 2,5 Mio. Jahren eingesetzt.

Voraussetzung für die Vereisung des Südpolargebiets war die durch die Isolierung des Kontinents nun ungehinderte Ausbildung des sogenannten „Antarktischen Ringstroms": Das polare Energiedefizit ließ einen Kaltwassergürtel entstehen, der Antarktika in west-östlicher Richtung umströmt. Heute tauchen diese spezifisch schweren, kalten Wasser (– 1,6° C) bei ungefähr 60° S unter die wärmeren Wasser (ca. 3,2° C) der angrenzenden Südozeane ab. Dieser nur wenige Zehner von Kilometern breite Übergangsbereich wird als „Antarktische Konvergenz" bezeichnet und als natürliche Begrenzung der Antarktis (entsprechend 60° südlicher Breite) international anerkannt.

Eine wesentliche Ursache für diese erdgeschichtliche Entwicklung wird durch die Schiefstellung der Erdachse auf der Umlaufbahn um die Sonne bedingt. Hierdurch erhalten die Polregionen im Jahresgang weit geringere solare Einstrahlung als andere Klimazonen der Erde. Zudem

Tafeleisberge (Schelfeis).

treffen die Sonnenstrahlen flach auf die Atmosphäre auf, und ein Teil des Lichts wird in den Weltraum zurückgeworfen. An den Polen herrscht ein halbes Jahr lang Finsternis. Es steht also nur eine beschränkte Menge an Licht – und damit Wärme – zur Verfügung. Das Vorherrschen von Minustemperaturen ist die Folge.

Sehr wichtig für die frühe Abkühlung in der Antarktis war die geologische Isolierung, die Bildung eines eigenständigen Kontinents: Das Abreißen der Landverbindungen zu den anderen Gondwana-Teilen führte dazu, daß Meeresströmungen einen anderen Weg nahmen. Die kühleren Wassermassen z.B. aus subtropischen oder tropischen Ozeanen wurden an die Küsten Antarktikas gedrängt, und der Südkontinent umgab sich langsam mit einem Kaltwassergürtel.

Im Ringstrom der antarktischen Konvergenz bewegen sich Treib- und Packeismassen der Wintersaison zusammen mit zum Teil riesigen Tafeleisbergen, die von den Schelfeisflächen abbrechen. Schelfeis besteht aus Gletschereismassen des Festlandes (Inlandeis), die langsam in die umgebenden Flachmeere hineingedrückt werden, bis sie schließlich im Wasser auftreiben und abbrechen. Nur 1/9 ihrer Masse schaut dabei aus dem Wasser heraus. Unter „Antarktis" hat man also sowohl Meeresbereiche als auch weitgehend vergletschertes Festland zu verstehen.

Der Kontinent mit seinen veränderlichen, vereisten Küstensäumen umfaßt 13 bis 14 Mio. qkm; die Bundesrepublik Deutschland würde mehr als 52mal hineinpassen. Wenn man das Eis einrechnet, ist Antarktika der höchste Kontinent der Erde: 60 % seiner Fläche liegen höher als 2000 m; seine mittlere Höhe beträgt 2040 m – die der übrigen Kontinente 730 m.

Ursache für diese ungewöhnliche Höhenlage ist eine bis zu 4700 m mächtige Eiskappe (z. B. im Adélie-Land). Diese drückt die darunterliegende feste Erdkruste, aus der die Kontinente und Meeresböden aufgebaut sind, in den Oberen Erdmantel. Die Kruste ist nur wenige Zehner von Kilometern dick – verglichen mit dem gesamten Durchmesser der Erde nur eine dünne Haut. Darunter liegt der Erdmantel, dessen Gesteine und Schmelzen zähplastisch reagieren können. Eine gewaltige Auflast aus Eis ist also der Grund dafür, daß beträchtliche Teile des antarktischen Gesteinsuntergrundes unter dem Meeresspiegel liegen. 90 % des globalen Süßwassereises (etwa 27 bis 30 Mio. km^3) sind in der Antarktis gespeichert; das entspricht ca. 80 % des gesamten irdischen Süßwasservorrats.

Teile des nach allen Richtungen abfließenden Inlandeises werden ins Meer abgekalbt. Neues Eis bildet sich aus den Schneeniederschlägen. Von den Rändern nach innen nehmen die Niederschläge rapide ab: Die zentrale Antarktis ist mit 30 bis 70 mm Jahresniederschlag und bei Jahresmitteltemperaturen zwischen −50° und −60° C kälter als Sibirien und trockener als die Sahara – eine Kälte- und Trockenwüste. Der hohe Luftdruck über dem Eiskontinent läßt nur selten niederschlagsbringende Luftmassen ins Landesinnere vordringen. An den Rändern fallen dagegen Niederschläge zwischen 200 und über 400 mm, letztere v. a. in der ozeanisch geprägten West-Antarktis. In den Küstenregionen sind auch weit weniger extreme Temperaturen registriert. Sie liegen im Jahresmittel bei −10° bis −20° C. Dafür toben hier die heftigsten Winde und Stürme, die häufig als kalte Fallwinde (katabatische Winde) von den hochgelegenen Inlandbereichen herunterwehen.

Eine bisher wenig beachtete individuelle Stellung nimmt die West-Antarktis, hier vor allem die Antarktische Halbinsel, mit den vorgelagerten Inselgruppen ein. Durch die etwa 1200 km messende Meerenge (Drake-Straße) zwischen Kap Hoorn und der Nordspitze der Antarktischen Halbinsel drängen sich warme wie kalte Wassermassen auf vergleichsweise kleinem Raum. Hier entstehen noch häufiger kräftige Tiefdruckgebiete als ohnehin über der Wetterküche im Bereich der antarktischen Konvergenz. Die Folge ist das für den Menschen wohl unangenehmste Klima – mit permanenten Winden und Stürmen, kaum Sonnenschein und häufigem Nebel. In den wenigen Sommermonaten sind Schneetreiben, Niesel- und Schneeregen an der Tagesordnung. Andererseits erlaubt dieses naßkalte stürmische Wetter in den eisfreien Küstenbereichen bei Höchsttemperaturen knapp über dem Gefrierpunkt ein für die übrige Antarktis vergleichsweise üppiges Wachstum von Flechten und Moosen. Die West-Antarktis – insbesondere die Süd-Shetland-Inseln – mit ihrem ozeanisch gemilderten, feuchten Klimaeinschlag repräsentiert ein eigenständiges festländisches Ökosystem in der Antarktis.

Aus dem jahreszeitlichen Wechsel zwischen Auftauen und Wiedergefrieren in Erdoberflächennähe stellt sich ein rhythmisches Ausdehnen und

Frostmuster und Moos in der Antarktis.

Frostmusterboden.

Schrumpfen der verwitterten Gesteinsbereiche oder der Bodendecke ein. Bei diesem Vorgang werden Gesteinsbruchstücke und auch feinkörnige Bodenbestandteile immer wieder in ihrer Lage verändert. Grobe Stücke „wandern" aus dem Untergrund an die Oberfläche und zur Seite. Es entstehen die für unvergletscherte Polargebiete typischen Frostmusterböden (Foto): Grobes und feines Verwitterungsmaterial wird säuberlich in verschiedenen, meist rundlichen oder vieleckigen Formen sortiert.

Nicht nur die Frosteinwirkung, auch unterschiedliche Erwärmung des Gesteins sowie verschiedene chemische Prozesse in der sommerlich aufgetauten Schicht führen zu einer intensiven Zerstörung und Umwandlung der ursprünglichen Gesteine. Es findet sogar echte Bodenbildung statt, das heißt, eine Veränderung des Gesteins unter Mitwirkung von Bodenlebewesen, Pflanzen und daraus entstehendem Humus.

Mit zunehmender Annäherung an die eisbedeckten Regionen bzw. höhere Gebirgslagen wird das Pflanzenwachstum immer schwächer. Zunächst treten nur noch vereinzelt Blütenpflanzen auf. Krusten- und Strauchflechten sowie einige Moose gehen als Pionierpflanzen in ihrer Verbreitung noch weiter. Sie sind zumindest noch vereinzelt in der am nächsten zum Pol liegenden Landschaftszone (Frostschutzzone) zu finden. Hier äußern sich die extremen Klimabedingungen in einer Art „Kältewüste" mit starker mechanischer

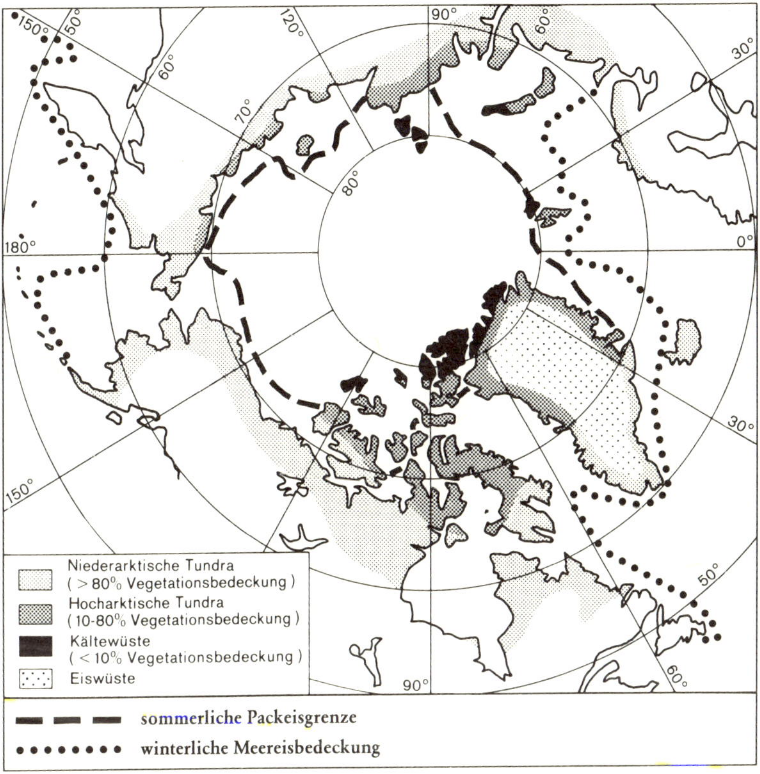
150°
50°
120°
90°
60°
30°
60°
70°
80°
180°
0°
150°
30°
50°
90°
60°
Niederarktische Tundra
(> 80% Vegetationsbedeckung)
Hocharktische Tundra
(10-80% Vegetationsbedeckung)
Kältewüste
(< 10% Vegetationsbedeckung)
Eiswüste
sommerliche Packeisgrenze
winterliche Meereisbedeckung

Gesteinsverwitterung und nackten Frostmusterböden.

Schließlich ist die Gletscherzone („Eiswüste") erreicht. Die Mitteltemperatur des wärmsten Monats liegt unter dem Gefrierpunkt, und Eis und Schnee bestimmen das ganze Jahr über das Landschaftsbild.

Die Polargebiete lassen sich also grob unterteilen (s. Karte) in:

1. Gletscherzone (Glazialgebiete; Eiswüste)
2. Unvergletscherte Polargebiete (Periglazialgebiete)

2.1 Frostschuttzone (Kältewüste)
2.2 Hocharktische Tundrenzone (baumlose Tundra)
2.3 Niederarktische Tundrenzone (Baum- und Strauchtundra)

Auf der Südhalbkugel bot sich in der antarktischen Konvergenz ein geeignetes Mittel, einen schmalen Grenzsaum zu den Mittelbreiten festzulegen.

Arktische Tundra (Spitzbergen).

Die klassische mathematische Begrenzung der Polargebiete durch den Polarkreis bei jeweils 66,5° Nord und Süd ist eine weitere Möglichkeit. Dahinter stehen astronomische Gesetze: Bei der Bewegung der Erde mit ihrer schiefstehenden Achse (66,5° Neigung gegenüber der Umlaufebene) um die Sonne entstehen durch die veränderten Einfallswinkel des Lichtes sogenannte Beleuchtungsjahreszeiten – Frühling, Sommer, Herbst und Winter. Der Stand der Sonne zur Erde bestimmt auch die unterschiedlichen Tages- und Nachtlängen im Lauf eines Jahres in den mittleren und hohen Breiten. Der Polarkreis ist der Breitengrad, an dem die Sonne einmal im Jahr nicht aufgeht bzw. einmal nicht untergeht.

Die ungleiche Land-Meer-Verteilung auf der Erde, der Verlauf von Meeresströmungen usw. verhindern jedoch eine den astronomischen Gesetzen entsprechende gleichartige Landschaftsausprägung. Naturräume mit polaren Merkmalen liegen sowohl oberhalb als auch unterhalb des Polarkreises.

Auf der Nordhalbkugel werden die Polargebiete durch die Waldgrenze von den mittleren Breiten getrennt. Gemeint ist der nördliche Saum des borealen Nadelwaldgürtels, zu dem die sibirische Taiga, der skandinavische und der kanadische Nadelwald gerechnet wird. Natürlicher Waldwuchs mit normal entwickelten Bäumen endet dort, wo die Mitteltemperatur des wärmsten Monats +10° bis +12°C unterschreitet. Polwärts schließt sich dann eine Übergangszone aus krüppel- und zwergwüchsigen Nadelbäumen und Sträuchern an, die Baum- und Strauchtundra. Sie wird abgelöst von der arktischen Tundra, einer baumfreien Pflanzengemeinschaft mit Flechten, Moosen,

Gräsern, Polsterpflanzen (z. B. zahlreiche Steinbrechgewächse) oder Kräutern. Der Untergrund bleibt dauernd gefroren (Dauerfrostboden, Permafrost); in den Sommermonaten taut er einige Dezimeter tief auf. In besonders flachen Geländeteilen können Tundrenmoore und sommerliche Versumpfungszonen durch den Wasserstau auftreten. Die kurze Vegetationsperiode von nur wenigen Wochen zwingt manche Pflanzen dazu, ihre Samenreife zu unterbrechen und auf zwei Polarsommer zu verteilen. In den Wintermonaten herrscht in der Tundra strenger Frost (Temperaturen bis unter − 50° C sind registriert worden).

Auf der Südhalbkugel fehlen entsprechende Landmassen, wo sich eine typische Tundra oder gar Strauchtundra entwickeln könnte. Die Periglazialgebiete der Antarktis sind bereits klimatisch so extrem, daß sie weitgehend zur Frostschuttzone zählen und nur stellenweise eine Flechten- und Moostundra entwickeln können. Die besten Wachstumsbedingungen bietet dabei die ozeanische, feuchtkalte West-Antarktis, hier vor allem die Süd-Shetland-Inseln. Lediglich zwei Blütenpflanzen konnten sich in der Antarktis ansiedeln: das büschelig wachsende Gras Deschampsia antarctica (Foto) und der winzige Perlwurz Colobanthus guitensis. In der Ost-Antarktis verhindert in erster Linie die Trockenheit die verstärkte Ausbreitung pflanzlichen Lebens. In der West-Antarktis sind die kalten Sommer die Hauptursache für eine nur sehr geringe Biomassenproduktion und das nur sporadische Auftreten höher entwickelter Pflanzen (Blütenpflanzen). Die vergleichsweise üppige und bunte arktische Tundra Kanadas, Spitzbergens oder Grönlands verdankt ihre Existenz den freundlicheren, wärmeren Sommermonaten („Eskimosommer").

Krustenflechte und Gras (Deschampsia antarctica).

Steinbrechgewächs (Saxifraga oppositifolia) auf Spitzbergen.

Dauerfrostboden – Tiefgefrorener Untergrund

Der Dauerfrost (Permafrost) ist ein Wesensmerkmal der unvergletscherten Polargebiete (Periglazialgebiete), aber auch vieler angrenzender Waldgebiete Sibiriens, Skandinaviens und Kanadas. Seine Verbreitung ist in erster Linie durch die Jahresmitteltemperatur gesteuert. Wichtig sind dabei auch die Dauer und Intensität der Minustemperaturen in den Wintermonaten. Noch bis vor wenigen Jahren galt die Region Jakutsk in der sibirischen Taiga als kältestes Gebiet der Erde. Dort wurden Wintertemperaturen bis unter –70° C und Jahresmittel um –10° C registriert. (Inzwischen hält die Antarktis bei der russischen Station Vostok mit –88° C den globalen Kälterekord.)

Entscheidend ist für die Entstehung von dauernd gefrorenem Untergrund, der alle Hohlräume im Gestein durch Eis abdichtet und kein Wasser durchsickern läßt, daß die Mitteltemperatur deutlich unter 0° C liegt. Je wärmer die Sommer sind, z.B. in der Kanadischen Arktis, desto tiefer muß die Jahresmitteltemperatur zur Ausbildung eines flächenhaft verbreiteten Permafrostes sein. Als grobe Begrenzung der lückenlosen Dauerfrostausbreitung kann ein Mittel von –8° C angesehen werden. Dies gilt in erster Linie für die mehr kontinental geprägten Klimate mit sehr kalten Wintern und relativ warmen Sommern.

Dagegen konnte in der ozeanisch gemilderten West-Antarktis (Süd-Shetland-Inseln) durchgehender Dauerfrost bei einer Jahresmitteltemperatur von nur –2,7° C festgestellt werden. Der Grund dafür liegt in den kühlen, feuchten Sommern, in denen die höchsten Lufttemperaturen selten wenige Grade über Null steigen. Hinzu kommt die abkühlende Wirkung permanenter Winde und Stürme.

Die Tiefe des Permafrostes und seine regionale Verbreitung hängt neben den heutigen Klimaverhältnissen auch noch von der Klimageschichte und der unterschiedlichen Wärmeleitfähigkeit der Gesteine ab. Die bisher größten Mächtigkeiten mit maximal 1500 m sind in Sibirien (südwestlich des Lena-Deltas) erbohrt worden. In Zentralsibirien (Yakutien) wurden 400 – 600 m festgestellt, in Alaska (Prudhoe-Bay) maximal 610 m, in Kanada (Melville-Halbinsel) maximal 560 m bei einer Jahrestemperatur von –16° C. In Spitzbergen sind 320 m nachgewiesen worden. Für die extremen Mächtigkeiten in der UdSSR kann wohl das Eiszeitalter mitverantwortlich gemacht werden. Dort waren nur wenige Teile eisbedeckt. Die tiefen Temperaturen konnten sich über lange Zeiträume hinweg auswirken. Das heutige extrem kontinentale Klima konserviert diesen vorzeitlichen Dauerfrost.

Entstehung neuer Lebensräume

Auch die an Gletschersuperlativen reiche Antarktis erlebt gegenwärtig eine geringere Vereisung als zu früheren Zeiten. Aus innerantarktischen Gebirgen wurden entsprechende Hinweise gemeldet. Von Gletschern geformte Täler und Fjorde, eisüberschliffene Felspartien, Sedimente auf dem Meeresgrund und Erratika (Findlinge) in der West-Antarktis liefern

Eisrückgang: Neue Landflächen tauchen im antarktischen Gebiet auf.

hierfür besonders deutliche geomorphologische Spuren. Damit wird immer wahrscheinlicher, daß die früheren Eiszeiten etwa gleichzeitig auf der Nord- und Südhalbkugel ihre Maximalstände erreichten. Auch der vereiste Südkontinent erlebt also gegenwärtig eine relative „Warmzeit". Der auf der Nordhalbkugel und in den Gebirgsregionen der Erde beobachtete allgemeine Gletscherrückgang findet seine Ergänzung auch in der Antarktis. Hier wie andernorts gibt das langsame Rückschmelzen des festländischen Eises frischen Gesteinsuntergrund frei – ein Prozeß, der unabhängig von der Klimaveränderung durch den Treibhauseffekt auf natürliche Weise verursacht wird.

Eine besonders interessante und im Landschaftsbild auffällige Erscheinung ist jedoch die isostatische Landhebung: In Nord- wie in Südpolargebieten sind in küstennahen Bereichen häufig treppenartige Geländeformen und bisweilen ausgedehnte Verebnungen auszumachen. Es handelt sich dabei um ehemalige Strände oder marine Erosionsplattformen, also Abtragungsformen, die von der Brandung angelegt wurden. Heute finden sich solche aus dem Meer aufgestiegenen Landoberflächen bis zu mehr als 200 m über dem Meeresspiegel.

Als Ursache ist vor allem eine frühere Eisauflast anzusehen, die die Erdkruste in den oberen, zähplastischen Erdmantel hineingedrückt hat. Mit dem Rückgang der Eismächtigkeit oder dem vollständigen Abschmelzen der Gletscherbedeckung wurde die betroffene Erdkruste entlastet, der Druck auf den oberen Erdmantel gemindert. Als Reaktion setzte eine Hebung des Landes ein.

Landhebung: gehobene Strände in der Antarktis.

Für die letzen 10 000 Jahre sind Größenordnungen bis zu einigen Zehnern von Metern zu registrieren. Dieser Prozeß – eine Folge des Abklingens der jüngsten Eiszeit – ist bis heute noch nicht abgeschlossen. In der an eisfreien Gebieten armen Antarktis besitzt die isostatische Landhebung, der Auftrieb der Erdkruste, besondere Bedeutung: Fauna und Flora gewinnen neue Lebensräume.

Anmerkung: Die Ostsee wäre nicht existent, hätte nicht bis vor 20 000 Jahren das Zentrum des Skandinavischen Eisschildes hier gelegen. Nach dem Abschmelzen des Inlandeises setzte eine Landhebung ein, die bis heute noch nicht zum Stillstand gekommen ist. Am Bottnischen Meerbusen hebt sich die Küste mit 1 cm pro Jahr am schnellsten. Damit wird Schwedens Fläche ständig größer. Mittelalterliche Häfen liegen heute vielfach auf dem Trockenen landeinwärts, weit entfernt von der Küste.

Die Hudsonbai Nordamerikas ist eine Parallele hierzu. Im Bereich ehemals höchster Gletschereisbelastung wurde die Erdkruste am stärksten eingedrückt und steigt nacheiszeitlich hier besonders isostatisch wieder auf.

Tiere der Polargebiete

Im krassen Gegensatz zur Antarktis spielen pflanzenfressende Tiere oder Raubtiere in der Arktis eine wichtige Rolle. Zu den Säugetieren der Tundren zählen Karibus, Rentiere, Moschusochsen, Wölfe, Füchse, Polarhasen und Lemminge. Das Schema (S. 158) zeigt deren Verbindungen in der Nahrungskette des festländischen Ökosystems. Der Eisbär (Thalarctus maritimus) gehört – wie sein zoologischer Name ausdrückt – zum marinen

Moschusochse in der arktischen Tundra.

Eisbären.

Ökosystem. Er kann jedoch als Allesfresser betrachtet werden, denn neben Robben und Fischen ernährt er sich von Vögeln, Aas, Beeren und Moos. Eisbären leben ausschließlich im Nordpolargebiet. Verschiedene Robbenarten und Walrosse als hauptsächliche Meereslebewesen trifft man saisonal an den arktischen Küstensäumen.

Zahlreiche Vogelarten sind vertreten: Brutkolonien von Seevögeln (Eissturmvögel, Alken, Tölpel, Möwen) sind in Küstennähe zu finden. Im Landesinneren leben Schneehühner, Raubmöwen, Rauhfußbussarde, Gerfalken, Schnee-Eulen und zahlreiche Wasservögel (Enten, Gänse, Schwäne, Regenpfeifer, Brachvögel, Wasserläufer, Schnepfen u.a.). Eine besondere Plage sind die riesigen Stechmückenschwärme.

Pflanzenfressende Wirbeltiere könnten sich in der Antarktis mangels

Walroß auf Spitzbergen.

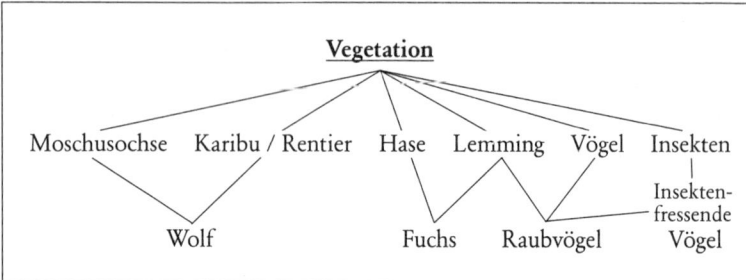

Schema der Nahrungskette von Landlebe-
wesen in der Arktis (nach Sugden 1982).

Biomasse kaum ausbreiten. Raubtiere
– würden sie eingeschleppt – wären
deswegen sowie aufgrund der saisona-
len Wanderung möglicher Beutetiere
(Robben, Seevögel) nicht in der Lage
zu überdauern. Die antarktische
Fauna setzt sich fast vollständig aus
Seevögeln und Robben zusammen.

Die auffälligste Vogelart stellen
die flugunfähigen Pinguine. An extrem
unwirtliche Bedingungen haben sich
die Kaiser- und Königspinguine ange-
paßt. Die am weitesten verbreitete
und zahlenstärkste Art stellen die
Adélie-Pinguine. Das Gesamtgewicht
aller Adélies soll das sämtlicher übri-
ger Seevogelarten der Antarktis
zusammengenommen übertreffen. Die
recht kleinwüchsigen Zügelpinguine
leben v. a. in der West-Antarktis und
auf den subantarktischen Inseln;
ebenso die Esels-Pinguine.

Albatros- und Sturmvogelarten
halten sich meistens auf den offenen
Ozeanen auf. Näher an den Küsten
leben Möwen, Skuas, Seeschwalben
und Kormorane. Die Skua (Große
Raubmöwe) legt ihren Brutplatz
bevorzugt in der Nähe von Pinguin-

Zügelpinguin.

kolonien an, um Eier und Jungtiere
zu erbeuten. Ebenso jagt sie schwache
und kranke Altvögel. Der Seidenschnabel ist wohl der einzige Landvo-
gel des Antarktischen Festlandes. Er
ernährt sich von Aas und Beuteresten
der Skuas.   Wolf-Dieter Blümel

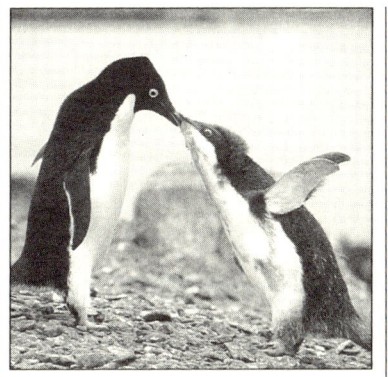

Adélie-Pinguine: Fütterung eines Jungvogels.

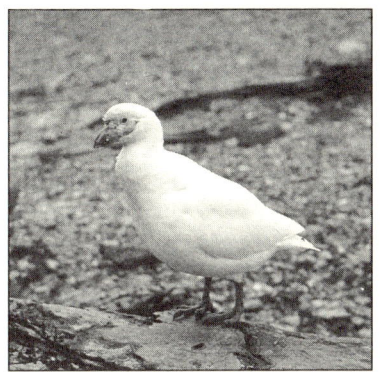

Seidenschnabel.

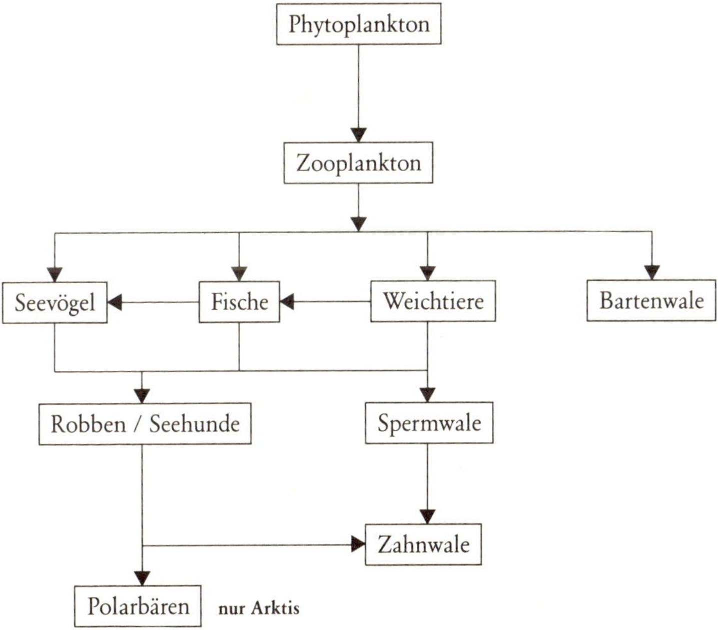
Phytoplankton
Zooplankton
Seevögel
Fische
Weichtiere
Bartenwale
Robben / Seehunde
Spermwale
Zahnwale
Polarbären
nur Arktis

Aufbau eines polaren marinen Ökosystems (nach Sugden 1982).

Die Polarvölker

Mit der schrittweisen Annäherung an die Pole machten die ersten Entdecker der Arktis auch die Bekanntschaft der Bewohner dieser Region. Trotz Schnee und Eis, trotz der Abwesenheit jeglicher Vegetation, haben Menschen es geschafft, in den eisigen Nordregionen ihre Existenz zu gründen.

Unter polaren Völkern versteht man jene Stammesgesellschaften, deren Heimat innerhalb des arktischen Bereichs liegt oder deren Leben sich vorwiegend in den nördlichsten Landgebieten unserer Erde abspielt: Dazu zählen die Gruppen der Uraler, der Altaier, der Paläoasiaten und jene der Eskimos. In der Antarktis gibt es keine einheimischen polaren Völker. Innerhalb der vier genannten arktischen Obergruppen gibt es eine ganze Reihe von einzelnen Volksstämmen, die aber heute kaum mehr alle reinrassig vertreten sind. Durch die fortschreitende Vermischung der Polarvölker mit den nach Norden drängenden Europäern und Amerikanern ist es zu einer Mischbevölkerung im gesamten arktischen Raum gekommen, in dem die Rassereinen in der Minderzahl sind. Manche Stämme, wie die Enzen und Dolganen, sind heute überhaupt verschwunden, haben sich russifiziert oder bekennen sich anläßlich der Volkszählungen nicht mehr zu ihrem ursprünglichen Stamm.

Die Polarvölker sind durchwegs Bevölkerungsgruppen, die von anderen, stärkeren Völkern im Lauf der Geschichte in den Norden gedrängt worden sind und sich dort, am Rand der menschlichen Existenzmöglichkeit, in einem zwar weiten, aber kärglichen Lebensraum behaupten konnten. Wir haben es hier mit einem Abdrängen von schwächeren Volksgruppen in unwirtliche Räume durch stärkere Völker zu tun, wie es für die Kulturausbreitung im Laufe der Menschheitsgeschichte typisch ist und immer wieder vorkam: bekanntes Beispiel ist das Abwandern der Lappen in die nördlichsten Gebiete Europas oder – als nichtarktisches Beispiel – das Zurückweichen der Berber in die Randgebiete der Sahara vor den einrückenden Arabern ab dem 8. Jahrhundert.

Eurasische Polarvölker

Uraler und Paläoasiaten scheinen von den Tungusen an die eurasische Nordküste gedrängt worden zu sein, wo sie in der Renhaltung eine neue Überlebensmöglichkeit fanden. Die Tungusen selbst haben heute ihre engere Heimat im Gebiet des Amur, der Lena und des Jenissei. Auch sie haben dem Druck aus dem Süden nachgeben müssen und sind wahrscheinlich aus Nordchina ausgewandert. Dabei sind im weiteren Sinn auch die Samojeden (Nenzen und Dolganen) Tungusen, die von ihren südlichen Verwandten, die sich noch Reste ihres alten Volkstums und die Sprache der

Mandschu erhalten haben, abgedrängt worden sind. Sie gehören zwar zur uralischen Völkergruppe, sind aber ein Mischvolk mit zum Teil mongolischen Zügen. Ihre Sprache bildet gemeinsam mit der finnisch-ugrischen den uralischen Sprachstamm, der seinerseits zusammen mit den türkischen, mongolischen und tungusischen Sprachen die ural-altaischen Sprachen ergibt. Neun Sprachgruppen sind an der Bildung jener nordasiatischen Völkerwelt beteiligt, die sich über rund 175 Längen- und gegen 30 Breitengrade erstreckt.

Die „Rohfleischesser"

Die Eskimos nehmen eine Sonderstellung ein. Selbst über ihre Herkunft ist man sich nicht einig. Eine Theorie spricht von einer Einwanderung der Eskimos in den amerikanisch-grönländischen Raum von Asien über die Bering-Straße, eine andere Theorie glaubt die Vielzahl der Eskimostämme auf eine Expansion aus dem Gebiet der Karibu-Eskimos um den Großen Sklavensee und Keewatin zurückführen zu müssen. Wie Funde jedoch gezeigt haben, dürften beide Theorien einander ergänzen.

Die Bezeichnung Eskimo wurde und wird von den Eskimos selbst nicht gebraucht, sondern stammt von einem algonkischen Wort: Mit Algonkin bezeichnet man eine indianische Sprachenfamilie von etwa 20 unterschiedlichen Stammesverbänden im Gebiet zwischen Neufundland und den Rocky Mountains. Die Delawaren, Mohikaner und Schwarzfußindianer gehören zu dieser Familie. Aus dieser Sprachenfamilie stammt das Wort „wiyaskimowok" oder „esquimantjik". Es bedeutet Rohfleischesser und drückt die Verachtung der Indianer für die weiter nördlich lebenden und eben rohes Fleisch essenden Menschen ziemlich unverblümt aus. Der Jesuitenpater Biard, ein Missionar in „Neufrankreich", brachte dieses Wort in einem seiner Berichte aus dem Jahr 1611 nach Europa, wo es zu Eskimo verballhornt wurde.

Die Eskimos selbst nannten sich stets „Inuit" (Einzahl „inuk") und bezeichneten sich damit als „die Überlegenen" oder „die Menschen" – offenbar aus dem selben herablassenden und überheblichen Gefühl anderen, fremden Völkern gegenüber, das auch die Indianer ihnen gegenüber empfanden. Vielleicht aber kam es zu dieser Bezeichnung nur aus der wirklich vorhandenen Einsicht, daß allein sie es fertiggebracht hatten, sich in der sie umgebenden Natur zu behaupten. Man findet derartige Bezeichnungen öfter bei primitiven Stämmen in lebensfeindlichen Gebieten.

Die westgrönländischen Eskimos machten eine Ausnahme. Sie nannten sich „kalâtdlit" (Einzahl „kalâleq"). Auch diese Bezeichnung enthält Geschichte. Manche Sprachforscher sehen in ihr eine Verballhornung des Wortes „skraeling", eine Bezeichnung, die von den alten Normannen den Bewohnern Vinlands und Grönlands gegeben wurde. Die Übersetzung des Wortes ist nicht schmeichelhaft und zeigt ebenfalls das Verhältnis der Normannen zu ihren Todfeinden: Skraeling heißt Kümmerling, häßlicher Mensch. Letzten Endes haben aber diese „Kümmerlinge" die Normannen besiegt und deren Kolonien in Grönland und Nordamerika vernichtet.

Wie viele Eskimos es heute noch gibt, läßt sich nicht genau feststellen. Da viele Eskimostämme zahlenmäßig nicht erfaßt sind und auch die Zahl der Mischlinge nicht genau erhoben werden kann (in Grönland wird keine Unterscheidung zwischen Voll- und Halbblut gemacht), lassen sich zuverlässige Zahlen nicht nennen: Schätzungen nehmen allerdings an, daß heute auf der gesamten Kalotte der nördlichsten Landgebiete 80 000 bis 90 000 Eskimos leben, wobei aber zumindest in Grönland die 50 000 Grönländer bis auf geschätzte 200 Thule-Eskimos weitestgehende europäische Mischformen aufweisen und sich selbst auch nicht mehr als Eskimos bezeichnen, sondern als Grönländer.

Die Zahl der reinrassigen Eskimos kann in Grönland also mit wenigen Tausend angenommen werden. In Kanada leben heute rund 12 000, in Alaska etwa 20 000 und in Rußland knapp über 1500 Eskimos.

Wanderungen der Eskimos

Die Einwanderung der Eskimos – oder besser gesagt der Paläoeskimos – in den amerikanisch-grönländischen Raum vollzog sich in mehreren Schüben. Datierungen ergeben sich aus geologisch bedingten Voraussetzungen zusammen mit Funden im nordamerikanischen Raum und Überprüfungen mit der C-14-Methode. Die Landbrücke zwischen Alaska und Asien brach erst vor etwa 12 000 Jahren, als die letzte große Vereisung (in Europa Würm, in Amerika Wisconsin) zu Ende ging: Durch das Ansteigen der Wassermassen infolge des abschmelzenden Eises versank die Landverbindung im Meer. Bis zu diesem Zeitpunkt waren Alaska und die Tschuktschen-Halbinsel durch einen sogar ziemlich breiten Korridor verbunden. Andererseits lagerte zu dieser Zeit noch ein riesiger Inlandeisschild über dem gesamten nordamerikanischen Raum, wobei nur der nordalaskische Raum und die Landbrücke selbst sowie die ostsibirische Tschuktschen-Halbinsel eisfrei blieben. Einwanderer aus dem asiatischen Raum, die in dieser Zeitspanne nach Alaska kamen, wurden durch den kanadischen Inlandeisschild an einem weiteren Vordringen in den Süden gehindert. Ihre Stoßrichtung mußte also, mit zunehmender Abnahme der Vergletscherung im hohen Norden, ostwärts

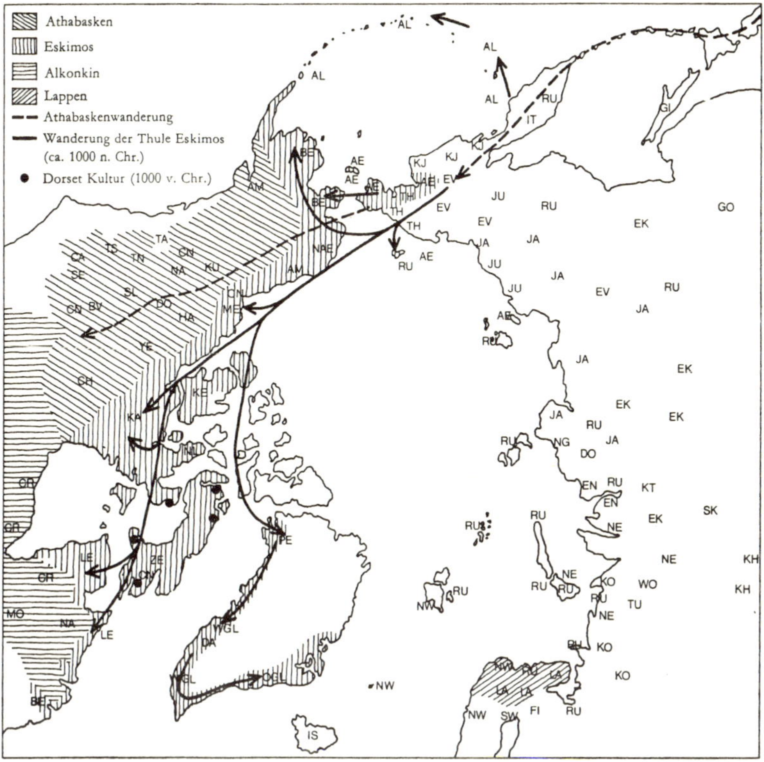

Athabasken
Eskimos
Alkonkin
Lappen
-- Athabaskenwanderung
— Wanderung der Thule Eskimos (ca. 1000 n. Chr.)
● Dorset Kultur (1000 v. Chr.)

Ethnische Gruppen in der Arktis:

AMERIKA _____

ALGONKIN
BE Beothuk CR Cree MO Montagnais
NA Naskapi

ATHABASKEN
BV Beaver CA Carrier CH Chipewyan
DO Dogrib HA Hare NA Nahani
SE Sekani SL Slave TN Tahltan
TS Tsetsaut YE Yellowknifes

ESKIMOS
BE Bering-Eskimos KA Karibu-Eskimos
KE Kupfer-Eskimos LE Labrador-Eskimos
ME Mackenzie-Eskimos
NAE Nordalaska-Eskimos
NL Netsilik ZE Zentral-Eskimos

WEISSE
AM Amerikaner CN Canadier

ASIEN _____
AE Asiatische Eskimos AL Aleuten
DO Dolganen EK Ewenken EN Enzen
EV Ewenen GI Giljaken GO Golden
IT Itelmen JA Jakuten JU Jukagiren
KH Khanten KJ Korjaken KO Komi
KT Keten NE Nenzen NG Nganasanen
RU Russen SK Selkupen TH Tschuktschen
TU Tuwanen WO Wogulen

EUROPA _____
FI Finnen IS Isländer LA Lappen
NW Norweger RU Russen SW Schweden

GRÖNLAND _____
DA Dänen OGL Ostgrönländer
PE Polar-Eskimos WGL Westgrönländer

gerichtet sein. Dabei darf man sich die paläoeskimoische Einwanderung zu dieser Zeit freilich nicht als eine gezielte vorstellen – es wird sich eher um eine unbewußte Infiltration in den amerikanischen Norden gehandelt haben; denn die klimatischen Verhältnisse, die Vegetation und die Tierwelt waren zur damaligen Zeit von der Tschuktschen-Halbinsel bis Alaska und später auch im kanadischen Norden praktisch identisch. Sicherlich war den damaligen Jägern und Fängern die Bedeutung ihrer sogenannten Entdeckungen in keiner Weise bewußt.

Frühe alaskische Kulturen

Durch das Aufbrechen eines Korridors im Inlandeispanzer am Ostabfall der Rocky Mountains, wobei sich die Inlandeisbedeckung des kanadischen Nordens in zwei Teile spaltete, war der arktisch-mongoliden Bevölkerung des nacheiszeitlichen Nordamerika der Weg in den Süden durch die vom Süden in den Norden drängende paläoindianische Bevölkerung versperrt. Archäologische Funde im Campus Site bei Fairbanks belegen als älteste Kultur gegen das Ende des Eiszeitalters Vertreter von Paläoeskimos, die vor allem Inlandjäger waren. Die Funde sind charakterisiert durch kleine Steingeräte. Ein allerdings erst viel späteres Stadium dieser Entwicklung stellt die sogenannte Denbigh-Kultur dar, so benannt nach einem Fundort auf Kap Denbigh am Norton-Sund südlich der Seward-Halbinsel. Man datiert die Funde auf 2500 v. Chr. Auch diese Kultur hat uns fein bearbeitete Stein- und Feuersteingeräte,

vor allem Pfeilspitzen und Einsatzstücke aus Geweih und Knochen hinterlassen. Wahrscheinlich haben die Denbigh-Leute, den Funden nach zu schließen, schon Seesäuger gejagt.

Als Fortsetzung dieser Entwicklung gilt die Choris-Kultur (Choris-Halbinsel am Kotzebue-Sund in NW-Alaska) und die Norton-Kultur (Norton-Sund südlich der Seward-Halbinsel). Reichverzierte Schnitzereien aus Walroßzahn, Menschen- und Tierfiguren, Gebrauchsgegenstände und Harpunenköpfe und -spitzen mit reicher Ornamentik treten ab dem ersten Jahrtausend vor Christus in Nordwestalaska auf. Sie werden als Okvik-, Alte Bering-Meer- und Punuk-Kultur bezeichnet, wobei die Menschen der Punuk-Kultur zur Gravierung bereits Eisengeräte verwendet haben. Die Vertreter dieser Kulturen waren vor allem auf die Walroß- und Robbenjagd spezialisiert, während jene der Ipiutak-Kultur (500 v. Chr.) vor allem Rentiere jagten. Einflüsse aus Zentral- und Nordostasien werden in den mit Jadepupillen verzierten Walroßelfenbeinschnitzereien sichtbar. Wie es zu solchen Einflüssen kam, ist rätselhaft, weil es ja zu dieser Zeit keine Verbindung mehr zwischen Asien und Amerika gab. Auch aus den Creek-Höhlen an der Nordküste Alaskas sind bezeichnende Funde bekannt (Alter etwa 2200 Jahre).

Um Christi Geburt bildete sich dann an der Bering-Straße die Iyatayet-Kultur, die gleichzeitig mit der Dorset-Kultur in Kanada und Grönland entstand. Die gesamte Ostwanderung der arktischen Paläoeskimos dauerte somit rund 10000 Jahre und erreichte etwa um 2500 v. Chr.

Grönland. Auch dies beweist, daß es sich nicht um eine gezielte Einwanderung gehandelt hat, sondern um ein eher willkürliches Einsickern von Jägerstämmen in den kanadischen Norden und den Kanadischen Archipel, mit dem ein allmähliches Umstellen der Lebensgewohnheiten Hand in Hand ging. Aus Rentier- bzw. Moschusochsenjägern wurden Seehundfänger, Walroß- und Waljäger.

Grönländische Kulturen

Nach Grönland kamen die Paläoeskimos über Ellesmere-Land und den Smith-Sund nach Peary-Land. Diese älteste grönländische Kultur wird auch als Independence I bezeichnet. Um 1000 v. Chr. folgte ein zweiter Schub, Independence II. Parallel mit dieser Einwanderung kamen Menschen einer anderen Kultur nach Westgrönland, die Vertreter der sogenannten Sarqaq-Kultur. Sie besiedelten erstmals auch Ostgrönland und besaßen bereits Hunde. (…)
  Um Christi Geburt kamen neue Einwanderer, die von der Wissenschaft als Dorset-Leute bezeichnet werden. Sie wurden die Träger der grönländischen Sagenwelt, die sich bis heute erhalten hat (Tunit-Legenden). Man schreibt den Tunit auch die Erfindung des Iglubaus zu, hingegen war ihnen der Besitz von Hunden und Kajaks unbekannt. Erst 1400 Jahre später kamen die Neo-Eskimos oder Thule-Eskimos nach Nordgrönland. Sie betrieben Wal- und Walroßfang vom Kajak aus und schlossen sich in Gemeinschaften zusammen. Im Zuge des Südwärtswanderns entlang der Westküste Grönlands

Mutter und Tochter in grönländischer Nationaltracht.

entstand die Inugsuk-Kultur, die sich über ganz West-, Süd- und Ostgrönland ausbreitete. Die Vertreter dieser Einwanderungswelle stießen im Süden mit den Normannen zusammen, lieferten ihnen heiße Kämpfe – und besiegten sie. 1721 kam der norwegische Missionar Hans Egede und fand Eskimos nur mehr im normannischen Vestribygd und Eystribygd, der ehemaligen West- und Ostsiedlung – abgesehen von den gestrandeten Walfängern, die sich in der Zwischenzeit hier angesiedelt hatten und schon eifrig an der Durchmischung von eskimoischem und europäischem Blut „arbeiteten". Die Eskimowanderung hatte ihr Ende gefunden und begann in der Europäisierung aufzugehen. Mit Ausnahme der Polar-Eskimos im heutigen Thule-Reservat haben sich sämtliche Grönländer mehr oder weniger europäisiert. Die Akkulturation ist nirgends so weit fortgeschritten wie in Westgrönland.

Jagd und Lebensweise

Gemeinsam ist allen Polarvölkern eine mehr oder weniger ähnliche Lebensart: Ihre Wohnungen waren meist Höhlen oder Steinhütten, bei deren Errichtung Treibholz, Torf, Erde und Tierfelle Verwendung fanden. Nur bei den Eskimos waren nichtständige Winterwohnungen üblich, sogenannte Iglus. Man verwendete diese kreisrunden Schneehäuser nur als vorübergehende Unterkünfte (…). Dabei schnitt man mit speziellen Messern blockartige Ziegel aus dem Schnee, die in Form einer dreidimensionalen Spirale übereinandergeschichtet und abschließend mit Schnee gedichtet wurden. Der freigelassene Eingang wurde mit einem Schneeblock verschlossen. Geheizt wurde äußerst sparsam, weil herabfließendes Schmelzwasser die Luftfeuchtigkeit erhöht und die Kleidung nicht mehr trocknen kann. Heute werden Iglus in Grönland nicht mehr gebaut und auch in Kanada nur mehr fallweise errichtet.

Als Jagdgeräte dienten sämtlichen Kulturen und Völkerschaften vor allem Steine, Knochen und Sehnen der Jagdtiere, Lanzen, Harpunen und Speere aus Treibholz. Zum Transport verwendete man im Winter den Schlitten und die Schneeschuhe, im Sommer den Kajak, der aus Treibholzspanten und Robbenhäuten gefertigt war. Er stellt übrigens das bestkonstruierte Einmannboot der Welt dar. Für längere Wasserfahrten benützte die Familie bei den Eskimos die sogenannten Frauenboote, die Umiaks, große, offene, fellüberspannte Boote. Charakteristisch für die Polarvölker ist auch, daß sie ihren gesamten

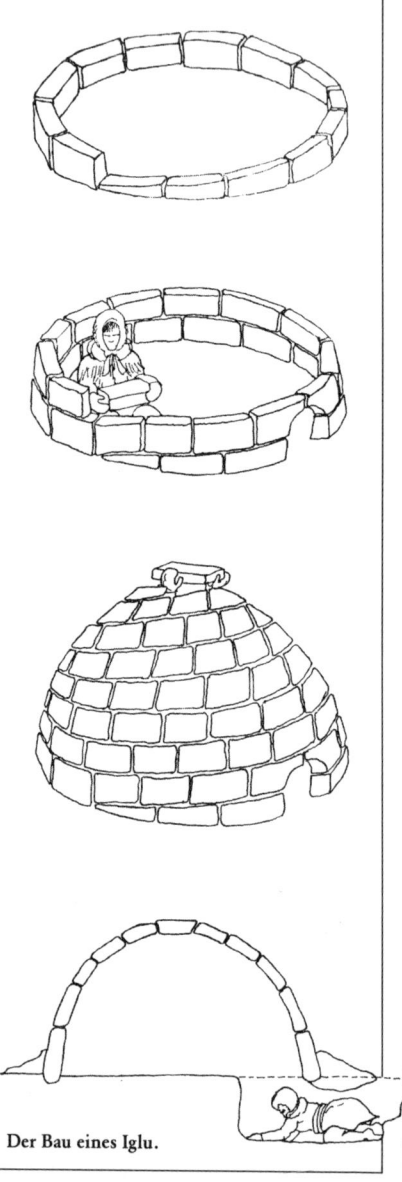

Der Bau eines Iglu.

persönlichen Bedarf aus der Bearbeitung der Jagdbeute deckten: Nahrung, Kleidung, Heizmaterial (Tranlampe), teilweise auch den Hütten- und Zeltbau.

Bei den Eskimos unterscheidet man nach der Grundlage ihres Lebensunterhalts, also ihren Jagdgewohnheiten, Karibu jagende Eskimos und Robben schlagende Stämme, wobei die Anpassung an die Jagd auf Seesäuger erst eine spätere Ausbildung darstellt (nach Steensby und Birket-Smith). Sieht man von der älteren, südlicheren Form der Karibujagd ab, besteht der Hauptlebensunterhalt der Eskimos in der Jagd auf Meeressäuger. Hierbei unterscheidet man zwei Jagdarten: Maupok, wobei der Robbe am Luftloch aufgelauert wird, und Utok, bei der die Robben am Eisrand beschlichen werden und die Jäger hinter einem weißen Schirm, der entweder auf dem Gewehrlauf oder auf einem kleinen Schlitten befestigt ist, in Deckung gehen. Die Robbe wurde dabei ursprünglich zuerst harpuniert, um ein Wegtauchen der verletzten Robbe zu verhindern, und dann erst mit der Lanze oder in späterer Zeit mit dem Gewehr erlegt. Die Jagdpraktiken der kanadischen Stämme stellen Ausnahmen dar, die sich erst durch das Zusammentreffen mit dem Weißen und dessen profitorientiertem Denken herausgebildet haben. Nur im Sommer folgt man den Robben mit dem Kajak ins offene Wasser. Auch Walrosse werden gejagt. Die Wale griff man in früheren Zeiten vom Umiak aus an, beziehungsweise mit einem zweisitzigen Kajak, der vor allem in Südalaska Verwendung fand.

In Grönland trugen die Walfänger sogenannte Springerpelze, die aus einem Stück genäht waren und den ganzen Körper wasserdicht umschlossen. Er konnte aufgeblasen werden und schützte den Jäger vor dem kalten Wasser. Immerhin hatte der Walfänger die Aufgabe, auf den Rücken des Tieres zu springen und auf das bereits harpunierte Tier so lange mit Lanzen und Messer einzustechen, bis es verendete. Es versteht sich, daß eine derartige Waljagd nur im Kollektiv durchgeführt werden konnte. Die phantastische Erzählung aus früheren Jahrhunderten mag auf diese Jagdpraktiken zurückgehen. Moschusochsen und Eisbären wurden ursprünglich von den Hunden gejagt und mit Pfeilen getötet. Die Karibus hingegen wurden von Frauen und Kindern zwischen konvergierenden Stein- und Pfahlreihen ins Wasser getrieben, wo sie von den Männern vom Kajak aus erlegt werden konnten.

Bedingt durch die Dominanz der Jagd, herrschte unter den Polarvölkern

die männergenossenschaftliche Organisation vor, wobei sich aber niemals
Männerbünde entwickelten. Während
bei den Jakuten das Patriarchat
herrschte, war unter den Eskimos
auch das Matriarchat bekannt. Immerhin spielte die Frau bei den Eskimos
eine wichtige Rolle in der Familie: Sie
war es, die quasi als Nebenerwerb
Fischfang betrieb und auch mit dem
Präparieren der Seehundfelle beschäftigt war. Abgesehen davon kam der
Frau – vor allem während der berühmt
gewordenen Lampenlöschspiele der
Eskimos – deutlich die Rolle der Art-
erhalterin zu. Der Natur der Arktis
entsprechend, wurde das Hauptaugenmerk auf Knaben, also potentielle
spätere Jäger, gerichtet, während Mäd-
chen oft ausgesetzt wurden aus diesen
Gründen – und auch aus solchen der
Blutauffrischung getauscht. Dennoch
war der Führer der Familie der Mann.
Die Eskimofamilien selbst lebten
nicht in einer Stammesorganisation,
sondern in lockeren Sippen, ohne
jeden Zwang. Verbindende und
einende Kraft hatte der Schamane,
auf eskimoisch Angakok genannt. Er
war es, der Herr war über die guten
und bösen Dämonen, der Feste arran-
gierte und Streitigkeiten in der Sipp-
schaft schlichtete, der die Lampenlöschspiele leitete und Eheschließun-
gen vermittelte – wobei aus dem früher üblichen Frauenraub schließlich
der Frauenkauf wurde. Polygamie war
zwar nicht verboten, aus Gründen der
schwierigen Ernährungslage jedoch
äußerst selten. Die Schrift war den
Eskimos unbekannt, obwohl andere
polare Völker Bilderschriften benütz-
ten.

Walter Weiss: „*Arktis*"

*Bei seinen Expeditionen griff Robert
Edwin Peary auf die Erfahrung der
Eskimo zurück, die er auch zu seinen
Begleitern machte. In seinem Expedi-
tionsbericht beschreibt er seine Erfahrun-
gen mit ihnen. Es ist typisch für die
damalige Zeit, daß Peary die Eskimo
etwas überheblich wie Kinder beschreibt,
denen er hin und wieder etwas Gutes
zukommen läßt.*

Ich habe die Eskimo in einem Maße
für die Zwecke meiner Forschung eingesetzt, wie das vorher kein anderer
Wissenschaftler getan hat. Ich möchte
die Schilderung meiner Reiseerleb-
nisse hier unterbrechen und einen
kurzen Bericht über den Charakter
der Eskimo geben. Ohne die genaue
Kenntnis dieser eigentümlichen Menschen wäre es unmöglich gewesen,
bis zum Pol vorzudringen.

Bei allen meinen Reisen in der
Arktis spielten die Eskimo auf den
Schlittenreisen eine entscheidende
Rolle. Ohne die geschickten Hände
der Frauen hätte uns die warme Pelz-
kleidung gefehlt, die uns vor der Win-
terkälte schützte. Schließlich stellten
die Eskimohunde die einzige Zug-
kraft dar, die für Schlittenreisen in der
Arktis ernsthaft in Betracht kommt.

Die Eskimo an der Westküste
Grönlands sind in vieler Beziehung
ganz verschieden von den weiter südlich lebenden dänischen Eskimo oder
von denen in anderen arktischen
Ländern. Der Stamm zählt zwischen
200 und 230 Menschen. Sie besitzen
keine Regierung, aber sie leben nicht
gesetzlos. Nach unseren Begriffen
erscheinen sie sehr ungebildet, und
doch zeigen sie einen bemerkens-
werten Grad an Klugheit.

Im Temperament erinnern sie an Kinder, vor allem bei ihrem Vergnügen an kleinen Dingen. In der Ausdauer kommen sie den besten Männern und Frauen der zivilisierten Länder gleich, und die besten unter ihnen sind treu bis in den Tod.

Sie besitzen keine Religion, haben keine Idee von Gott. Aber trotzdem teilen sie ihr letztes Stückchen Fleisch mit jedem Hungrigen, und für die Alten und Hilflosen des Stammes wird wie selbstverständlich gesorgt. Die Menschen sind gesund und reinblütig. Sie besitzen keine Laster, kennen keine berauschenden Getränke und keine schlechten Gewohnheiten, nicht einmal Glücksspiele.

Diese plumpen, bronzehäutigen, schwarzmähnigen Naturkinder mit ihren scharfen Augen sind für die Forschung in der Arktis unentbehrlich. Ich habe ihre Fertigkeiten nach Möglichkeit ausgebildet und alles von ihnen ferngehalten, was ihr Selbstvertrauen untergraben konnte oder Unzufriedenheit hervorgerufen hätte.

In guter Absicht ist der Vorschlag geäußert worden, die Eskimo in bessere Gegenden zu verpflanzen. Das würde nach zwei oder drei Generationen ihren Untergang herbeiführen. Unser wechselhaftes Klima können sie nicht ertragen, denn ihre Lungen und Bronchien sind sehr empfindlich. Unsere Zivilisation würde diese Menschen nur verweichlichen. Sie sind von Kindesbeinen an körperliche Strapazen gewöhnt, und in unsere Lebensverhältnisse würden sie sich kaum einfügen können.

Tugenden wie Glaube, Hoffnung und Liebe besitzen sie bereits; ohne

sie wäre es unmöglich, eine sechs Monate lange Nacht und ihre Schrecken zu überleben.

Meine verschiedenen Expeditionen in diese Region hatten die Eskimo aus bitterster Not zu einem gewissen Wohlstand erhoben: Sie erhielten von mir das beste Material für ihre Waffen, vor allem für Harpunen und Spieße, ferner das beste Holz für ihre Schlitten, außerdem Taschenmesser und Beile, Sägen für die Handwerker, schließlich auch Kochgeräte.

Sie besitzen jetzt Gewehre, Hinterlader-Schrotflinten und einen Überfluß an Munition. Als ich zum ersten Male hierher kam, gab es im

Stamm nicht ein einziges Gewehr. Da diese Eskimo kein Gemüse kennen und nur von Fleisch, Blut und Tran leben, ist für jeden Jäger die Möglichkeit gegeben, sich auf leichte Weise Nahrung zu beschaffen. Der Stamm ist vor der Gefahr geschützt, daß ganze Familien oder sogar ein ganzes Dorf verhungern müssen.

Gewöhnlich sind die Eskimo – ähnlich den Chinesen oder Japanern – von geringer Größe. Doch könnte ich eine Anzahl Männer aufzählen, die 1,75 Meter erreichen. Die Frauen erscheinen besonders klein und untersetzt. Sie besitzen alle einen mächtigen Oberkörper, aber ihre Beine wirken ziemlich schwach. Die Männer besitzen erstaunlich entwickelte Muskeln, auch wenn ihr starker Fettansatz die einzelnen Muskeln wenig hervortreten läßt.

Im ganzen genommen wirken diese Menschen eher wie Kinder und müssen oft als solche behandelt werden. Sie sind schnell in gehobener Stimmung, wirken aber auch leicht niedergeschlagen. Es machte ihnen Freude, sich untereinander oder mit den Matrosen einen Schabernack zu spielen. Für gewöhnlich erscheinen sie gutmütig, auch wenn sie bei schlechter Laune sind. Man kommt nicht weit, wenn man sich über sie ärgert. (…)

Ihr lebhaftes Temperament stellt eine Vorsorge der Natur dar und bringt sie über die lange dunkle Nacht hinweg. Wenn die Menschen schwerblütig wären wie manche Indianer Nordamerikas, wäre der Stamm schon lange wegen Entmutigung gestorben – denn ihr Los ist wirklich hart.

Will man Nutzen aus den Eskimo ziehen, muß man (…) sie entsprechend ihrem Temperament behandeln. Für liebenswürdige Behandlung sind sie sehr empfänglich. Aber schwachen und schwankenden Menschen gegenüber setzen sie ihren Willen durch, so wie es Kinder machen. Eine Mischung von Entgegenkommen und Festigkeit ist die wirksamste Methode, sie zu behandeln.

Mein Hauptgrundsatz lautete stets: Was ich sagte, war auch gemeint, und ich hielt darauf, daß alles genau wie befohlen ausgeführt wurde. Wenn ich einem Eskimo eine bestimmte Belohnung für eine bestimmte Aufgabe versprach, dann erhielt er diese Belohnung immer, sobald er gehorchte. Wenn ich ihm dagegen eine Strafe androhte, (…) trat diese Strafe auch unweigerlich ein.

Es lag also im eigenen Interesse dieser Menschen, das zu tun, was ich wollte. So erhielt zum Beispiel der tüchtigste Mann auf einer Schlittenreise mehr als die anderen. Für das Wild, das jeder Eskimo erlegte, wurden Prämien ausgesetzt, und der beste Jäger erhielt einen Zusatzpreis. Damit gewannen sie Interesse an ihrer Tätigkeit. Wer den Moschusochsen mit dem besten Gehörn tötete oder das Ren mit dem mächtigsten Geweih, erhielt stets eine Belohnung.

Es gehörte zu meinen Grundsätzen, den Eskimo gegenüber fest aufzutreten, ihnen aber mit Liebe und Erkenntlichkeit und weniger mit Drohungen entgegenzutreten. Ein Eskimo vergißt – wie ein Indianer! – nie ein gebrochenes Versprechen, er vergißt aber auch kein erfülltes!

Robert E. Peary

Nutzung der Antarktis

Im Gegensatz zum Nordpolargebiet, unter dessen Eiskappe sich kein festes Land verbirgt, ist der Boden der Antarktis reich an Bodenschätzen. Das gibt seit einiger Zeit Anlaß zu Spekulationen über Besitzansprüche, die das Recht zu einer Ausbeutung der Bodenschätze geben würden. Die Tierwelt der Antarktis wurde schon früher von Walfängern und Fischern ausgeplündert. Aber auch heute denken manche Nationen wieder über eine Nutzung „mariner Rohstoffe", z. B. der winzigen Krill-Krebse, als Proteinquelle nach.

Pelzrobbe (Arctocephalus gazella) in der Antarktis.

Der vermeintliche Rohstoffreichtum der Antarktis gründet sich zum einen auf die marine Bioproduktion (Fische, Krill, Wale, Robben) und zum zweiten auf die mineralischen Vorkommen (Erze, Erdöl und Erdgas, Kohle).

Bereits unmittelbar nach den Entdeckungsfahrten James Cooks – also ab 1784 – begann die erste Phase einer unkontrollierten Ausbeutung der bekanntgewordenen „Meeres-Rohstoffe": Als erstes wurden die immensen Pelzrobbenbestände nahezu ausgerottet. Es folgte die Jagd auf die schwergewichtigen See-Elefanten, deren Blubber (Speck) gewonnen wurde. Ende des letzten Jahrhunderts waren die Strände der subantarktischen Inseln und der West-Antarktis – v.a. Antarktische Halbinsel – vorgelagerten Inselgruppen weitgehend ausgeplündert. Pelzrobben und See-Elefanten finden sich heute glücklicherweise an fast allen Küsten der westlichen Antarktis wieder ein. Die Zahl der Pelzrobben soll mit ca. 1 Mio.

Exemplaren heute wieder die ursprüngliche Größenordnung erreicht haben.

Diese Regeneration wird unterstützt durch das 1972 von den Vertragsstaaten unterzeichnete Schutzabkommen. Dadurch werden Pelzrobben, See-Elefanten und Ross-Robben südlich des 60. Breitengrades vollkommen unter Schutz gestellt. Für andere Gebiete wurde die Bejagung zeitlich limitiert, wurden Fangquoten beschlossen oder Reservate eingerichtet.

Seit dem Beginn dieses Jahrhunderts baute man in antarktischen Gewässern eine regelrechte Walfangindustrie auf. 1913 existierten sechs Verarbeitungsstationen an Land, 21 Fabrikschiffe und über 60 Fangboote. Mehr als 10 000 Wale (zunächst Buckelwale, später auch Blau- und Finnwale) wurden pro Saison erlegt. 1930 und in den beiden folgenden Jahrzehnten wurden jährlich etwa 40 000 Wale getötet und verarbeitet. Nach 60 Jahren waren die Bestände derart geschrumpft, daß auch die Walfangindustrie auf der subantarktischen Inselgruppe Süd-Georgien aufgegeben werden mußte. In den 50er Jahren blieb fast nur noch der Seiwal als Jagdobjekt.

Eine internationale Walfangkommission wurde 1946 ins Leben gerufen, versagte aber im Sinne einer Rettung der letzten Bestände. Derzeit sollen nach Schätzungen die Blauwale noch 1 %, die Buckelwale 3 % und die Finnwale etwa 20 % der ursprünglichen Anzahl ausmachen. Diese Arten werden nun teilweise geschützt; ebenso der Sei- und Pottwal.

Als zunehmend wichtiger Rohstoff und als Eiweißreserve für die rapide wachsende Weltbevölkerung wurde in der jüngsten Vergangenheit der antarktische Krill – eine kleine Leuchtgarnelen-Art – betrachtet. Trotz der schwierigen Verarbeitung (hoher Fluoridgehalt stellt sich bereits wenige Stunden nach dem Fang ein) wurden von 1982 bis 1986 jährlich mehrere 100 000 t gefangen. Der Hauptanteil wurde dabei als Viehfutter verwendet. Japan, die UdSSR und Polen sind führend im Krillfang. Werden die eingebrachten Fangmengen beibehalten, so ist mit weiterer Beeinträchtigungen des antarktischen Ökosystems zu rechnen: Da der Krill offensichtlich langsamer nachwächst als bisher angenommen, ist die Erholungsmöglichkeit der Walbestände weiter eingeengt.

Offensichtlich ist den früher wegen ihres Fetts gejagten Pinguinen die drastische Dezimierung der Wale zugute gekommen. Die Brutkolonien der Adélie-, Zügel- und Eselspinguine haben an Zahl und Größe zugenommen – es fehlt der Wal als Konkurrent in der Nahrungskette.

Zwischen den unergiebig gewordenen Walfang und die Jagd auf den Krill fällt ab 1960 bis heute die Ausweitung des Fischfangs in antarktischen Gewässern. Antarktischer Kabeljau, Marmorbarsch und Eisfisch werden in riesigen Mengen gefangen, ohne daß deren Bestandssicherung beachtet wird. Es besteht auch hier mit einigen 100 000 t Fangmenge pro Jahr eine deutliche Gefahr der Überfischung.

Besitzansprüche und „Siedlungspolitik"

Eine Reihe von Nationen hat im Zuge der Entdeckungs- und Erkundungsgeschichte der Antarktis territoriale Ansprüche erhoben. Während Australien, Frankreich, Großbritannien, Neuseeland und Norwegen ihre abgesteckten Sektoren gegenseitig anerkannten, hielten sich die USA und die UdSSR mit Besitzansprüchen zurück. Sie ignorierten aber auch die der anderen Nationen. Durch den 1959 abgeschlossenen Antarktisvertrag (s. S. 179 ff) wurden alle Ansprüche „eingefroren" – der Südkontinent blieb bis heute staatenlos.

Die argentinische Station Esperanza in der Antarktis.

Drei Nationen vertreten vehement ihre Ansprüche auf einen speziellen Sektor im Bereich der Antarktischen Halbinsel. Den größten Ausschnitt stellt das „British Antarctic Territory" und zwar von 20°W – 80°W (einschl. Südgeorgien und Süd-Sandwich-Inseln). Argentinien reklamiert 25°W – 75°W; Chile mit „Nuestra Antarctica" 53° – 90° W jeweils am Pol beginnend und bei 60°N endend.

Es ist dies der bisher einzige Antarktis-Bereich, der einen potentiellen Konfliktherd bildet, sollte es demnächst zu einer territorialen Aufteilung kommen. Vor einigen Jahrzehnten waren hier auf der Nordseite der Halbinsel bereits einige Schüsse gefallen, und auch die späteren Auseinandersetzungen zwischen Argentinien und Großbritannien um die Falkland-Inseln muß man wohl vor dem Hintergrund der Antarktis sehen.

Zur Bekräftigung der Ansprüche werden immer neue Wege beschritten.

Großbritannien hat mit seinem „British Antarctic Survey" eine Institution geschaffen, die die Erkundung und Erschließung koordiniert. Die wenigen verfügbaren topographischen Karten im Halbinselbereich gehen auf englische Befliegungen und Vermessungen zurück. Schon bald nach dem Zweiten Weltkrieg begann ein Forschungsprogramm, das z. B. erste geologische Übersichten der Antarktischen Halbinsel und ihrer vorgelagerten Inseln lieferte. Überwinterungsstationen stellen die Basis für verschiedene wissenschaftliche Aktivitäten, unterstützt von Flug- und Schiffslogistik.

Demgegenüber erscheinen aus subjektiver Sicht zum gegenwärtigen Zeitpunkt die chilenischen und argentinischen Stationen in erster Linie als logistische Stützpunkte und Objekte nationaler Repräsentation. Wissenschaftliche Aktivitäten stehen – gemessen am personellen und materiellen Aufwand – noch im Hintergrund. Beide Länder überbieten sich in den letzten Jahren durch eine befremdliche „Siedlungspolitik". So wurde von Argentinien eine schwangere Frau eingeflogen und auf der Station Esperanza entbunden, um so territoriale Ansprüche durch Erstgeburten zu bekräftigen.

Chile begann im Gegenzug mit der Kolonisation der Antarktis. Bei der Station Teniente Marsh auf King-George-Island wurde die Häusergruppe „Las Estrelas" errichtet und Ende Februar 1984 von mehreren Familien bezogen. Diese „colonistas" hatten sich für zwei Jahre verpflichtet. Das Experiment ging auf. Es wurden Kinder auf antarktischem Boden gezeugt und geboren – chilenische „Antarktiker" also? (Anmerkung: Chile führt darüber hinaus seine Ansprüche bis auf den Vertrag von Tordesillas im Jahre 1494, noch lange vor der Entdeckung des „Südkontinents" zurück. Ein Schiedsspruch Papst Alexanders VI. trennte den Besitz noch zu entdeckender Gebiete bei etwa 46° westlicher Länge. Spanien sollte alle westlich, Portugal die östlich dieser Demarkationslinie liegenden Bereiche erhalten.)

Kommen wir zurück auf Argentinien. Es unterhält mit Esperanza eine Überwinterungsstation, auf der 1987 ca. 30 Personen leben. Es sind mit Ausnahme eines Biologen alles Militärs (ohne Bewaffnung); darunter einige Familien mit zusammen 9 Kindern. Das „Dorf" verfügt über Schule und Kindergarten; die einzige vom Papst autorisierte Kapelle der Antarktis; eine Kantine zur gemeinschaftlichen Verpflegung; eine Bank, die einmal im Jahr geöffnet hat; einen „Supermarkt", in dem man zum Einkauf kein Geld benötigt. Dazu kommt eine Funkstation sowie ein Radiosender mit eigenem Programm. Neueste Errungenschaft ist der Fernsehempfang via Satellit.

Vor der Tür kein Baum, kein Strauch, keine Blütenpflanze. Im unwirtlichen, stürmischen Sommer ein aufgeweichter, schlammiger Boden. Die Station eingehüllt vom penetranten Guanogestank unzähliger Pinguine. Der lange Winter stürmisch und eisig – kein Lebensraum für Menschen, erst recht nicht für Kinder. Die blassen Bewohner von Esperanza zeigen sich nur selten außerhalb ihrer Behausungen. Vorhänge bleiben geschlossen, man mag die großartige Landschaft, die Eisberge, den Schnee, das gleißende Licht einfach nicht mehr sehen! Weitere Gedanken über die Fragwürdigkeit einer solchen Siedlungspolitik seien erlaubt.

Die antarktischen Festlandsräume bieten nur sehr begrenzte Lebensmöglichkeiten für Flora und Fauna, sind äußerst sensible und nur schwer regenerierbare Ökosysteme. Jeder Schritt schädigt oder zerstört Leben und Strukturen, die zu ihrem Aufbau Jahrhunderte bis Jahrtausende benötigten. Menschliche Aktivitäten, auch die mit wissenschaftlicher Zielsetzung, sollten sich auf ein notwendiges Minimum beschränken. Bleibt nur zu hoffen, daß 1991 der Antarktis-Vertrag unter Beibehaltung des Status quo wieder verlängert und die Entscheidung über die territoriale Aufteilung noch aufgeschoben bzw. dauerhaft umgangen wird.

Mineralische Rohstoffe – Eine Gefahr für das Ökosystem

Weit heftiger als die Ausbeutung der marinen Ressourcen wird gegenwärtig die Frage nach den mineralischen Rohstoffen der Antarktis diskutiert. Vieles ist jedoch noch Spekulation. Abbauwürdige Vorkommen sind bisher nur wenige bekannt. So sind im Transantarktischen Gebirge Kohlelager entdeckt worden, die für die größten der Welt gehalten werden. Derzeit ist das wirtschaftliche Interesse daran noch gering; ebenso an den Eisenerzlagerstätten in der Ost-Antarktis. Eisenerz ist global recht weit verbreitet.

Die geringe Kenntnis über Art und Qualität von Lagerstätten in der Antarktis liegt vor allem darin, daß dieser gigantische Kontinent zu größten Teilen von oft mehreren Kilometern Gletschereismassen bedeckt ist. Nur ca. 2 bis 5 % der Fläche sind ohne dauernde Eis- und Schneebedeckung und im Inneren des Kontinents nur äußerst schwer zugänglich. Grundsätzlich aber kann aufgrund der geologischen Entwicklung mit wertvollen mineralischen Rohstoffvorkommen gerechnet werden: So lassen sich zum einen geologische Verwandtschaften von Teilen der Ost-Antarktis mit Einheiten des südlichen Afrika erkennen. Letzteres ist neben anderen Erzen reich an Chrom und Edelmetallen der Platingruppe. Sie gelten global als knapp. Südafrika beherrscht etwa 75 % des Weltmarkts. Zum zweiten kann in der

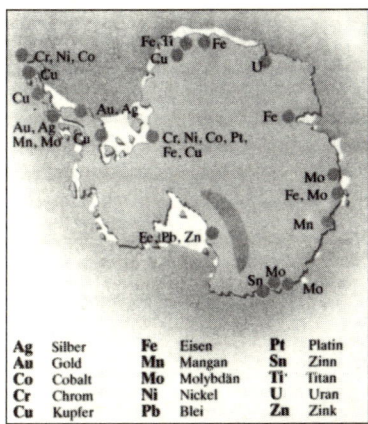

Lager der Bodenschätze in der Antarktis. Das Ausmaß der Lagerstätte ist nicht bekannt, es wurde aber eine Vielzahl von Bodenschätzen gefunden.

West-Antarktis die Fortsetzung der südamerikanischen Anden gesehen werden. Es ist zumindest zu vermuten, daß der Kupferreichtum Chiles sich auch auf der Antarktischen Halbinsel wiederfinden läßt.

Mit besonderem Interesse werden Hinweise auf potentielle Erdöl- und Erdgaslagerstätten auf dem Kontinentalschelf (= Flachmeergebiete an den Rändern Antarktikas) verfolgt. Im Bereich der Weddell-See, der Ross-See und des Amery-Schelfeises sind geologisch-tektonische und paläogeographische Strukturen gegeben, wie sie prinzipiell zur Bildung und Ansammlung von biogenen Produkten wie Erdöl und Erdgas führen können.

Geeignete Prospektions- und Fördertechnologien für derartige Extremgebiete sind zwar noch nicht verfügbar, ihre Entwicklung dürfte aber grundsätzlich wohl zu lösen sein. Die mit einer Erschließung und Förderung dieses einzigartigen Naturraums verbundenen Risiken und Schädigungen liegen auf der Hand. Ölkatastrophen erscheinen fast unvermeidbar, betrachtet man allein die riesigen Tafeleisberge mit ihrem immensen Tiefgang, die im Kaltwassergürtel um den antarktischen Kontinent herumdriften. Kollisionen mit Fördereinrichtungen oder (U-Boot-) Öltankern sowie die Zerstörung von Pipelines durch das Aufschürfen des Schelfmeeresbodens könnten Ölkatastrophen ungeahnten Ausmaßes nach sich ziehen. Auslaufende Ölquellen können noch schwerer als andernorts abgedichtet werden, da die antarktischen Küsten und Meere allenfalls drei Monate im Jahr zugänglich sind. Die permanenten heftigen Winde und Stürme sowie Treibeis sorgen für eine rasche und weite Ausbreitung eines Ölteppichs. In den Wintermonaten würde das Öl zwischen Meereis und Wasseroberfläche einen Film bilden, der möglicherweise die jährliche Planktonblüte entscheidend beeinträchtigt, von der wiederum die gesamte Nahrungskette der Antarktis gesteuert wird.

Potentiell gefährdet ist also die gesamte Fauna, da fast alle antarktischen Tiere im Meer oder vom Meer leben und saisonal v.a. die Strände und küstennahen Bereiche aufsuchen müssen. Derartige Katastrophen hätten zudem Langzeitwirkung, da kaum ölabbauende Mikroorganismen in diesen Breiten leben.

Auch die Förderung und der Transport mineralischer Rohstoffe auf dem Kontinent würde das antarktische Ökosystem nachhaltig schädigen. Allein der Aufbau einer Infrastruktur für Transporte und Versorgung würde wertvolle Lebensräume zerstören, da bautechnisch bevorzugt unvergletscherte Bereiche hierfür genutzt würden. Diese Periglazialgebiete stellen jedoch die wichtigsten antarktischen Lebensräume dar. Festländisches Pflanzenleben ist an Boden- oder Gesteinsoberflächen gebunden. Pinguine, Skuas, Sturmvögel, Möwen oder Kormorane haben hier ihre (…) Brutplätze. Viele Robbenarten oder See-Elefanten bringen hier ihre Jungen zur Welt oder warten an Land den Pelzwechsel ab.

Dauerfrost und Ingenieurprobleme

Durch die Rohstoffunde (Erdöl, Ölsande, Erze, Kohle usw.) haben die arktischen Polargebiete zunehmend an Bedeutung gewonnen. Hinzu kommen die wachsenden Verkehrsverbindungen über den Pol: Das Nordpolarmeer ist ein „Mittelmeer" zwischen den Kontinenten. Die Flugrouten sind bis zu 2/3 kürzer als die herkömmlichen Streckenführungen. Auch die strategische Bedeutung ist gestiegen. Dies alles führte zum Aufbau einer vielfältigen Infrastruktur (Straßen, Siedlungen, Bahnlinien, Flugplätze, Pipelines u.a.).

Dazu war es notwendig geworden, neue Techniken und Materialien zu entwickeln, denn der Permafrost stellt einen ganz anderen Baugrund dar als ungefrorene Bereiche. Ingenieurprobleme im Periglazialgebiet gehen auf den Eisgehalt des Dauerfrostbodens zurück. Eis kann schmelzen, das flüssige Wasser danach

Die Stationen Las Estrelas und Bellingshausen auf der King-George-Insel.

wieder gefrieren. Das erste zieht Sakkungen nach sich, letzteres läßt den Untergrund ausdehnen und anheben. (Wasser dehnt sich beim Gefrieren um etwa 1/9 seines Volumens aus.)

Im gefrorenen Zustand ist der Grund äußerst tragfähig; aufgetaut kann er einen „puddingartigen" Zustand annehmen. Das ist auch unter natürlichen Bedingungen der Fall, wenn der Boden in den Sommermonaten einige Dezimeter bis wenige Meter tief auftaut. Beheizte Gebäude schmelzen sich selbst in den Untergrund hinein. Ebenso z.B. Fundamente von Brücken oder anderen Bauwerken, deren Wärmeleitfähigkeit größer ist als die des umgebenden Bodens.

Beim Entwickeln von Gegenmaßnahmen wurden Flugpisten und Straßen getestet. Sie konnten durch einen weißen Farbanstrich stabilisiert werden, indem die aufgenommene und weitergeleitete Wärmemenge um 1/3 abnahm.

Um den Permafrost zu erhalten, muß isoliert oder ventiliert werden. Ventilation beruht auf dem Prinzip, die Luft unter den (nach unten möglichst gut isolierten) Gebäuden zirkulieren zu lassen. Dazu müssen die Bauwerke auf Pfähle oder Stelzen gesetzt werden, die tief im Permafrost gegründet sind. Werden die Fundamente nur in die oberen Bodenbereiche eingelassen (sommerlicher Auftauboden), so „wachsen" sie zusammen mit dem aufliegenden Gebäude aus dem Untergrund heraus. (Hier wirken dieselben Frostwechsel-Mechanismen, die auch die typischen Frostmusterböden entstehen lassen, bei denen die groben Gesteinsbrocken am schnellsten zur Oberfläche auffrieren. Verantwortlich ist dafür die Volumenzunahme eines wasserhaltigen Untergrundes beim Gefrieren und ein Zusammensinken beim erneuten Auftauen.) Der Stelzenbau erfüllt einen weiteren Vorteil: Der Schnee kann unter dem Gebäude hindurchgeweht werden und bildet dort keine größeren Wächten.

Isolierungsverfahren werden vor allem im Straßen- und Eisenbahnbau angewandt. Als Dämmittel wurden z.B. Styropor und aufgeschäumter Schwefel aus der Erdölverarbeitung verwandt. Straßen werden meist nicht asphaltiert, sondern aus Splitt oder Schotter angelegt. Dadurch lassen sich die jährlichen Frostaufbrüche und Risse besser beseitigen.

Enorme Probleme stellten sich beim Bau der Alaska-Pipeline ein. Sie verläuft von der Prudhoe-Bay (Beaufort-See) zum Hafen Valdez im Süden Alaskas. Das Erdöl fließt mit 80°C in 1,20 m dicken Röhren.

Wolf-Dieter Blümel

Um das Einschmelzen der Pipeline und nachfolgende Risse und Brüche zu vermeiden, wurden folgende Baumaßnahmen ergriffen:

1. In eisarmem Permafrost (Fels, Sand, Kies, Schotter) wird die gut isolierte Leitung unterirdisch verlegt.

2. Bei eisreichem Permafrost wird die Leitung auf Pfeilern verlegt. Das hohe Gewicht der Pipeline erfordert viele Pfeiler und damit hohe Kosten. Die Pfeiler müssen so hoch sein, daß darunter Wildwechsel möglich ist (z.B. Rentiere). Die Leitung muß isoliert werden, denn die hohen Temperaturschwankungen von −57°C bis +26°C wirken sich auf die Viskosität des Öles aus.

3. Unter Flüssen wird die Pipeline in Isoliermaterial in Betonröhren so tief verlegt, daß die Tiefenerosion der Flüsse keinen Schaden anrichten kann.

4. Die vierte Möglichkeit besteht darin, daß man zunächst eine Straße baut, die eine ausreichende Isolierauflage aus Kies und Schottern besitzt. Die Pipeline wird am Rand der Straße verlegt und mit Kies und Schottern bedeckt. (...)

Das Gebiet der Pipeline von Alaska ist durch Erdbeben gefährdet. Um das Risiko von Ölunfällen, die für die Tier- und Pflanzenwelt katastrophale Auswirkungen haben könnten, so weit wie nur irgend möglich zu verringern, wurden für die Rohrleitungen Metallrohre aus hochfestem Material von 1 cm Wandstärke und einem speziellen Korrosionsschutz gewählt. Zur weiteren Absicherung werden in kurzen Abständen Sperrventile eingebaut, die im Verein mit anderen ferngesteuerten Kontrollsystemen im Fall einer plötzlichen Unterbrechung des Ölflusses starkem Druckanstieg entgegenwirken. Durch automatische Vorrichtungen wird die Pipeline Tag und Nacht überwacht. Außerdem werden täglich Inspektionsflüge und, in kurzen Zeitabständen, Kontrollen am Boden durchgeführt, damit selbst geringfügige Lecks ohne Zeitverlust entdeckt und beseitigt werden können. Zur Erleichterung der Kontrollen baut man unmittelbar neben der Pipeline gleich eine Straße mit.

O. R. Weise

Weltpark Antarktis

Am 1. Dezember 1959 wurde in Washington der Internationale Antarktis-Vertrag zum Schutz der Antarktis geschlossen. Nicht nur die Idee des Schutzes des bis zu dieser Zeit unbesiedelten Kontinents spielte dabei eine Rolle, sondern auch der Gedanke an eine spätere Nutzung von Bodenschätzen und eventuelle Gebietsansprüche einzelner Vertragspartner. Die Bundesrepublik Deutschland trat durch den Beschluß vom 22. Dezember 1978 in den Vertrag ein.

<u>**Gesetz zum Antarktis-Vertrag vom 1. Dezember 1959**</u>
Vom 22. Dezember 1978

Der Bundestag hat das folgende Gesetz beschlossen:

Artikel 1
Dem Beitritt der Bundesrepublik Deutschland zum Antarktis-Vertrag vom 1. Dezember 1959 wird zugestimmt. Der Vertrag wird nachstehend veröffentlicht.

Artikel 2
Dieses Gesetz gilt auch im Land Berlin, sofern das Land Berlin die Anwendung dieses Gesetzes feststellt, und vorbehaltlich der Rechte und Verantwortlichkeiten der Französischen Republik, des Vereinigten Königreichs Großbritannien und Nordirland und

der Vereinigten Staaten von Amerika einschließlich derer, die ihnen auf dem Gebiet der Abrüstung und Entmilitarisierung zustehen.

Artikel 3

(1) Dieses Gesetz tritt am Tage nach seiner Verkündung in Kraft.
(2) Der Tag, an dem der Vertrag nach seinem Artikel XIII Abs. 5 für die Bundesrepublik Deutschland in Kraft tritt, ist im Bundesgesetzblatt bekanntzugeben.
Die verfassungsmäßigen Rechte des Bundesrates sind gewahrt. Das vorstehende Gesetz wird hiermit ausgefertigt und wird im Bundesgesetzblatt verkündet.

Bonn, den 22. Dezember 1978

Der Bundespräsident
Scheel
Der Bundeskanzler
Schmidt
Der Bundesminister des Auswärtigen
Genscher
Der Bundesminister für Forschung
und Technologie
Hauff

Antarktis-Vertrag

Die Regierungen Argentiniens, Australiens, Belgiens, Chiles, der Französischen Republik, Japans, Neuseelands, Norwegens, der Südafrikanischen Union, der Union der Sozialistischen Sowjetrepubliken, des Vereinigten Königreichs Großbritannien und Nordirland und der Vereinigten Staaten von Amerika, in der Erkenntnis, daß es im Interesse der ganzen Menschheit liegt, die Antarktis für alle Zeiten ausschließlich für friedliche Zwecke zu nutzen und nicht zum Schauplatz oder Gegenstand internationaler Zwietracht werden zu lassen; in Anerkennung der bedeutenden wissenschaftlichen Fortschritte, die sich aus der internationalen Zusammenarbeit bei der wissenschaftlichen Forschung in der Antarktis ergeben; überzeugt, daß die Schaffung eines festen Fundaments für die Fortsetzung und den Ausbau dieser Zusammenarbeit auf der Grundlage der Freiheit der wissenschaftlichen Forschung in der Antarktis, wie sie während des Internationalen Geophysikalischen Jahres gehandhabt wurde, den Interessen der Wissenschaft nicht dem Fortschritt der ganzen Menschheit entspricht; sowie in der Überzeugung, daß ein Vertrag, der die Nutzung der Antarktis für ausschließlich friedliche Zwecke und die Erhaltung der internationalen Eintracht in der Antarktis sichert, die in der Charta der Vereinten Nationen niedergelegten Ziele und Grundsätze fördern wird – sind wie folgt übereingekommen:

Artikel I

(1) Die Antarktis wird nur für friedliche Zwecke genutzt. Es werden unter anderem alle Maßnahmen militärischer Art wie die Einrichtung militärischer Stützpunkte und Befestigungen, die Durchführung militärischer Manöver sowie die Erprobung von Waffen jeder Art verboten.
(2) Dieser Vertrag steht dem Einsatz militärischen Personals oder Materials für die wissenschaftliche Forschung oder für sonstige friedliche Zwecke nicht entgegen.

Artikel II

Die Freiheit der wissenschaftlichen Forschung in der Antarktis und die Zusammenarbeit zu diesem Zweck, wie sie während des Internationalen Geophysikalischen Jahres gehandhabt wurden, bestehen nach Maßgabe dieses Vertrags fort.

Artikel III

(1)   Um die in Artikel II vorgesehene internationale Zusammenarbeit bei der wissenschaftlichen Forschung in der Antarktis zu fördern, vereinbaren die Vertragsparteien, daß, soweit möglich und durchführbar,

a) Informationen und Pläne für wissenschaftliche Programme in der Antarktis ausgetauscht werden, um ein Höchstmaß an Wirtschaftlichkeit und Leistungsfähigkeit der Unternehmungen zu ermöglichen;

b) wissenschaftliches Personal in der Antarktis zwischen Expeditionen und Stationen ausgetauscht wird;

c) wissenschaftliche Beobachtungen und Ergebnisse aus der Antarktis ausgetauscht und ungehindert zur Verfügung gestellt werden.

(2)   Bei der Durchführung dieses Artikels wird die Herstellung von Arbeitsbeziehungen auf der Grundlage der Zusammenarbeit mit denjenigen Sonderorganisationen der Vereinten Nationen und anderen internationalen Organisationen, die ein wissenschaftliches oder technisches Interesse an der Antarktis haben, auf jede Weise gefördert.

Artikel IV

(1)   Dieser Vertrag ist nicht so auszulegen,

a) als stelle er einen Verzicht einer Vertragspartei auf vorher geltend gemachte Rechte oder Ansprüche auf Gebietshoheit in der Antarktis dar;

b) als stelle er einen vollständigen oder teilweisen Verzicht einer Vertragspartei auf die Grundlage eines Anspruchs auf Gebietshoheit in der Antarktis dar, die sich ihrer Tätigkeit oder derjenigen ihrer Staatsangehörigen in der Antarktis oder auf andere Weise ergeben könnte;

c) als greife er der Haltung einer Vertragspartei hinsichtlich ihrer Anerkennung oder Nichtanerkennung des Rechts oder Anspruchs oder der Grundlage für den Anspruch eines anderen Staates auf Gebietshoheit in der Antarktis vor.

(2)   Handlungen oder Tätigkeiten, die während der Geltungsdauer dieses Vertrages vorgenommen werden, bilden keine Grundlage für die Geltendmachung, Unterstützung oder Ablehnung eines Anspruchs auf Gebietshoheit in der Antarktis und begründen dort keine Hoheitsrechte. Solange dieser Vertrag in Kraft ist, werden keine neuen Ansprüche oder Erweiterungen bestehender Ansprüche auf Gebietshoheit in der Antarktis geltend gemacht.

Artikel V

(1)   Kernexplosionen und die Beseitigung radioaktiven Abfalls sind in der Antarktis verboten.

(2)   Werden internationale Übereinkünfte über die Nutzung der Kernenergie einschließlich von Kernexplosionen und der Beseitigung radioaktiven Abfalls geschlossen, denen alle Vertragsparteien angehören, deren Vertreter zur Teilnahme an den in

Artikel IX vorgesehenen Tagungen berechtigt sind, so finden die durch solche Übereinkünfte festgelegten Vorschriften in der Antarktis Anwendung.

Artikel VI

Dieser Vertrag gilt für das Gebiet südlich von 60° südlicher Breite einschließlich aller Eisbänke; jedoch läßt dieser Vertrag die Rechte oder die Ausübung der Rechte eines Staates nach dem Völkerrecht in bezug auf die Hohe See in jenem Gebiet unberührt.

Artikel VII

(1) Um die Ziele dieses Vertrages zu erreichen und die Einhaltung seiner Bestimmungen zu gewährleisten, hat jede Vertragspartei, deren Vertreter zur Teilnahme an den in Artikel IX vorgesehenen Tagungen berechtigt sind, das Recht, Beobachter zu benennen, welche die im vorliegenden Artikel erwähnten Inspektionen durchführen. Die Beobachter müssen Staatsangehörige der sie benennenden Vertragspartei sein. Die Namen der Beobachter werden jeder anderen Vertragspartei mitgeteilt, die das Recht hat, Beobachter zu benennen; ihre Abberufung wird ebenfalls mitgeteilt.

(2) Jeder nach Absatz 1 benannte Beobachter hat jederzeit völlig freien Zugang zu allen Gebieten der Antarktis.

(3) Alle Gebiete der Antarktis einschließlich aller Stationen, Einrichtungen und Ausrüstungen in jenen Gebieten sowie alle Schiffe und Luftfahrzeuge an Punkten zum Absetzen oder Aufnehmen von Ladung oder Personal in der Antarktis stehen jedem nach Absatz 1 benannten

Beobachter jederzeit zur Inspektion offen.

(4) Jede der Vertragsparteien, die ein Recht auf Benennung von Beobachtern haben, kann jederzeit Luftbeobachtungen über einzelnen oder allen Gebieten der Antarktis durchführen.

(5) Jede Vertragspartei unterrichtet zu dem Zeitpunkt, zu dem dieser Vertrag für sie in Kraft tritt, und danach jeweils im voraus die anderen Vertragsparteien

a) über alle nach und innerhalb der Antarktis von ihren Schiffen oder Staatsangehörigen durchgeführten Expeditionen und alle in ihrem Hoheitsgebiet organisierten oder von dort aus durchgeführten Expeditionen nach der Antarktis;

b) über alle von ihren Staatsangehörigen besetzten Stationen in der Antarktis und

c) über alles militärische Personal oder Material, das sie unter den in Artikel I Absatz 2 vorgesehenen Bedingungen in die Antarktis verbringen will.

Artikel VIII

(1) Um den nach Artikel VII Absatz 1 benannten Beobachtern und dem nach Artikel III Absatz 1 Buchstabe b ausgetauschten wissenschaftlichen Personals sowie den diese Personen begleitenden Mitarbeitern die Wahrnehmung ihrer Aufgaben nach diesem Vertrag zu erleichtern, unterstehen sie – unbeschadet der Haltung der Vertragsparteien bezüglich der Gerichtsbarkeit über alle anderen Personen in der Antarktis – in bezug auf alle Handlungen oder Unterlassungen, die sie während ihres der Wahrnehmung ihrer Aufgaben dienenden

Aufenthalts in der Antarktis begehen, nur der Gerichtsbarkeit der Vertragspartei, deren Staatsangehörige sie sind. (2) Unbeschadet des Absatzes 1 werden bis zur Annahme von Maßnahmen nach Artikel IX Absatz 1 Buchstabe e die Vertragsparteien, die an einer Streitigkeit über die Ausübung von Gerichtsbarkeit in der Antarktis beteiligt sind, einander umgehend konsultieren, um zu einer für alle Seiten annehmbaren Lösung zu gelangen.

Artikel IX

(1) Vertreter der in der Präambel genannten Vertragsparteien halten binnen zwei Monaten nach Inkrafttreten dieses Vertrages in der Stadt Canberra und danach in angemessenen Abständen und an geeigneten Orten Tagungen ab, um Informationen auszutauschen, sich über Fragen von gemeinsamem Interesse im Zusammenhang mit der Antarktis zu konsultieren und Maßnahmen auszuarbeiten, zu erörtern und ihren Regierungen zu empfehlen, durch welche die Grundsätze und Ziele des Vertrags gefördert werden, darunter Maßnahmen

a) zur Nutzung der Antarktis für ausschließlich friedliche Zwecke;

b) zur Erleichterung der wissenschaftlichen Forschung in der Antarktis;

c) zur Erleichterung der internationalen wissenschaftlichen Zusammenarbeit in der Antarktis;

d) zur Erleichterung der Ausübung der Inspektionsrechte nach Artikel VII;

e) im Zusammenhang mit Fragen betreffend die Ausübung von Gerichtsbarkeit in der Antarktis;

f) zur Erhaltung und zum Schutz der lebenden Schätze in der Antarktis.

(2) Jede Vertragspartei, die durch Beitritt nach Artikel XIII Vertragspartei geworden ist, ist zur Benennung von Vertretern berechtigt, die an den in Absatz 1 genannten Tagungen teilnehmen, solange die betreffende Vertragspartei durch die Ausführung erheblicher wissenschaftlicher Forschungsarbeiten in der Antarktis wie die Einrichtung einer wissenschaftlichen Station oder die Entsendung einer wissenschaftlichen Expedition ihr Interesse an der Antarktis bekundet.

(3) Berichte der in Artikel VII genannten Beobachter werden den Vertretern der Vertragsparteien übermittelt, die an den in Absatz 1 genannten Tagungen teilnehmen.

(4) Die in Absatz 1 genannten Maßnahmen werden wirksam, sobald sie

Die wichtigsten
Forschungsstationen.

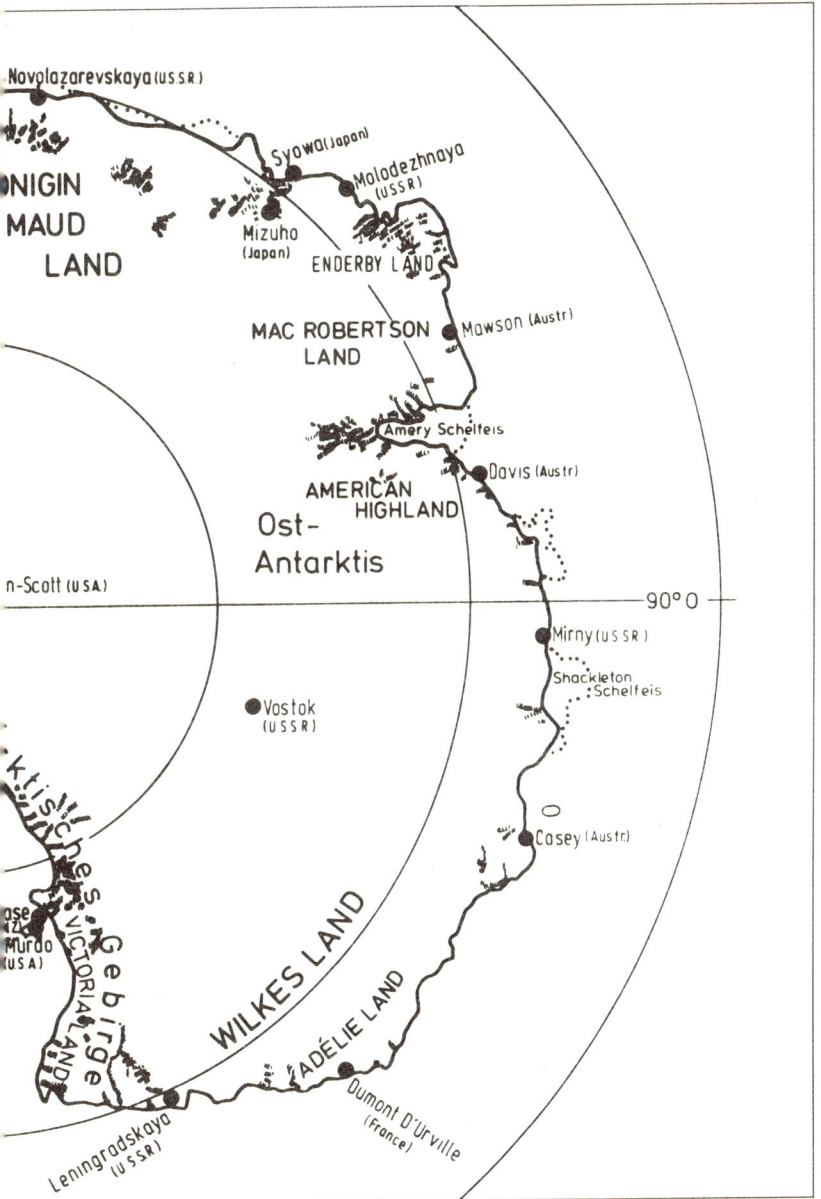

von allen Vertragsparteien genehmigt worden sind, deren Vertreter zur Teilnahme an den zur Erörterung dieser Maßnahmen abgehaltenen Tagungen berechtigt waren.

(5) Einzelne oder alle der in diesem Vertrag vorgesehenen Rechte können vom Tag des Inkrafttretens des Vertrags an ausgeübt werden, gleichviel ob Maßnahmen zur Erleichterung der Ausübung solcher Rechte nach diesem Artikel vorgeschlagen, erörtert oder genehmigt worden sind.

Artikel X

Jede Vertragspartei verpflichtet sich, geeignete, im Einklang mit der Charta der Vereinten Nationen stehende Anstrengungen zu unternehmen, um zu verhindern, daß in der Antarktis eine Tätigkeit entgegen den Grundsätzen oder Zielen dieses Vertrags aufgenommen wird.

Artikel XI

(1) Entsteht zwischen zwei oder mehr Vertragsparteien eine Streitigkeit über die Auslegung oder Anwendung dieses Vertrags, so konsultieren die betreffenden Vertragsparteien einander, um die Streitigkeit durch Verhandlung, Untersuchung, Vermittlung, Vergleich, Schiedsverfahren, gerichtliche Beilegung oder sonstige friedliche Mittel ihrer Wahl beilegen zu lassen.

(2) Jede derartige Streitigkeit, die nicht auf diese Weise beigelegt werden kann, wird – jeweils mit Zustimmung aller Streitparteien – dem internationalen Gerichtshof zur Beilegung unterbreitet; wird keine Einigkeit über die Verweisung an den internationalen Gerichtshof erzielt, so sind

die Streitparteien nicht von der Verpflichtung befreit, sich weiterhin zu bemühen, die Streitigkeit durch eines der verschiedenen in Absatz 1 genannten friedlichen Mittel beizulegen.

Artikel XII

(1)

a) Dieser Vertrag kann jederzeit durch einhellige Übereinstimmung der Vertragsparteien, deren Vertreter zur Teilnahme an den in Artikel IX vorgeschlagenen Tagungen berechtigt sind, geändert oder ergänzt werden. Eine solche Änderung oder Ergänzung tritt in Kraft, wenn die Verwahrregierung von allen diesen Vertragsparteien die Anzeige erhalten hat, daß sie sie ratifiziert haben.

b) Danach tritt eine solche Änderung oder Ergänzung für jede andere Vertragspartei in Kraft, wenn deren Ratifikationsanzeige bei der Verwahrregierung eingegangen ist. Jede Vertragspartei, von der binnen zwei Jahren nach Inkrafttreten der Änderung oder Ergänzung nach Buchstabe a keine Ratifikationsanzeige eingegangen ist, gilt mit Ablauf dieser Frist als von dem Vertrag zurückgetreten.

(2)

a) Eine Konferenz aller Vertragsparteien wird so bald wie möglich abgehalten, um die Wirkungsweise dieses Vertrags zu überprüfen, wenn nach Ablauf von dreißig Jahren nach Inkrafttreten des Vertrags eine der Vertragsparteien, deren Vertreter zur Teilnahme an den in Artikel IX vorgesehenen Tagungen berechtigt sind, durch eine Mitteilung an die Verwahrregierung darum ersucht.

b) Jede Änderung oder Ergänzung dieses Vertrags, die auf einer solchen

Eingang zur Amundsen-Scott-Station auf
dem Südpol.

Konferenz von der Mehrheit der dort
vertretenen Vertragsparteien einschließlich einer Mehrheit derjenigen
genehmigt worden ist, deren Vertreter
zur Teilnahme an den in Artikel IX
vorgesehenen Tagungen berechtigt
sind, wird von der Verwahrregierung
allen Vertragsparteien sofort nach
Abschluß der Konferenz mitgeteilt
und tritt gemäß Absatz 1 in Kraft.

c) Ist eine solche Änderung oder
Ergänzung nicht binnen zwei Jahren
nach Mitteilung an alle Vertragsparteien gemäß Absatz 1 Buchstabe a in
Kraft getreten, so kann jede Vertragspartei jederzeit nach Ablauf dieser
Frist der Verwahrregierung ihren
Rücktritt von diesem Vertrag mittei-
len; der Rücktritt wird zwei Jahre

nach Eingang der Mitteilung bei der
Verwahrregierung wirksam.

Artikel XIII

(1) Dieser Vertrag bedarf der Ratifikation durch die Unterzeichnerstaaten. Er liegt für jeden Staat zum Beitritt auf, der Mitglied der Vereinten
Nationen ist, sowie für jeden anderen
Staat, der mit Zustimmung aller Vertragsparteien, deren Vertreter zur Teilnahme an den in Artikel IX vorgesehenen Tagungen berechtigt sind, zum
Beitritt eingeladen wird.

(2) Die Ratifikation dieses Vertrags
oder der Beitritt dazu wird durch
jeden Staat nach Maßgabe seiner ver-
fassungsrechtlichen Verfahren durchgeführt.

(3) Ratifikationsurkunden und Beitrittsurkunden werden bei der Regierung der Vereinigten Staaten von
Amerika hinterlegt, die hiermit zur
Verwahrregierung bestimmt wird.
(4) Die Verwahrregierung teilt allen
Unterzeichnerstaaten und beitretenden Staaten den Tag der Hinterlegung
jeder Ratifikations- oder Beitrittsurkunde sowie den Tag des Inkrafttretens des Vertrages und etwaiger Ände-
rungen oder Ergänzungen desselben
mit.
(5) Nach Hinterlegung der Ratifikationsurkunden durch alle Unterzeichnerstaaten tritt dieser Vertrag für jene
Staaten und für Staaten in Kraft, die
Beitrittsurkunden hinterlegt haben.
Danach tritt der Vertrag für jeden
beitretenden Staat mit Hinterlegung
seiner Beitrittsurkunde in Kraft.
(6) Die Verwahrregierung läßt
diesen Vertrag nach Artikel 102 der
Charta der Vereinten Nationen registrieren.

Artikel XIV
Dieser Vertrag, der in englischer, französischer, russischer und spanischer
Sprache abgefaßt ist, wobei jede Fassung gleichermaßen verbindlich ist,
wird im Archiv der Regierung der
Vereinigten Staaten von Amerika hinterlegt; diese übermittelt den Regierungen der Unterzeichnerstaaten und
beitretenden Staaten gehörig beglau-
bigte Abschriften.

ZU URKUND DESSEN haben die
unterzeichneten, gehörig befugten
Bevollmächten diesen Vertrag unter-
schrieben.
GESCHEHEN zu Washington am
1. Dezember 1959.

Mitgliedstaaten des Antarktis-Vertrags

+ Großbritannien	31. 05. 60
+ Republik Südafrika	21. 06. 60
+ Belgien	26. 07. 60
+ Japan	04. 08. 60
+ USA	18. 08. 60
+ Norwegen	24. 08. 60
+ Frankreich	16. 09. 60
+ Neuseeland	01. 11. 60
+ UdSSR	02. 11. 60
+ Polen	08. 06. 61
	(29. 07. 77)
+ Argentinein	23. 06. 61
+ Australien	23. 06. 61
+ Chile	23. 06. 61
Tschechoslowakei	14. 06. 62
Dänemark	20. 05. 65
Niederlande	30. 03. 67
Rumänien	15. 09. 71
+ DDR	19. 11. 74
	(05. 10. 87)
+ Brasilien	16. 05. 75
	(12. 09. 83)
Bulgarien	11. 09. 78
+ BRD	05. 02. 79
	(03. 03. 81)
+ Uruguay	11. 01. 80
	(07. 10. 85)
Papua-Neuguinea	16. 03. 81
+ Italien	18. 03. 81
	(05. 10. 87)
Peru	10. 04. 81
Spanien	31. 03. 82
+ Volksrepublik China	08. 06. 83
	(07. 10. 85)
+ Indien	19. 08. 83
	(12. 09. 83)
Ungarn	27. 01. 84
Schweden	24. 04. 84
Finnland	15. 05. 84
Kuba	16. 08. 84
Südkorea	28. 11. 86

Griechenland	08. 01. 87
Nordkorea	21. 01. 87
Österreich	25. 08. 87
Ecuador	15. 09. 87

Die ersten 12 genannten Staaten gehören zu den Erstunterzeichnerstaaten des Vertrags, die Daten beziehen sich auf die jeweilige Ratifizierung.

+ Konsultativstaaten. Neben die 12 Erstunterzeichnerstaaten sind 8 weitere getreten. Das in Klammern angegebene Datum zeigt, wann diese Staaten den Konsultativstatus erhalten haben.

Papua-Neuguinea trat dem Vertrag als erstes asiatisches Entwicklungsland bei, als es von Australien unabhängig wurde.

John May:
„Das Greenpeace-Buch der Antarktis"

Die Forschungsstationen

Bereits heute geht von den eingerichteten Stationen eine beträchtliche Schädigung der Periglazialgebiete aus, da eisfreie Standorte leichter bebaut und als Basis für Inlandexpeditionen benutzt werden können. Jede Fahrspur und jeder Fußtritt zerstört oder beschädigt über lange Zeiträume gewachsene Strukturen wie z. B. Frostmusterböden oder Steinstreifen, die allen unvergletscherten Polargebieten ein charakteristisches Gepräge verleihen. In den Moospolstern sind Fußabdrücke noch nach Jahrzehnten sichtbar. Die filigranen Strauchflechten von wenigen Zentimetern Wuchshöhe sind oft mehrere hundert Jahre alt. In derart extremen Klimaten wie der Antarktis ist der Zuwachs an pflanzlicher Biomasse äußerst gering; Schädigungen verheilen daher allenfalls über lange Zeiträume.

Schon heute zerstören notwendige Transporte und Einsätze von Fahrzeugen bei der Versorgung von Stationen nachhaltig Teile der knappen eisfreien Lebensräume. Der Flächenverbrauch bei wirtschaftlicher Rohstoffausbeutung bedeutet demgegenüber eine Vervielfachung irreparabler Schäden.

Nach der Beendigung des Zweiten Weltkriegs begann eine neue Ära in der jungen Geschichte der Antarktis-Erkundung. Verstärkt wurden Überwinterungsstationen und Sommercamps von verschiedenen Nationen zur systematischen Erforschung dieses vereisten Kontinents eingerichtet (Karte S. 184/185). Für lange Zeit blieb das Problem der Umweltschädigung durch Müll, Entsorgung, Emissionen oder Verunreinigungen durch Schadstoffe unerkannt, bzw. wurde verdrängt. In den letzten Jahren wuchs das Umweltbewußtsein und das Bemühen um verstärkten Schutz und die Erhaltung dieses äußerst sensiblen, nur schwer regenerierbaren Lebensraums. Die Bedeutung des Problems wird jedoch nicht bei allen Beteiligten in gleicher Weise gesehen und gewichtet. So sind stellenweise nicht nur unansehnliche, sondern auch gefährliche Mülldeponien und Altlasten entstanden. Daneben wurden Abfälle teilweise im Meer versenkt oder verklappt. Besonders problematisch ist die unsortierte Lagerung und Vermischung verschiedener Altmaterialien mit Giftstoffen, Öl- und Treibstoffresten usw. Vom Wind verdriftete oder im Wasser gelöste

Stoffe gelangen in die Nahrungskette der Meereslebewesen. Unkontrollierte Müllverbrennung setzt organische und anorganische Schadstoffe frei (Schwermetalle, Kohlenwasserstoffe usw.), die sich in unterschiedlicher Entfernung vom Emittenten in Eis, Wasser oder Boden anreichern. Alle zukünftigen Bestrebungen müssen darauf ausgerichtet werden, sämtlichen Müll aus der Antarktis wieder zu entfernen.

Abgesehen von dem für Pflanzen und Tiere verlorenen Lebensraum oder dessen Beeinträchtigung durch Schadstoffe gehen von menschlichen Aktivitäten für die verbleibenden, eingeengten Standorte weitere Störungen aus – sei es durch wissenschaftliche Untersuchungen mit ihren Begleiterscheinungen oder die verständliche Befriedigung von „Neugier", des Interesses an Unbekanntem und Fremdartigem.

Mit den sich mehrenden Berichten über diesen faszinierenden Kontinent und seinen umgebenden Meere steigt auch dessen touristische Attraktivität. Seit Ende der 50er Jahre werden Kreuzfahrten organisiert, die meist von Feuerland aus zur Antarktischen Halbinsel, bisweilen auch in die Ross-See führen. In den letzten Jahren hat Chile auf der King-George-Insel (Südshetlands) einen noch bescheidenen Flugtourismus eingeführt. Grundlage dafür ist eine ca. 300 m lange Flugpiste, die einzige auf dem festen Untergrund in der W-Antarktis.

Die mit einer wachsenden Besucherzahl verbundenen Auswirkungen liegen auf der Hand:
– Störungen der Pinguin-, Robben- und See-Elefanten-Kolonien während

Die französische Station Dumont d'Urville.

der Brut- oder Aufzuchtsperiode;
– Zertrampeln der spärlichen Tundren-Vegetation;
– Einschleppen von Tier- und Pflanzenkrankheiten;
– erhöhtes Risiko von Ölunfällen durch Kreuzfahrtschiffe (noch ungeborgen mit 50 000 l Dieselöl an Bord liegt die 1989 gesunkene „Valparaiso" vor der Westküste der Antarktischen Halbinsel).

In Anbetracht der Ballung von Stationen im Bereich der nördlichen Antarktischen Halbinsel und vor allem auf der King-George-Insel sowie

der oben angedeuteten Folgen für die tierischen und pflanzlichen Lebensräume sollte überlegt werden, ob nicht auch hier der Tourismus konzentriert werden sollte, dafür aber andere Küstenbereiche zukünftig zum besseren Schutz gesperrt werden könnten.

Im Jahr 1991 läuft der Antarktis-Vertrag aus. Für das zukünftige Schicksal ist maßgeblich, ob der Status quo beibehalten (verlängert) wird, ob das geplante „Rohstoffabkommen" mit gezielter Prospektion und geregelter Nutzung ratifiziert wird, ob die latenten Konflikte sich überlappender

territorialer Ansprüche im Bereich der Antarktischen Halbinsel (Großbritannien, Chile, Argentinien) ausbrechen oder ob ein durchgreifendes neues Konzept zur weitgehenden Erhaltung der antarktischen Natur erarbeitet und verabschiedet wird.

Eine Möglichkeit zu Letztgenanntem sehen „Greenpeace" und andere Umweltorganisationen im sogenannten „Weltpark-Konzept", das auf folgenden Prinzipien beruht:

1. Die ursprüngliche Wildheit der antarktischen Landschaft soll erhalten bleiben.

2. Das antarktische Wildleben soll vollständig geschützt sein (Fischfang kann in begrenztem Umfang zugelassen werden).

3. Die Antarktis soll eine Region eingeschränkter wissenschaftlicher Forschung bleiben, mit Kooperation und Koordination der Wissenschaftler aller Nationen.

4. Die Antarktis soll eine Friedenszone bleiben, frei von allen Waffen.

Hinzu käme ein Verbot der Erkundung und Ausbeutung von Bodenschätzen. Die Regulierung des Krill- und Fischfangs in antarktischen Meeren könnte nach der 1982 verabschiedeten „Konvention zum Schutz des Meereslebens" (Conservation of Marine Living Resources; CCAMLR) erfolgen. Der Tourismus würde unter sorgfältiger Kontrolle fortgesetzt.

Wolf-Dieter Blümel

Das Welterbe

Bekäme die Antarktis den Status eines „Welterbes", dann hätten wir schon einen gewissen Schutz für dieses empfindliche Ökosystem erreicht.

Neben der Ausnutzung des Antarktis-Vertrags gibt es einen weiteren internationalen Mechanismus, um einen besseren Schutz für die Antarktis durchzusetzen. Dies könnte ein erster Schritt in Richtung auf den „Weltpark Antarktis"-Vorschlag von Greenpeace sein.

1972 waren 60 Staaten an der Formulierung und Verabschiedung der „Konvention über den Schutz des kulturellen und natürlichen Erbes der Welt" (World Heritage Convention) beteiligt. Seither haben über 90 Staaten diese Konvention auch ratifiziert, und weltweit sind heute über 160 Orte zum Kultur- oder Natur-Welterbe erklärt worden.

Wesentliche Ziele der Konvention sind die Förderung einer weltweiten Aufmerksamkeit und der Schutz von Natur- und Kulturobjekten von „außergewöhnlichem universalen Wert".

Um auf die Liste zu gelangen, muß ein Objekt oder ein Ort mindestens eines der folgenden Kriterien erfüllen: Es muß eine wichtige Stufe der Erdgeschichte repräsentieren; es muß einen wesentlichen gegenwärtig ablaufenden geologischen Prozeß oder einen biologisch-evolutiven Prozeß repräsentieren oder die Interaktion des Menschen mit der natürlichen Umwelt; es muß außergewöhnliche natürliche Phänomene oder geologische Formationen oder Gebiete

von ungewöhnlicher Naturschönheit umfassen; es muß sich um ein Gebiet mit bedeutenden natürlichen Biotopen handeln, in dem bedrohte Tiere und Pflanzen von außergewöhnlichem universalen Wert überleben. Die Antarktis erfüllt alle diese Bedingungen.

Der Ansatz des Welterbes würde es allen Staaten gestatten, konstruktiv zum Schutz des Kontinents mit den Nationen zusammenzuarbeiten, die in der Antarktis aktiv sind. Ideal wäre es, wenn die Staaten des Antarktis-Vertrags selbst den Schutz der Konvention für den gesamten antarktischen Kontinent beantragen würden.

Die Folgen des „Weltparkstatus"

Hinsichtlich einiger Aspekte der gegenwärtigen Praxis bedeutet der „Weltparkstatus" nur eine geringfügige Veränderung. Bei anderen Aspekten würden sich allerdings erhebliche Veränderungen ergeben.

Der Kontinent würde entmilitarisiert und frei von nuklearen Aktivitäten bleiben. Die wissenschaftliche Forschung hätte die höchste Priorität. Die Wissenschaftler wären in die Lage versetzt, langfristige Programme zu entwickeln, die aus den außergewöhnlichen Bedingungen des Kontinents Vorteile für die Erklärung von weltweiten naturwissenschaftlichen Phänomenen erzielen können. Es gäbe eine größere Koordination der Forschungsaktivitäten als heute, einschließlich einer Partizipation an den Möglichkeiten, die die Stationen bieten, für alle interessierten Nationen.

Die Erkundung und Ausbeutung von Bodenschätzen wäre untersagt.

Geophysikalische Forschung an der Grenze zwischen reiner Wissenschaft und Erkundung von Bodenschätzen wäre zugelassen, aber die Ergebnisse müßten öffentlich zugänglich sein.

Die Verwaltung der Lebensformen in den antarktischen Meeren würde nach dem „Ökosystem-Ansatz" von CCAMLR geschehen. Allerdings wären einige Veränderungen notwendig, um zu sichern, daß die praktische Arbeit von CCAMLR den Intentionen der Konvention wirklich entspricht.

Der Tourismus würde unter sorgfältiger Kontrolle fortgesetzt. Eine Ansiedlung von Personen, die keine besonderen oder gerechtfertigten Aufgaben in der Antarktis hätten, wäre nicht zugelassen. Die Frage der Landansprüche verschiedener Nationen wäre durch den Status nicht berührt.

Durchsetzung der Bestimmungen

Das System des Antarktis-Vertrags lebt davon, daß sich seine Mitgliedsnationen auf kooperative Weise an die Bestimmungen der Vereinbarungen halten. Dies hat in der Vergangenheit nicht funktioniert – zum Nachteil der antarktischen Natur. Sollte das Weltpark-Konzept durchgesetzt werden können, dann hätte es nur dauerhaften Bestand, wenn Mechanismen zur Durchsetzung der Bestimmungen entwickelt werden.

Der erste Schritt in diese Richtung wäre die Einrichtung einer „Antarctic Environmental Protection Agency" (AEPA, Behörde zum Schutz der antarktischen Umwelt), die folgende Aufgaben hätte: unabhängige Untersuchungen der ökologischen Auswirkungen von wissenschaftlichen und logistischen Maßnahmen; Durchführung von Inspektionen und Überwachungen; Vorbereitung von Umweltschutzbestimmungen hinsichtlich aller Aktivitäten auf dem Kontinent.

Seit 1970 wurden in über 110 Nationen der Welt solche oder ähnliche Umweltschutzbehörden eingerichtet. Sie wurden gebraucht, um sehr viel stärkere Interessengegensätze auszubalancieren und um zu sichern, daß die Belange der Umwelt in wichtigen Entscheidungen Vorrang genießen.

Ich glaube, daß es in der Antarktis mehr und mehr Schutzzonen einer neuen Form geben wird: einmal große Regionen, die ähnlich geschützt sind wie heute unsere Nationalparks. Daneben werden weiterhin die kleinen Gebiete bestehen, die heute schon eingerichtet sind.

Alles in allem glaube ich nicht an große, dramatische Umwälzungen im Jahr 1991. Das Ganze ist ein evolutives System. Es muß sich noch weit entwickeln, aber es trägt alle Möglichkeiten bereits in sich. Greenpeace wird zusammen mit anderen Naturschutzorganisationen bei dieser Entwicklung eine Hauptrolle spielen.

John May:
„Das Greenpeace-Buch der Antarktis"

Die Pole
in der Literatur

Nach den authentischen Berichten der Polarforscher haben vor allem im 20. Jahrhundert die Schriftsteller die Thematik der Entdeckung und Bezwingung der Pole in Romanen und Erzählungen bearbeitet. Immer wieder faszinierte sie die Vorstellung von Extremsituationen in den arktischen Gebieten, die eine Herausforderung für die menschliche Phantasie darstellen.

Im Auftrag des deutschen Fernsehens reiste der Journalist und Schriftsteller Alfred Andersch (1914 – 1980) im Jahr 1965 nach Spitzbergen und in die Arktis, wo er den Film „Haakons Hosentaschen" drehte. Andersch berichtet über seine Erlebnisse auf dieser Reise mit dem Hochseekutter „Havella", ohne mit abgenutzten Phrasen um die Gunst des Lesers zu buhlen.

Die „Havella" tuckert wieder ein Stückchen in den Woodfjord hinein und legt sich für einen Tag und eine Nacht in eine Bucht, die auf der Karte Mushamna heißt, Mäusehafen, aber das ist eine Verballhornung, bereits auf Blaeus Karte von 1662 und noch auf Dunérs und Nordenskjölds Karte aus dem Jahr 1864 heißt sie richtig Muys haven; sie ist nach einem holländischen Walfang-Kapitän aus dem 17. Jahrhundert benannt. Die Nomenklatur von Spitzbergen ist in einem hoffnungslosen Zustand; ich benutze in der Regel die Namen der Karten des Norwegischen Polar-Instituts, aber Mäusehafen ist ein unmögliches Wort für diese Bucht, nicht weil es keine Mäuse auf Spitzbergen gibt, sondern weil es sich bei Muys haven um den schönsten Naturhafen an diesen Küsten handelt, um ein Formwunder. Man soll den alten Holländer ehren, der es entdeckt hat. Wir entdecken es nicht sogleich, weil Haakon Godtlibsen die „Havella" des Nebels wegen hier hereingeführt hat. Aber gegen Mittag wird um die Spitze des Großmastes herum die Luft blau, der Nebel zerflattert unter dem hohen Druck. Wir haben in der Mitte eines Beckens aus schiefergrauem Wasser geankert, in das von

Norden und Osten Bäche fließen, in Deltas zerfasert, über Kieselebenen. Darüber Berge, in Terrassen gegliedert, nicht die spitzen Granitberge vom Ende der Fjorde. Die stehen nun fern im Süden als Mauern, als blaue Fronten, unter dem Föhnhimmel. Nach Westen Tundrahügel, von denen aus eine Landzunge herabgleitet, schmal wird, eine Nehrung aus Steinen, ein natürlicher Kai, der Muys haven nach Süden schützt. Nur ein so kleines Schiff wie die „Havella" kann die Einfahrt zwischen der Molen-Spitze und dem Fuß eines hohen Berges am Ostufer passieren. Von der Hochsteppe aus liegt die helle Nehrung als graphisches Zeichen dem dunklen Dreieck dieses Bergs gegenüber, zwischen dem im Gegenlicht glänzenden Schwarz des Bassins und der blauen Weite des Golfs. Warum ergreifen uns irgendwelche Anordnungen von Formen und Farben mit der Macht des Vollkommenen? Wann werden Ansichten zu Bildern? Würde Muys haven auch dann ein Meisterwerk der Natur sein, wenn niemand ihn sähe? Macht einzig unser Blick ein bewußtlos Seiendes zur sinnlich schönen Form? Oder besitzt die Natur Geist? Züchtet sie Bilder? Wir finden ein Grab, über dem ein weißer Stein steht, aber wenn er je eine Schrift trug, so ist sie erloschen. Von der Tundra aus sehen wir das offene Meer im Norden. Wir steigen zu den Bächen hinab, wandern über sie hin und zu den Bergterrassen hinauf. Der Skipper meinte, sie seien ein guter Grund für Versteinerungen, aber wir finden nur ein paar dem Stein aufliegende Muschelkavernen. Dafür gibt es Blumen zu sehen, vor allem arktischen Mohn, die Blütenblätter sind nach innen gelb gefärbt. Wir geraten an den Rand einer Schlucht, in deren Tiefe ein Bach rauscht, ihr Grund ist von Nebel erfüllt, und ihre Wände sind gelb und grau gestreift. Von manchen Punkten aus sehen wir Gletscherkare, einmal einen Berg, der eine genaue Pyramide aus Schutt ist. Am Abend hat sich der Himmel mit einer hohen Wolkendecke überzogen. (...)

Später, zu Hause, haben wir versucht, uns aus Wörtern und Bildern das Strukturmodell eines arktischen Kleinkontinents zu bauen. (So klein ist er übrigens nicht; ein Leben würde nicht ausreichen, ihn zu erfahren.) Es ist kein richtiges Modell daraus geworden, nichts Dreidimensionales, nur eine Skizze auf Papier. Vielleicht macht jemand eine Maquette daraus, wie die Bildhauer sie anfertigen, ehe sie die Skulptur ausführen.

Unbewegliche Zeichen
Fehlen des Holzes, also keine Wurzeln, Baumrinden, Astformen, Kronenbildungen, Querschnitte von Jahresringen. Stein als einziges Material für unbewegliche Zeichen: entweder als Petrefakt oder als geologische Großform. Ver-Steinerungen von: Blättern der Sequoia, des Gingko, der Kastanie, der Weinrebe, der Eiche, Gehirn, Ohren, Augen, Nerven, elektrische Organe des Urfisches Kiaeraspis, Schalen des Panzer-Urfisches Anglaspis, ferner Lamellibranchiaten, Brachiopoden, Crustaceen, Gastropoden, Bryozoen, Crinoiden, Anthozoen, Korallen, Spongien. Die Leitfossilien bilden ein Zeichensystem, das nur annähernd mit Wörtern wie Sterne, Haare, Fühler, Schuppen, Muscheln, Schwamm-Höhlungen,

Schilder, Windungen, Wirbel, Spiralen wiedergegeben werden kann. (Rein funktionellen Ursprungs, liefern sie heute, jenseits der Geologie, ästhetische Informationen, die jedoch sprachlich noch nicht „übersetzt" werden können, außer in der Dichtung.) Groß-Formen:

1. Der gewellte „rollende" Teppich aus senkrecht stehenden unterpermischen Kieselgesteinen, der sich über die gesamte Oberfläche der Axel-Insel breitet. Die Sedimente (Sandsteine, Schiefer, Kalk) liegen hier „umgekippt", also aufrecht stehend, in Serien, Reihungen. Der Gesamteindruck ist der eines rötlich-dunklen Ackers, der von Riesen gepflügt wurde. Schnittstellen und Brüche stellen Tafeln und – besonders im Sandstein – Monumente heraus.

2. Die in der Nordwand des Berges Midterhuken am Maria-Sund auftretenden M-förmigen Zeichen „gestörter Trias" (Frebold).

3. Die sedimentären Tafelberge des Eisfjords; die berühmtesten unter ihnen sind der Kolosseum-Berg im Ekmanfjord und der Templet in der Sassenbai. Die Schichtenfolge des Templet (von unten nach oben): Prädowntonian – gelber, z.T. konglomeratartiger Sandstein – Schiefer-Kohlenhorizont – gelbe und helle lose Sandsteine – rote und grüne Sandsteine – Gips – Cyathophyllumkalk. Dieses System horizontaler Bänder füllt als mächtige Fahne die Nordseite der Sassenbai, welche den Eisfjord abschließt.

4. Eine überall vorkommende Groß-Form sind die Berge mit

„Eisbaumformen". Sie tritt auf, wenn Eis von Hochplateaus in die Rinnen steiler Wände einfließt. Oben breit aufgefächert, verjüngt sich der Eisstrom bis zum Fuß des Berges und bildet so eine Baum- oder Pflanzenform. Solche Eis-Bildungen sowie die Flechten sind die einzigen unbeweglichen Zeichen nicht-mineralischen Ursprungs. Aber diese wie jene kommen doch immer nur in Verbindung mit Steinen vor, sind stein-bedingt.

Bewegliche Zeichen

1. Vogelflüge. Der flach gleitende, reglose Segelflug des Eissturmvogels. Der parabolische Flug der Möwen. Das sternhafte Hängen der Schwalbenmöwe im Raum. Ein Möwenpulk, der auffliegt, weil der Gletscher sich geregt hat. Dreißig Schmarotzer-Raubmöwen haben auf einer Eisscholle gesessen; jetzt bilden sie ein schwarzweißes Bukett in der Luft. Der schwirrende, fierende Flug der Alken und Lummen, der Teiste und Taucher.

2. Die unsichtbare Bewegung des Windes, abzulesen jedoch an Wolken, Treibeis, Blumen, Rauch.

3. Die absolute Bewegung des Meeres.

4. Tier-Zeichen: Die Keilform eines wandernden Eisbären. Der leichte Paßgang zweier Ren-Hirsche unter pelzigen Geweihen. Die Schneefüchse streunen huschend. Robben gleiten in einer S-Kurve vom Eis in die See.

Beweglich-unbewegliche Zeichen

1. Gletscher. Beispielsweise der Valhallfonna, Teil des Inlandeises von Ny-Friesland, der als geschlossene, fünfzehn Seemeilen lange Mauer in die Hinloopenstraße abbricht. Seine Starre ist nur scheinbar; in Wirklichkeit explodiert er in jeder Minute, sendet Pulverwolken von Schneestaub aus. Außerdem fliegen in seinen großen Spaltenhöhlen die Vögel ein und aus.

2. Die Grenze. Das wichtigste Kennzeichen der Packeisgrenze ist, daß sie sich ständig verändert. Sie ist ein heraklitisches Zeichen.

3. Gras vollführt, der Kreisbewegung der Sonne folgend, eine radiale Figur seiner am Boden ausgestreckten Halme.

Konturen

1. Strandlinien. Muys haven. Die Halbmondbucht der äußern Sorgbai, vor Croziers Point. Alle Ausformungen der Küsten um den Bellsund, die von harmonischer Reinheit sind. An einem schönen Spätsommertag ruft der Anblick des Bellsundes Erinnerungen an die mittelmeerische Antike hervor, an Bilder Rottmanns. Eine Antike ohne Vegetation.

2. Berglinien. Die statischen Diagramm-Konturen der Granit- und Glimmerschiefer-Berge von Albert-I-Land, aus weißer Gletscher-Basis steil ansteigend, oben sich in Reihen graphischer Spitzen haltend, am eindrucksvollsten in den Hintergründen des Liefdefjords und der Magdalenenbucht. Der von Westen in einer steilen Schräge ansetzende, oben ein Dreieck bildende, nach Osten lotrecht abfallende Umriß des grauen Vogelbergs Sofiekammen im Hornsund – einer der großen Belfriede der Erdgeschichte.

Flächen

1. Senkrechte Flächen (Wände) zwischen den steilen oder flacheren Winkel- oder Trapez-Geraden der Berge oder als Rechteck-Flächen bei Tafelbergen.

2. Geneigte Flächen. Die häufigste Flächenform Spitzbergens ist eine steil oder flach abfallende Erosionshalde.

3. Horizontale Flächen. Gletscher. Manche Vorländer, geologisch Strandebenen, so die weite Steppe Reinsdierflya zwischen Woodfjord und Raudfjord. Terrassenformen: die Hochflächen des Coloradofjell. Flußebenen sind sehr selten, doch bietet beispielsweise das Mündungsgebiet der Bäche im Sassen-Tal den Anblick einer eiszeitlichen Delta-Ebene. – Wegen des Fehlens von Bäumen und Häusern sind alle Flächen leer, also rein; deshalb bestimmt die reine Fläche stärker als der Umriß die Struktur Spitzbergens (im Gegensatz etwa zu den Alpen).

Körper

1. Berge. Die Bergwelten des Van Mijenfjords und des Hornsunds als Reiche gänzlich verschiedener Körperformen, weicher, fließender (Van Mijenfjord), harter, starrer (Hornsund).

2. Inseln. Die Inseln ruhen immer als Körper auf der Flut oder auf dem Eis. Nicht-klassische, archaisch-moderne Körper von höchster spiritueller Reife: Die Dänen-Insel geht zweifellos auf einen Entwurf von Henry Moore zurück. Korrespondenz zu Tierkörpern: Inseln als Robben, Robben als Inseln.

Licht

Vollständige Abwesenheit künstlicher Lichtquellen während des antarktischen Tags. Keine Feuer, kein Vulkanismus. Das Licht ist immer Himmelslicht, über dem Eis von unerträglicher Helligkeit. *(Schutzgläser oder Sonnenbrillen müssen während der Tageslichtstunden draußen zu jeder Zeit getragen werden – einerlei, ob die Sonne scheint oder ob der Himmel bewölkt ist. An sonnigen Tagen sollten Nase und Wangen zusätzlich mit Ruß bedeckt werden, um das grelle Licht abzuhalten* [E. E. Hedblom, Polar Manual].) Spezielle Phänomene: von Nordwesten und Norden einfallendes Licht, während der meist windstillen „Nacht" in rötlicher Filterung; die Schatten fallen nach Süden. Eisblink.

Lokalfarben

sind in diesem Buch ausführlich beschrieben. Nachzutragen wäre noch die farbige Erscheinung der Nordküste des Van Mijenfjords. Geologisch handelt es sich dabei um stark verwitterte Berge aus dem Tertiär und dem Jura, die aus hellen und grünlich verschieferten Sandsteinen derart aufgebaut sind, daß sie zwischen altem Ziegelrot, Grünspan und mongolischem Gelb spielen. Bei günstigem Licht ergibt sich der Eindruck einer von Schatten modulierten Topas-Steppe. Eine so große und homogene Fläche dieser Färbung dürfte auf der Erde einzigartig sein. Manche Körper kommen nie dazu, ihre Lokalfarben zu zeigen, sondern ihre Farben sind lichtbedingt; die dunkelblaue Strahlung des sehr schön geformten Berges Hornsundtindene ist ein Licht-Phänomen.

Spuren

1. Treibholzstämme. An den Küsten finden sich große, helle, entrindete Baumstämme, die von den Ufern der sibirischen Ströme mit der Eisdrift hierher getragen wurden.

2. Gräber. Die dichteste Sammlung menschlicher Gräber auf einem Landsporn in der Magdalenenbucht. Kisten aus rohem Holz, geöffnet, darin die Gebeine. Sie waren nicht eingegraben, sondern mit Steinen bedeckt. Der Eindruck ist nicht makaber, sondern sachlich. Das Skelett als Sache, wie ein abgeworfenes Rentiergeweih.

3. Häuser. Die zerstörten Expeditionshäuser in der Sorgbucht. Das schwarze Haus des Jägers Nøis. Die unzerstörten, nur einfach verlassenen Häuser der Calypso Mining Company aus dem Jahre 1912, am Bellsund. Die Axt steckt noch im Hauklotz. Der Inhalt eines Nägelsacks als verrostete Skulptur auf einem grauen Tisch. Emailbecher an Haken. Teekannen. Die Postkarten mit den Pin-up-Girls der Belle Epoque an den Wänden. Draußen ein ausgeweidetes Schiff, in dem die Schwalbenmöwen nisten. Die polnische Station am Hornsund, ein schwarzes Quadrat unter Funkmasten, 1958 erbaut, auch sie schon aufgegeben, darin Geräte, Bücher, Zeitschriften. Neben dem Kücheneingang eine Bärenpfote, nackt, gräßlich.

4. Schlitten. Die Nansen-Schlitten des Jägers Nøis.

5. Ein Schiff: die „Havella".

Alfred Andersch:
„Hohe Breitengrade"

Der Stil des deutschen Schriftstellers Hans Erich Nossack (1901 - 1977) ist von trockenem, knappem, fast monologischem Charakter. Es verwundert daher nicht, daß Nossack, dessen Hauptthemen Extremsituationen und Umkehr sind, für seine Erzählung „Das Mal" die ausweglose Einsamkeit der Arktis als Schauplatz wählt.

Ungefähr in der siebenten Woche nach unserm Aufbruch sahen wir in der Ferne etwas, was einem Mal glich, das sich jemand aufgerichtet hat. Wir stutzten. Auch die Hunde nahmen es wahr und witterten danach hin. Es stand mitten in der Einförmigkeit der endlosen Schnee-Ebene, durch die wir schon tagelang gezogen waren. Zufällig war die Sicht verhältnismäßig klar, obwohl die Sonne nicht schien. Das Mal warf deshalb auch kaum einen Schatten, soweit sich das aus der Entfernung beurteilen ließ. Aber kein Schneesturm wie sonst. Überhaupt hatte der Wind in den letzten Stunden merklich nachgelassen.

„Also doch", murmelte Blaise, mehr für sich als für mich, der neben ihm stand; denn es war im allgemeinen nicht seine Art, sofort eine Meinung zu äußern. Ich begriff, was er damit sagen wollte. Man hatte uns erzählt, daß vor uns bereits andere den Versuch gemacht hätten, und daß sie niemals zurückgekommen wären. Genaues wußte natürlich niemand, wenn man nachfragte. Wir hielten es für ein Märchen, um uns von dem Unternehmen abzuschrecken. Solche Märchen bilden sich ja immer, wenn etwas als unmöglich gilt. Und wenn sie nun einfach deshalb nicht zurückgekehrt sind, weil sie was Besseres entdeckt haben? hatte ich damals einem Biedermann entgegnet. Das war sehr töricht von mir gewesen; denn damit erweckte ich den Eindruck, als ob es uns um etwas Besseres ginge. Aber in jener Zeit, bevor wir den Entschluß endgültig faßten, war ich sehr reizbar.

„Also los! Gucken wir uns den Schneemann mal an", rief Patrick schließlich. Er schnalzte mit der Zunge, und die Schlittenhunde legten sich ins Geschirr.

Wir brauchten eine gute Stunde, bis wir hinkamen. Die Entfernung läßt sich schwer einschätzen, wenn sonst nichts da ist. Dann allerdings erkannten wir sofort, daß es tatsächlich ein eingeschneiter Mann war. Wir ließen alles stehen und liegen und klopften ihm den Schnee von Kopf und Schultern. Die Hunde kratzten unten herum, gaben es aber schneller auf als wir. Offenbar hatte der Mann keinerlei Geruch mehr an sich. Die Hände hatte er in den Taschen seiner Jacke. Seiner Haltung und seinem Aussehen nach hätte er ebensogut einer von uns sein können, was jedoch nichts besagt. Wer bis hierher kommen will, muß mit dem Klima rechnen. In hundert Jahren wird man sich auch nicht viel anders kleiden können wie dieser Mann oder wie wir.

Am meisten überraschte es uns, daß er stand. Keiner von uns hätte es je für möglich gehalten, daß man stehend erfrieren könne. Wir hatten ohne weiteres angenommen, man fiele vorher um oder man legte sich aus Müdigkeit hin. Besonders davor wurde ja gewarnt. Und nun, siehe da, dieser Mann stand aufrecht auf seinen Beinen, ohne sich auch nur an irgendwas anzulehnen. Denn woran hätte er sich auch anlehnen sollen? Wir wagten nicht einmal ihn umzulegen, aus Furcht, ihn dabei mitten durchzubrechen. Gewiß, die Möglichkeit, daß wir selber erfrieren würden, hatten wir in Rechnung gestellt, aber dies war denn doch ziemlich befremdend.

Ich gab mir Mühe, sein Gesicht von der Maske aus verharrschtem Schnee zu befreien, die an seiner Mütze, seinen Augenbrauen und Bartstoppeln festgewachsen war, ähnlich wie das bei uns zuweilen vorkam. Die anderen sahen mir zu und warteten; die Arbeit konnte nur einer machen, und so überließen sie es mir. Ich mußte sehr vorsichtig sein, um nichts dabei zu verderben. Ich klopfte ihm ganz sanft das Gesicht mit meinem Handschuh ab. Seine Augen waren geschlossen und die Augäpfel so hart wie Murmeln. „Kein Wunder", sagte ich; „er hatte keine Schneebrille, darum hat er die Augen zugekniffen." Aber auch so ließ es sich schließlich nicht länger verheimlichen, daß der Mann lächelte. Nicht jetzt erst und über uns – welch ein Unsinn! –, sondern schon seit damals. Und auch nicht etwa, daß er die Zähne fletschte, wie es Tote zu tun pflegen. Das ist kein Lächeln. Dieser aber lächelte wirklich mit den Winkeln seiner Augen und den schmalen, farblosen Lippen. Kaum merklich; man glaubte zuerst, sich zu täuschen, doch wenn man wieder hinblickte, war es deutlich genug. Wie jemand, der einen schönen Gedanken hat, ganz für sich allein, und weiß es selber nicht, daß er dabei lächelt. Im Gegenteil, wenn jemand zusieht, lächelt man nicht so. Die Leute fragen dann, und es ist peinlich, weil man ihnen keine Antwort zu geben vermag. Aber dieser Mann war erfroren, und deshalb sahen wir es.

Ich weiß nicht, was die anderen dachten. Doch warum sollen sie etwas anderes gedacht haben als ich? Es ist wohl am besten damit ausgedrückt, wenn ich sage: Wir kamen uns plötzlich ein wenig sinnlos vor. Und das ist schlimm. Es ist sehr viel schlimmer, als nur einfach erschrocken zu sein.

Hans Erich Nossack:
„Das Mal"

Über die österreichisch-ungarische Nord-pol-Expedition unter Karl Weyprecht und Julius v. Payer, die 1873 mit dem Schiff „Admiral Tegetthoff" im Eis ein-geschlossen wurde, schrieb Christoph Ransmayr (geb. 1954) den Roman „Die Schrecken des Eises und der Finsternis". Kunstvoll montiert er die Geschichte eines jungen Italieners in Wien dazu, der sich mit der Hinterlassenschaft dieser Expedition beschäftigt und schließlich selbst nach Norden aufbricht.

Herr Oberleutnant will das Land bis an sein Ende durchmessen, er will alles sehen, er muß alles sehen, und er wird auch den zweiundachtzigsten Grad nördlicher Breite überschreiten und vielleicht auch den dreiundacht-zigsten und den nächsten: Da kann er keine Hinkenden, keine Fiebernden und keine Mutlosen gebrauchen.

   „Der Herr Oberleutnant ent-schloß sich, mit nur einem kleinen Teil der Schlittenreisenden weiter nach Norden vorzudringen. Der andere Teil, der durch die bisherigen Strapazen schon etwas geschwächt war, soll beim Kap Schrötter auf der Hohenlohe-Insel zurückbleiben, und mich hat der Herr Oberleutnant zum Kommandanten dieser Abteilung bestimmt. Es wurde der Schlitten und das Zelt entzweigeschnitten und der Proviant aufgeteilt. Ich packte die Sachen und der Herr Oberleutnant fuhr ab. Ich soll hier bis zu seiner Rückkehr warten, was wahrscheinlich sieben Tage dauern soll. Eine schau-derhafte Trennung ..." (Johann Haller)
   Sieben Tage warten!
   Eine zweite, eine beängstigen-dere Order Payers zeichnet Johann Haller gar nicht erst auf; es ist die

Notverordnung: Wenn der Oberleut-nant, Klotz, Orel und Zaninovich nicht binnen fünfzehn Tagen aus dem Norden zurückkehren sollten, dann haben die Wartenden von der Hohen-lohe-Insel keinesfalls nach den Ver-schwundenen zu suchen, sondern den Rückmarsch nach der „Admiral Tegett-hoff" unverzüglich und allein anzu-treten. Vielleicht unterschlägt Haller seinem Journal diese Verordnung, weil er ebensogut wie Payer und die anderen weiß, daß keiner von ihnen ohne den Navigationsoffizier Orel jemals aus diesem Eislabyrinth wieder heraus und zum Schiff zurückfinden wird.
   „Es ist natürlich", wird Payer Tage später notieren, „daß namentlich die Matrosen mit denjenigen Com-passen völlig vertraut waren, welche zur See in Gebrauch kommen. Die Bussole aber, welche ich zu ihrer Ver-fügung gab, war sehr klein, und sie verwechselten die Lage der Declina-tion ... Als ich sie fragte, welche Rich-tung sie nach dem Schiffe eingeschla-gen hätten, weisen sie zu meinem Ent-setzen auf den Rawlinson-Sund an-statt auf den Austria-Sund." Die Bahn ist gut an diesem Tag. Nach einer vier-stündigen Rast und der Trennung von den beiden unglücklichen Matrosen und ihrem Beschützer Haller bleibt die Hohenlohe-Insel rasch zurück. Wie immer und wie aus Angst vor der trügerischen Starre der Meereisdecke ziehen die Hunde mit aller Kraft nach der nächstgelegenen Küste, nach dem Gletscherabbruch im Norden; das Blut ihrer rissigen Pfoten hinterläßt auf dem Eis ein rotes Muster, das von den Schlittenkufen zerschnitten wird. Die rote Sprenkelung, die dunklen

Parallelen der Spurrinnen – die Route der Nordfahrer ist an diesem Apriltag wie eine Tapete, die sich in die Unendlichkeit entrollt. Die Bahn ist gut.

„Als wir uns aber den südlichen Vorbergen des Kronprinz-Rudolfs-Landes näherten, geriethen wir unter zahllose Eisberge von hundert bis zweihundert Fuß Höhe, in deren Leibern es bei Sonnenschein unaufhörlich knisterte und knackte. Mit einer ungeheueren Mauer zog der Middendorff-Gletscher unübersehbar hin gegen Norden. Tiefe Schneelager und aufgebrochene Meeresspalten, die Folge ihrer Einstürze und ihres Umkippens, erfüllten die Zwischenräume. Immer häufiger geschah es, daß wir darin einbrachen und unsere Segeltuchstiefel und Kleider mit Seewasser durchnäßten. Aber der Anblick dieser Pässe zwischen den gigantischen Kolossen der Gletscherfragmente hindurch war nichtsdestoweniger so fesselnd, daß wir unsere Aufmerksamkeit fast nur der Höhe ihrer schimmernden Gestalten zuwandten, ja lange unverdrossen zwischen den Pyramiden, Tafeln und Klippen irre gingen. Erst als ich Klotz voraussandte, um einen der Eisberge zu besteigen und uns dann durch seine Fußstapfen die Richtung einer ersteigbaren Stelle des Middendorff-Gletschers zu hinterlassen, kamen wir in eine freiere Gegend, und indem wir uns sämtlich vorspannten, überwanden wir, schneeüberbrückte Randspalten überschreitend, die Anhöhe des Middendorff-Gletschers. Sein unterer Teil klaffte in breiten Spalten auseinander… Weiterhin aber schien der Gletscher eben, spaltenfrei, und trotzdem seine Neigung mehrere Grade betrug, ohne übermäßige Anstrengung nach Norden hin überschreitbar, sobald wir mit vereinter Kraft am Schlitten zogen." (Julius Payer)

Aber jetzt ist es Klotz, der nicht mehr weiterkann. Der Passeirer trägt schon lange keine Stiefel mehr, sondern nur Fellwickelschuhe – und diese Fetzen streift er nun ab und zeigt dem Oberlieutenanten seine blutenden, eiternden Füße; wo einmal Zehennägel gewesen sind, ist nur rohes, faulendes Fleisch. Mit solchen Füßen, sagt Klotz, sei schon das eigene Gewicht ein großer Schmerz, jede andere Last aber und auch das Schlittenziehen jetzt unerträglich.

Payer ist wütend. Warum er denn eine solche Blessur nicht vor dem Abmarsch von der Hohenlohe-Insel eingestanden hätte, herrscht er den Passeirer an, da wäre noch Zeit gewesen, mit dem Haller die Aufgabe zu tauschen. Er habe dem Herrn Oberleutnanten keinen Verdruß machen wollen, sagt Klotz, und mit dem Haller sei alles abgesprochen – der Haller habe sich vor dem Alleinbleiben auf der Insel nicht so gefürchtet wie er, der mit den wehen Füßen und zwei maroden italienischen Matrosen keine große Hoffnung auf der Insel gehabt hätte.

Du gehst zu ihnen zurück, sagt Payer.

Zurück? fragt Klotz, zurück? Allein?

Aber Payer…; Orel versucht einen Einwand.

Ich will nichts hören, sagt Payer.

Aber Klotz sagt ja ohnedies nichts mehr.

„Mit einem Sack beladen und dem Revolver zog er von dannen;

bald war er in dem Labyrinth der Eisberge unterhalb unseren Blicken entschwunden.

Wir selbst jedoch hatten den Schlitten wieder gepackt, die Hunde eingespannt und die Zuggurten umgenommen; aber fast im nämlichen Augenblicke, als wir uns in Bewegung setzten, öffnete sich die Schneedecke unterhalb des Schlittens, lautlos stürzten Zaninovich, die Hunde und der Schlitten hinab, aus unbekannter Tiefe herauf jammerten Menschen und Hunde, – dies waren die für mich wahrnehmbaren Eindrücke des kurzen Augenblickes, in dem ich als Vorangehender vom Seile zurückgerissen wurde. Zurücktaumelnd, den finsteren Abgrund hinter mir erblickend, zweifelte ich keinen Moment, daß ich ebenfalls sogleich hinabstürzen würde; aber eine wunderbare Fügung stemmte den Schlitten in etwa dreißig Fuß Tiefe zwischen den Eisgebilden des Gletscherspaltes ... Als sich der Schlitten festgeklemmt hatte, lag ich, vom straff gespannten und in den Schnee einschneidenden Seile regungslos an den Rand des Spalts gedrückt, auf dem Bauche ... und Zaninovich, als ich hinabrief, ich wolle mein Zugseil durchschneiden, beschwor mich, es nicht zu thun, weil der Schlitten

sonst hinabstürzen und ihn tödten müsse. Eine Zeitlang blieb ich so liegen und sann nach, was nun zu thun sei, wobei es mir vor den Augen flimmerte. Die Erinnerung daran, wie ich einst mit meinem Führer Pinggera in der Lombardie über eine achthundert Fuß hohe Eiswand des Ortlergebirges herabgestürzt und glücklich entkommen war, gab mir Zuversicht, den unter solchen Umständen verzweifelten Rettungsversuch zu wagen ..., daß ich nämlich die Zuggurte auf meiner Brust durchschnitt. Der Schlitten in der Tiefe machte darauf noch einen kurzen Ruck und blieb dann abermals stecken. Ich selbst aber erhob mich, zog meine Segeltuchstiefel aus und sprang den etwa zehn Fuß breiten Spalt zurück. Ich hatte dabei Zaninovich und die Hunde gesehen, und rief dem Ersteren hinab, ich wolle zur Hohenlohe-Insel zurücklaufen, um Leute und Stricke zu seiner Rettung herbeizuschaffen, diese müsse gelingen, sobald er im Stande sei, sich vier Stunden lang vor dem Erfrieren zu bewahren. Ich hörte noch seine Antwort: ‚Fate, signore, fate pure!' – Machen Sie, Herr, machen Sie!" (Julius Payer)

Payer stürzt davon. Orel kann ihm nur mit Mühe folgen, bleibt immer weiter zurück und verliert den Läufer schließlich aus den Augen. Den Blick unverwandt auf die halb verwehte Schlittenspur des Vormittags gerichtet, rennt Payer dahin. Orel ist längst unsichtbar. Zaninovich sitzt in der Tiefe. Und Klotz ist irgendwo.

Jetzt ist jeder allein.

Die Vorhut der österreichisch-ungarischen Nordpolexpedition ist ein panischer, im Eis versprengter

Haufen, in den die Schrecken dieses Landes gefahren sind wie der Sturm in ein geborstenes Dach fährt und es vollends zerreißt. Und die schlimmste Verstörung hat den *Kommandanten zu Lande* selbst erfaßt.

„Abgesehen von der persönlichen Zuneigung für Zaninovich, ergriff mich, angesichts meiner reichlichen Erfahrung im Hochgebirge, der Vorwurf des unüberlegten Bereisens von Gletschern, und ich fand keine Beruhigung... Glühend erhitzt und in Schweiß gebadet, zog ich meine Federkleider aus und warf sie, meine Stiefel, Handschuhe und Shawl weg und lief in Strümpfen weiter durch den tiefen Schnee." (Julius Payer) Zaninovich in der Gletscherkluft; – wenn *er* jetzt das weggeworfene Federkleid seines Herrn hätte und nicht bloß den zerschlissenen Pelz – vielleicht blieben ihm dann mehr als drei, vier Stunden bis zum Erfrierungstod ... Ich habe mich gefragt, wie wohl Weyprecht diesem Unglück begegnet, und wie dieser Tag unter seinem Kommando verlaufen wäre; wären Haller und die erschöpften Matrosen auch unter seinem Befehl auf irgendeiner Insel zurückgeblieben? Hätte auch er diesen zerfurchten Gletscher um den Preis einiger Bogenminuten höherer Breite betreten? Und wanderte Klotz jetzt ebenso zurechtgewiesen, allein und gedemütigt im Eis? Mein Bericht ist immer auch ein Gerichthalten über das Vergangene, ein Abwägen, ein Gewichten, ein Vermuten und Spielen mit den Möglichkeiten der Wirklichkeit. Denn die Größe und die Tragik, auch die Lächerlichkeit dessen, was gewesen ist, läßt sich ermessen an dem, was gewesen sein könnte. – Was aber einen anderen, einen bloß möglichen Verlauf dieses Unglückstages anbelangt, habe ich mich entschlossen, auf Vermutungen zu verzichten: Ich will nicht *entwerfen,* was Weyprecht an Payers Stelle getan hätte.

So stelle ich mir also doch nur wieder Zaninovich vor, der sich im blauen Dunkel der Gletscherkluft an die Hunde drängt und schon nichts mehr zu erwarten meint als den Tod. Meilenweit voneinander entfernt, sehe ich dann auch Payer und Orel dahinhasten, beide waffenlos; ihre Gewehre liegen beim Gespann und allen anderen Überlebensmitteln im Gletscher. Und dann sehe ich Klotz; er nähert sich der Hohenlohe-Insel unter solchen Schmerzen und so langsam, daß Payer ihn einholt. Klotz bleibt stehen und starrt den Atemlosen ohne eine Frage an. Keuchend, eingehüllt in den weißen Dunst seiner Anstrengung und mit langen Pausen, berichtet Payer vom Stand der Dinge. Klotz scheint seinen Herrn, der wie in Frostdämpfe gekleidet vor ihm um Luft ringt, nicht zu begreifen. Er steht nur und starrt. Dann sinkt er plötzlich auf die Knie und weint.

„...denn in seiner Einfalt maß er die Schuld an dem Geschehenen sich selbst bei. So verstört war er, daß ich ihm das Versprechen abnahm, sich selbst kein Leid zuzufügen, und ihn seiner Schweigsamkeit überlassend, lief ich weiter nach der Insel." (Julius Payer) (...)

Als Klotz das Lager auf der Hohenlohe-Insel endlich erreicht, ist es leer. Haller, Payer und Orel und selbst die beiden Matrosen sind längst auf dem Weg zum Gletscher, um Zaninovich beizustehen.

Zehn Stunden, zwölf, vierzehn Stunden wartet Klotz im Windschatten des Kaps, hockt im Zelt, umschreitet das Zelt trotz seiner Schmerzen dreihundertmal und öfter, stampft gegen die Kälte auf und starrt in die Richtung, aus der doch irgendwann einer zurückkommen muß, und glaubt schließlich zu wissen, daß keiner jemals hierher zurückfinden wird und er für immer allein ist. Vielleicht hat der Passeirer schon mit seinem Sterben begonnen und sich zurechtgesetzt für eine andere Welt, als die Zeltbahn, die vom Eis hart und schwer ist wie eine Tür, plötzlich zurückgeschlagen wird und einer „Klotz" sagt, „Klotz. Schlafsch?"

Haller hat den Weg auch im Schneetreiben gefunden; er ist mit den zwei Matrosen zurückgekommen; sie kommen ihn holen; sie werden ihn fortholen aus diesem furchtbaren Eis.

Nein, sagt Haller, wir holen dich nicht; man hat uns selber zurückgeschickt; dableiben müssen wir; warten müssen wir. Zaninovich sei gerettet, sagt Haller, aber nach der Errettung habe der Oberleutnant nicht länger säumen und gleich nach Norden weiterziehen wollen und habe die drei Hohenloher wieder nach der Insel gehen heißen.

Im Zelt ist es kalt, und finster wie tief unter der Erde. Jetzt ist Haller ihr Anführer; jetzt hat er zu bestimmen, was zu geschehen hat. Sie entzünden Tranlichter und wärmen sich daran die Hände.

Haller wiederholt und bespricht diesen Tag mit den anderen wie eine Lektion; was geschehen ist, hört nicht

auf, ihn zu beunruhigen: Der Herr Oberleutnant hat einen Fehler gemacht. (...)

Erst als Haller die Ereignisse des Tages in seinem Journal vermerkt, sieht er, daß die Dinge auch über den Kommandanten hinweg ihren geordneten Lauf genommen und sich wieder zusammengefügt haben; erst dann spürt er auch, wie müde er ist.

„Der Herr Oberleutnant ist mit seinen Gefährten auf einem Gletscher gefahren. Nach kurzer Fahrt ist aber der Matrose Zaninovich samt den Hunden und dem Schlitten in eine Gletscherspalte gestürzt. Der Herr Oberleutnant konnte sich nur noch durch Abschneiden der Zugleine retten. Ich soll mit dem Herrn Oberleutnant und mit meiner Abteilung zur Gletscherspalte eilen und den großen Gletscherstrick mitnehmen und die Verunglückten retten helfen.

Ich werde in die Gletscherspalte abgeseilt, wo ich den Matrosen und die Hunde noch lebend angetroffen habe. Ich habe sie nacheinander angeseilt und hinaufziehen lassen. Der Schlitten ist ganz geblieben und auch aufgezogen worden. Zuletzt habe ich mich wieder angeseilt und aus der Gletscherkluft herausziehen lassen. Somit ist alles glücklich und ohne Schaden abgegangen. Der Herr Oberleutnant konnte wieder weiterreisen und ich bin mit meiner Abteilung zum Land zurückgekehrt und habe auf die Rückkunft des Herrn Oberleutnants mit Schmerzen gewartet." (Johann Haller)

Sonntag, 12. April
Um die Mittagszeit erfüllt sich Payers Traum: Orels Positionsbestimmung scheint zu bestätigen, daß nun

auch der zweiundachtzigste Grad nördlicher Breite bereits hinter ihnen liegt; sie haben die zweiundachtzigste Parallele überschritten. Und sie gehen weiter. Sie gehen immer noch weiter. Aber am Abend ist das Land plötzlich zu Ende. Tief unter ihnen liegt wieder das Meer, liegt ein schwarzer Streifen offenen Küstenwassers. Jetzt ist der Horizont endlich leer.

Aber nein, sagt Payer, das dunkle, rissige Band im Norden, das sei keine Wolkenbank, das müßten *blaue Alpensäume* sein, Gebirge.

Gut, dann sind es eben blaue Alpensäume, Landzungen, Kontinente – es ist gleichgültig. Denn was immer dieses dunkle Bild im Norden auch bedeutet, Land oder Trug – es liegt in der unerreichbaren Ferne jenseits des offenen Wassers; sie haben kein Boot. Jetzt also müssen sie endlich umkehren, und auch ihr Kommandant kann nun nichts mehr tun, als mit Namen nach dem Schattenbild zu werfen: *Petermann Land, Cap Wien* und so fort; auch der Kommandant kann nun nicht mehr wissen, ob, was er tauft, Felsen sind oder Wolken. Mehr als ein Jahrzehnt wird verstreichen, bis Fridtjof Nansen und sein Begleiter Hjalmar Johansen an dieser Küste erkennen werden, daß nur Leere ist, wo Payer Alpen sah, daß jenes nördliche Bild eine Täuschung war, eine Dunstbank, eine Spiegelung, Wahnvorstellung, alles, nur kein Land.

Aber was bedeutet eine Wahrheit schon, die in der Zukunft liegt?

Christoph Ransmayr:
„Die Schrecken des Eises und der Finsternis"

Die authentische Gestalt des Seefahrers, Entdeckers und Gouverneurs Sir John Franklin (1786 – 1847) wurde in dem Roman „Die Entdeckung der Langsamkeit" von Sten Nadolny (geb. 1942) als Vorbild für seinen gleichnamigen Romanhelden gewählt. Der John Franklin in Nadolnys Roman ist ein Mensch, der sein eigenes, individuelles Zeitmaß entdeckt – die Langsamkeit. Unter diesem Aspekt geschildert, gewinnt die Geschichte des Polarforschers Franklin neue Perspektiven, die über die historische Ebene hinaus ein Plädoyer für eine andere Lebensart sind, eine Lebensart, die sich der rasenden, flüchtigen und oberflächlichen Gegenwart entgegenstellt. Erst im letzten Kapitel des Buches zeichnet Nadolny die Suche Franklins nach der Nordwestpassage und dessen Tod im Eis nach.

Einen guten Monat lang waren die schwerbeladenen, kupfergepanzerten Schiffe über den Atlantik unterwegs. Zwölf Gottesdienste hielt John Franklin in dieser Zeit selbst ab, und obwohl die Mannschaft merkte, daß die Predigten nicht aus den dafür vorgesehenen Büchern stammten, war sie zufrieden. Der Segelmeister sagte: „Unser Franklin ist ein Bischof, verkleidet als Kapitän, und daher um so heiliger."

Ende Juli sichteten sie in der Baffinbai ein Walfangschiff namens „Enterprise". Der Skipper kam an Bord und sprach mit Franklin. Das Eis sei dieses Jahr stärker als im letzten. „Ich vertraue darauf, daß wir gut durchkommen", sagte Franklin ernst, „und die Mannschaft vertraut mir." Der Walfänger war ein Mann der Logik: „Und wenn Sie sterben, Sir?" John sah über die Reling ins Wasser hinunter. „Dann vertraue ich der Mannschaft. Was von mir übrigbleibt, muß nicht jedesmal ich selbst sein." Das war ein Satz aus einer seiner seltsamen Predigten.

Da der Wind günstig war, trennte man sich bald wieder. Die „Enterprise" blieb weiter beigedreht, weil ein Wal gesichtet worden war. „Erebus" und „Terror" segelten nordwestwärts in die Arktis. Noch bevor sie außer Sicht gerieten, begann es zu schneien.

Starke Schiffe, mit allem versehen, rührige Matrosen, respektable Offiziere, alle furchtlos und gutgelaunt unter dem Kommando eines geduldigen und ganz unbeirrten alten Gentleman, dieses Bild der Expedition blieb stehen vor den Augen der Welt. (…)

Bis zum Wintereinbruch 1845 suchte Franklin vom Lancastersund aus eine Durchfahrt nach Norden statt, wie die Admiralitätsbefehle es vorsahen, nach Südwesten. Er hoffte noch immer auf ein offenes Polarmeer. Die Schiffe umrundeten aber nur eine große Insel, Cornwallis, ohne etwas anderes zu finden als wachsende Eismassen. Franklin überwinterte bis zum Frühjahr 1846 in einer geschützten Bucht der Beechey-Insel, benannt nach seinem ehemaligen Ersten auf der „Trent". Drei Männer starben hier, zwei an Krankheiten, einer ertrank. Man errichtete ihnen sorgsam gemeißelte Grabsteine wie auf einem englischen Dorffriedhof. Dann stachen „Erebus" und „Terror" erneut in See, diesmal in Richtung Südwesten. Auch dieses Jahr schien nicht gut zu werden. Der Eisstrom

wurde immer dicker. Mühsam kämpften sich die Schiffe durch aufgetürmte Schollen mit elender Langsamkeit. Franklin schreckte das nicht.

Eine gefährliche Meerenge, in der mehrere Treibeisfelder sich ineinander drängten, nannte Franklin Peel-Sund. Er meinte das nicht unbedingt als Kompliment an Sir Robert.

Die Mannschaft arbeitete gut und verließ sich auf Franklin. Ihre Bereitschaft, Witze zu machen, hatte ein wenig zugenommen, aber noch war es nicht besorgniserregend. Franklin wußte, wie es sich anhörte, wenn eine Mannschaft nicht mehr intakt war. Er machte sich viele kleine Sorgen, aber keine großen. (…)

Mit Segelkraft allein ging es nicht mehr vorwärts. Das Treibeis hatte sich zu einer geschlossenen Fläche verdichtet. Die Männer stemmten sich die Hälfte ihrer Wachzeit ins Bugseil oder hackten und sägten den Weg frei. Franklin war trotz eines starken Hustens tagelang auf den Beinen und gönnte sich kaum Schlaf, nur ab und zu ein Spiel Backgammon gegen Fitzjames, das er regelmäßig gewann.

Am 15. Juli, Franklin stand eben mit dem Sextanten an Deck und schoß einen Stern, meinte er aus den Eisfeldern hinter dem Heck der „Erebus" einen Schrei zu hören, lauter als der Schrei jedes Menschen. Erstaunt setzte er das Gerät ab und starrte nach achtern. Nichts Außergewöhnliches war zu sehen. Hinter der „Terror" schlich das riesige Ei der Sonne am Horizont entlang nach Osten. Tausende von Schollen ragten wie eine rotgläserne Stadt, aber eine bewegliche, die sich zusammen mit den Schiffen nach Süden voranfraß und nie damit aufhörte. John sah auf das glühende Ei am Horizont und dachte: Wieso eigentlich Sonne, was heißt Sonne. Seine Beine gaben nach. Vorsicht, alles Unsinn, dachte er. Im Fallen umklammerte er den Sextanten und versuchte ihn zu schützen. Das erste, was er von Matthew über Sextanten gelernt hatte, war, daß sie nicht fallen durften. Er verlor das Bewußtsein.

Als er wieder zu sich kam, lag er in seiner Kajüte auf einer Decke am Boden und sah in die Gesichter von Fitzjames und Leutnant Gore, die sich über ihn beugten. Dann kam das des Arztgehilfen Goodsir dazu. Aber er erkannte diese Gesichter nur, wenn er den Kopf in eine bestimmte Stellung brachte. Die bisher gewohnte optische Achse seines Gesichts mußte jetzt am Objekt vorbeiführen, damit er es erfassen konnte. Wie ein Huhn, dachte er verblüfft, vielmehr, wollte er denken, denn er kam nicht auf all diese Wörter. Er wollte auch etwas sagen, um den drei Männern ihre Besorgnisse zu nehmen. Was aus seinem Mund kam, war wohl nicht besonders klar, die Mienen wurden noch angstvoller. Aber lachen und aufstehen konnte er doch! Er versuchte es. Mit dem rechten Bein war nichts zu machen. Immerzu sah er weiter das rote Ding am Himmel und die gläserne Stadt. Die hatte sich doch früher nicht in jedes Bild gemengt? Und wie hieß dieses Ding, dieses helle Ding? Jetzt wußte er: es war etwas passiert. Irgend etwas hatte längst wieder passieren müssen. Wenn es nun jemanden traf, dann am besten ihn selbst. (...)

Im Schraubeis vor der Küste von King Williams Land wurden die Schiffe am 12. September endgültig eingeschlossen. Mehrere nach Süden vorrückende Packeisströme wurden hier durch zwei Küsten, die wie ein Trichter wirkten, zusammen- und übereinandergeschoben. Riesige Schollen kippten hoch und ragten für ein, zwei Tage wie ein Lateinersegel, grell von der Sonne beleuchtet, bis sie nach der anderen Seite umbrachen. Türme und Kegel wuchsen empor und versanken wieder, die Massen befanden sich in einer Drehbewegung, als würden sie umgepflügt. Die Seeleute kämpften Tag für Tag um das Leben ihrer Schiffe, sägten, sprengten, schleppten Eisschollen ohne Pause. Das Risiko, daß die Rümpfe durch unberechenbare Bewegungen der Eisfelder zerpreßt würden, wuchs weiter, bis sie endlich durch die Gewalt des Drucks immer mehr angehoben wurden und schließlich auf einem Sockel zu stehen schienen. Jetzt mußte dafür gesorgt werden, daß dieser Halt nicht umbrach. Zeichnungen von architektonischer Genauigkeit wurden angefertigt, statische Berechnungen angestellt, Anker gelegt. Franklin wußte, daß die Schiffe mit dem Eis nach Süden drifteten, freilich so langsam, daß die Küste des Kontinents erst in vielen Jahren erreicht werden würde. Aber er wollte seine Schiffe und Männer schon noch durchschleusen durch diese Mühle.

Franklin saß an Deck, blickte in die Sonne, deren Namen er nicht

Diesen Brief, den Franklin 1847 an der Westküste der King William Insel zurückließ, fand Leopold McClintock im Jahre 1859.

H. M. S. *Ships Erebus and Terror*
{ Wintered in the Ice in

28 of May 1847 { Lat. 70° 5' N. Long. 98° 23' W

Having wintered in 1846—7 at Beechey Island
in Lat 74° 43' 28" N. Long 91° 39' 15" W after having
ascended Wellington Channel to Lat 77° and returned
by the West side of Cornwallis Island.

Sir John Franklin commanding the Expedition
All well

Commander.

WHOEVER finds this paper is requested to forward it to the Secretary of
the Admiralty, London, *with a note of the time and place at which it was
found*: or, if more convenient, to deliver it for that purpose to the British
Consul at the nearest Port.

QUINCONQUE trouvera ce papier est prié d'y marquer le tems et lieu ou
il l'aura trouvé, et de le faire parvenir au plutot au Secrétaire de l'Amirauté
Britannique à Londres.

CUALQUIERA que hallare este Papel, se le suplica de enviarlo al Secretario
del Almirantazgo, en Londres, con una nota del tiempo y del lugar en
donde se halló.

EEN ieder die dit Papier mogt vinden, wordt hiermede verzogt, om het-
zelve, ten spoedigste, te willen zenden aan den Heer Minister van de
Marine der Nederlanden in 's Gravenhage, of wel aan den Secretaris der
Britsche Admiraliteit, te London, en daar by te voegen eene Nota,
inhoudende de tyd en de plaats alwaar dit Papier is gevonden geworden.

FINDEREN af dette Papiir ombedes, naar Leilighed gives, at sende
samme til Admiralitets Secretairen i London, eller nærmeste Embedsmand
i Danmark, Norge, eller Sverrig. Tiden og Stœdet hvor dette er fundet
önskes venskabeligt paategnet.

WER diesen Zettel findet, wird hier-durch ersucht denselben an den
Secretair des Admiralitets in London einzusenden, mit gefälliger angabe
an welchen ort und zu welcher zeit er gefunden worden ist.

Party consisting of 2 Officers and 6 Men
left the Ships on Monday 24th May 1847

Gm Gore Lieut

Chas F Des Vœux Mate

mehr kannte, und gab sich gutgelaunt und hoffnungsvoll. Er konnte weder sprechen noch schreiben, und für jede Fortbewegung brauchte er Hilfe. Der Koch fütterte ihn, manchmal tat es auch Fitzjames. Aber noch konnte er Seekarten und Berechnungen mit einiger Mühe lesen und durch Kopfschütteln, Nicken und Deuten anordnen, was zu geschehen hatte. Er spielte sogar weiterhin Backgammon, gewann und lachte ein schiefes, vergnügtes Lachen. Niemand zweifelte an seiner geistigen Gesundheit. Solange er lebte, war nichts verloren. Immer waren die Sterbenden die gewesen, um derentwillen alles geschah: Simmonds 1805, Leutnant Hood 1821, auf ihre Weise Eleanor 1825, Sherard Lound 1842. Jetzt also er, John Franklin, 1846.

Die Hälfte der Vorräte war noch da, ein bis zwei weitere Winter waren zu verkraften, wenn man die Nerven behielt, und das war schließlich seine Stärke.

Auch im Frühjahr 1847 kamen die Schiffe nicht los. Der Skorbut forderte die ersten Opfer. Franklin beobachtete seine Mannschaft genau, und das eingeengte Gesichtsfeld half dabei mehr, als es störte. Die Moral der Leute nahm nicht ab, sondern zu. Und so kannte es John Franklin von allen langsamen Katastrophen: wenn die ersten zugrunde gingen, war die Bequemlichkeit der übrigen noch stärker als das Begriffsvermögen. Aber lange bevor die Mehrzahl in Gefahr geriet, war alle Einsicht da. Nur ganz zuletzt ging sie wieder verloren. So weit waren sie aber bisher nicht. Franklin lebte. Er war langsamer als der Tod, das konnte die Rettung sein.

Bei einem Erkundungsmarsch im Mai 1847 stieß eine Gruppe aus Offizieren und Matrosen von der „Erebus" über King Williams Land bis zur Mündung des Großen Fischflusses vor. Von dort aus war der Verlauf der Küste gegen Westen bekannt, Franklin selbst hatte die Karten fünfundzwanzig Jahre zuvor gezeichnet. Als die Gruppe zu den Schiffen zurückkehrte und die Ergebnisse meldete, lachte er mit der einen Hälfte seines Gesichts und weinte mit der anderen. Die Nordwestpassage war gefunden, und sie war in der Tat wegen des Eises vollkommen nutzlos, wie jedermann bereits geahnt hatte. Franklin gab zu verstehen, daß er ein Fest feiern wolle, und so geschah es. Es war auch eines, obwohl allein an diesem Tag drei Mann starben. Alle, die lebten, hatten wieder Hoffnung.

Franklin deutete auf die Karten, lallte einzelne, mühsam wieder gelernte Wörter mit großer Anstrengung. Der vorgereckte Hals, die aufgerissenen Augen – er sah aus wie als Kind, wenn er in eine Kutsche einzusteigen versuchte, die gleich losfahren konnte. Aber wer das Richtige sagte, brauchte dabei nicht gut auszusehen, er durfte sich Zeit nehmen.

Es dauerte Stunden, bis Crozier und Fitzjames verstanden hatten, was der alte Mann ihnen sagen wollte. Sie sollten in genau sechs Wochen mit den Stärksten und Gesündesten nach Süden aufbrechen und versuchen, zu den Pelzhandelsposten, den Eskimos oder den Indianern durchzukommen und Hilfe zu holen. Nicht sofort und auch nicht im Winter, vor allem aber nicht erst im nächsten Frühjahr! Franklin wußte, daß sich die Rentiere nur im Spätsommer in den Barren Grounds einfanden und daß man noch bei Kräften sein mußte, um sie zu erjagen.

Die beiden Offiziere sahen sich kurz an und verständigten sich sofort: sie wollten die Kranken keinesfalls im Stich lassen.

Am 11. Juni 1847 starb Sir John Franklin, Konteradmiral der königlichen Marine, in seinem zweiundsechzigsten Lebensjahr an einem weiteren Schlaganfall.

Der Eismeister sprengte eine Graböffnung ins Packeis. Die Mannschaft versammelte sich und zog die Hüte. Crozier sprach ein Gebet. Eine Gewehrsalve krachte in den klaren Frosthimmel, dann ließ man den Sarg, beschwert mit einem Bootsanker, langsam hinunter. Die Gruft wurde mit Wasser aufgefüllt, es fror binnen weniger Stunden zu einer Grabplatte wie aus dunklem Glas. „Gute Reise", sagte Fitzjames in das Schweigen hinein.

Das war kein leeres Wort. Denn mit den driftenden Eismassen war der alte Kommandant ganz gewiß noch einige Zeit unterwegs.

1848 wurden von der Admiralität drei Suchexpeditionen ausgesandt, eine davon unter dem Kommando des auffällig schnell wieder ausgesendeten James Ross. Alle drei suchten viel zu weit im Norden – Ross wußte sehr gut, daß Franklin sein Leben lang an ein offenes Polarmeer geglaubt hatte. Sie überwinterten im Eis und kehrten im nächsten Jahr unverrichteter Dinge zurück. Bis 1850 wurde eine große Zahl weiterer Schiffe losgeschickt, die den arktischen Archipel kreuz und quer durchsuchten und

jede der großen Inseln genau kartographierten. Über Franklin fanden sie aber nur heraus, daß er auf der Beechey-Insel den ersten Winter verbracht hatte. Nun wollten die Admirale die Suche einstellen. Sie hätten das bereits 1849 getan, wenn Lady Franklin nicht gewesen wäre. (…)

1857 kaufte Jane Franklin das unwiderruflich letzte Schiff, einen kleinen Schraubendampfer namens „Fox", und vertraute es einem jungen Kapitän an, der schon als Steuermann bei der Franklinsuche dabeigewesen war: Leopold McClintock. (…) Er gehörte zu denen, die sich nicht nur für die Lösung des Rätsels und für die Geldprämie interessierten, sondern für John Franklin selbst. (…) „Ich will ihn einfach kennenlernen!" sagte McClintock. „Und dazu werde ich ihn finden. Es kann gut sein, daß er lebt, vielleicht unter den Eskimos. Er hat nie schnell gelebt, also hört er auch nicht so schnell damit auf." (…)

Am 6. Mai 1859 fanden McClintocks Leute auf King Williams Land unter einer Steinpyramide einen von Crozier und Fitzjames unterzeichneten Zettel, der über das Schicksal der Expedition und Franklins Tod Auskunft gab. Er stammte vom Frühjahr 1848. Die Schiffe waren nicht mehr freigekommen, die Mannschaft hatte sie aufgegeben. Die Nachricht schloß mit den Worten: „Von hier aus gehen wir morgen weiter in Richtung auf die Mündung des Großen Fischflusses."

In dieser Richtung wurde die Suche fortgesetzt. Sie ergab, daß eine weitere Suche nicht mehr notwendig war.

Sten Nadolny:
„Die Entdeckung der Langsamkeit"

Glossar

Australisch (griech.): südlich, Süd-.

Binnenmeer: Bezeichnung für eine vom Land umgebene Süß- oder Salzwasserfläche von bedeutender Größe (z. B. Kaspisches Meer). Binnenmeere können durch schmale Meeresstraßen mit dem offenen Ozean verbunden sein (z. B. Ostsee).

Blizzard (engl.): Bezeichnung für einen winterlichen Orkan, der mit starken Schneefällen und großer Kälte verbunden ist.

Brigg: Kleineres Segelschiff mit zwei vollgetakelten Masten, die mit Rahsegeln besetzt sind. Am Großmast ist ein zusätzliches Gaffelsegel angebracht.

Erdmagnetisches Kraftfeld: Magnetfeld der Erde, das an der Erdoberfläche gemessen werden kann. Das magnetische Kraftfeld entsteht durch elektrische Ströme, die im äußeren Erdkern, dicht an der Grenze zum Erdmantel, fließen.

Geographischer (Nord-)Pol: Gedachter Durchstoßpunkt der Drehachse der Erde auf der Erdoberfläche der nördlichen Halbkugel.

Glazial: eiszeitlich.

Glaziologe (lat./griech.): Wissenschaftler, der sich mit der Entstehung, Erscheinungsweise und Wirkung des Eises und der Gletscher und allen damit zusammenhängenden Erscheinungen befaßt.

Hudson's Bay Company: Diese englische Handelskompanie wurde 1670 gegründet und von König Karl II. mit Handels- und Bergbauprivilegien sowie dem Rechtstitel auf alles Land im Einzugsbereich der Hudsonbai ausgestattet. Nach dem Frieden von Utrecht (1713) dehnte sich ihr Einfluß bis zum Pazifik aus. 1821 kam es zur Vereinigung mit der konkurrierenden North West Company. 1869 erfolgte der Verkauf der Hudson's Bay Company an den Kanadischen Bund. Sie ist heute noch eine bedeutende Handelsfirma.

Hydrographisch (griech.): das Wasser betreffend.

Insulinde: Dieser Name für den Malaiischen Archipel wurde von dem niederländischen Schriftsteller Mulatuli (eigtl. Eduard Douwes Dekker) in seinem Roman „Max Havelaar und die Holländer auf Java" (1860) geprägt.

Inuit: Bezeichnung der „Eskimo" für ihr eigenes Volk. Der bei uns gebräuchlichere Name „Eskimo" wird von ihnen selbst als abwertend abgelehnt.

Kontinentalverschiebung: Diese Theorie zur Erklärung der Lage und Form der Kontinente wurde erstmals 1912 gleichzeitig von A. Wegener und dem Amerikaner F. B. Taylor unabhängig voneinander aufgestellt. Sie geht von einem großen Urozean und einem großen, zusammenhängenden Urkontinent aus, der im Mesozoikum zunächst in zwei, dann in weitere Teile zerbrach, die seitdem auseinander- (bzw. zueinander-) driften. Ein Hinweis für diese Theorie ist, daß z. B. die Kontinentalränder wie ein Puzzle ineinanderpassen und geologische, pläontologische und biogeographische Entsprechungen aufweisen.

Magnetischer (Nord-) Pol: Gedachter Durchstoßpunkt der geomagnetischen Achse der Erde durch die Erdoberfläche der nördlichen Halbkugel. Der magnetische Pol ist nicht mit dem geographischen Pol identisch und nicht unveränderlich.

Meteorologie (griech.): Teilgebiet der Geophysik, das die Physik der Atmosphäre, die Lehre von den physikalischen Erscheinungen und Vorgängen in der Lufthülle nebst ihren Wechselwirkungen mit der festen und flüssigen Erdoberfläche sowie die Lehre vom Wettergeschehen umfaßt.

Nekrose (griech.): Absterben eines Körperteils, Organs oder Gewebes durch unzureichende Durchblutung, Wärme-, Kälte-, Strahlen- oder Ätzgiftschäden.

Ozeanograph (griech./lat.): Wissenschaftler, der sich mit Meereskunde (Ozeanographie) beschäftigt. Der Ozeanograph untersucht die physikalischen und chemischen Erscheinungen im Meer und am Meeresboden sowie das maritime Wettergeschehen.

Packeis: Zusammen- und übereinandergeschobene Eisschollen.

periglazial: Bezeichnung für Gebiete, die in unmittelbarer Nähe von Vereisungen liegen. Heute trifft das nur für polare und subpolare Zonen sowie das Hochgebirge zu. Während der Eiszeiten gab es periglaziale Gebiete auch in Mitteleuropa.

Pleistozän (griech.): Bezeichnung für ein Zeitalter der Erdgeschichte, das vor 1,5 oder 2 Millionen Jahren begann. Im Pleistozän gab es vier bis sechs starke Klimaschwankungen, die zu einer zeitweiligen Ausdehnung der Eisbedeckung über die ganze Nordhalbkugel führte.

Schelfeis: (auch Eisschelf) Das Schelfeis ist eine zum größten Teil auf dem Wasser schwimmende, dicktafelige Eisplatte, die sich über dem ins Meer reichenden Festlandsockel, dem Schelf, bildet. Das Schelfeis entsteht aus dem abfließenden Inlandeis und durch Schneeanwehungen. Zum offenen Meer hin fällt das Schelfeis steil ab, denn infolge der höheren Temperatur des Meerwassers brechen an der Oberseite einzelne Eisblöcke ab, die Eisberge. Die Unterseite des Schelfeises schmilzt im wärmeren Meerwasser.

Schneedichtemessungen: Wissenschaftliches Verfahren, bei dem mit Hilfe einer Sonde die

Dichte der Schneekristalle in den einzelnen Schneeschichten untersucht wird. Auf diese Weise sind Angaben über die im Schnee gebundene Wassermenge möglich. Mit diesem Verfahren kann man auch die Niederschlagsmenge früherer Jahre ermitteln oder die Lawinengefahr voraussagen.

Seismisch: Dinge, die mit Erdbeben und ihrer Erforschung (der Erforschung der Erdkruste) zu tun haben.

Sextant: Ein astronomisches Gerät zur Messung des Stands der Gestirne über dem Horizont, das früher in der Schiffahrt zur Bestimmung des Standortes diente.

Terra australis incognita (lat. = unbekanntes Südland): Seit Ptolemäus in der europäischen Antike herrschende Vorstellung von einer großen Landmasse, die als „Gegengewicht" zu den Kontinenten auf der Nordhalbkugel der Erde irgendwo im Südmeer liegen müsse. Die terra australis incognita ist nicht mit Australien identisch, was Abel Tasman durch seine Fahrten in den Jahren 1642 und 1644 bewies. Die Suche nach dem sagenhaften Südland ging weiter, bis James Cook auf seiner zweiten Reise (1772 – 1775) nachwies, daß dieses legendäre Südland nicht existiert.

Thermisch (griech.): Wärme betreffend, durch Wärme verursacht.

Kleine Auswahl der weiterführenden Literatur

Central Intelligence Agency (CIA) (Hrsg.): Polar Regions Atlas. Washington 1978

T. Armstrong: Russians in the Arctic. London 1972

J. Barrow: A Chronological History of Voyages into the Arctic Regions, 1818. Neuauflage London 1971

F. Cook: My Attainment of the Pole. o. O. 1911

Der Bundesminister für Forschung und Technologie (Hrsg.): Antarktisforschungsprogramm der Bundesrepublik Deutschland. Bonn 1986 (4. Auflage)

Ders. (Hrsg.): Polarforschung-Bilanz 1974 bis 1987. Bonn 1987

G. Dufek: Operation Deepfreeze. London 1957

K. Duporn: Physiographical and glaciological observations in North Victoria Land, Antarctica. Geol. Jb. B 41 (= GANOVEX 79/80)

B. Fridstrup: The Greenland Icecap. Rhodos/Kopenhagen 1966

V. Fuchs: Of Ice and man, the Story of the British Antarctic Survey. Walton-on-Thames 1982

V. Fuchs/E. Hillary: The Crossing of Antarctica. London 1958

W. Gocht/E. Pluhar: Erschließung und Gewinnung mineralischer Rohstoffe in der Arktis. In: Die Erde 109, 1978

G. Hempel: Zum Aufbau des Alfred-Wegener-Instituts für Polarforschung. In: Polarforschung 51, 1981

Gotthilf Hempel (Hrsg.): Fünf Jahre Schwerpunktprogramm „Antarktisforschung" der Deutschen Forschungsgemeinschaft – Rückblick und Ausblick. In: Berichte zur Polarforschung 29, 1986. (Liste der Veröffentlichungen der Forschungsgruppe).

S. J. Johnsen/W. Dansgaard/H. B. Clausen/C. C. Langway jr.: Oxygen isotope profiles through the Antarctic and Greenland ice sheets. Nature 235, 1972

H. Kohnen: Antarktis Expedition. Deutschlands neuer Vorstoß ins ewige Eis. Bergisch Gladbach, 1981

J. F. Lovering/J. R. V. Prescott: Last of Lands, Antarctica. Melbourne, 1979

D. Mawson: The Home of the Blizzard. London/Oxford 1915

H.-R. Mill: The Siege of the South Pole. London 1905

F. D. Miotke: Zur Salzsprengung und chemischen Verwitterung in den Darwin Mountains und dem Dry Valleys, Victoria-Land, Antarktis. In: Polarforschung 50, 1980

S. Orvig (Hrsg.): Climates of the polar regions. World Survey of Climatology 14, Amsterdam et al 1970

Ch. Ransmayr: Die Schrecken des Eises und der Finsternis. Frankfurt/M. o. J.

L. Rey: Unveiling the Arctic. Leiden 1984

Christiane Ritter: Eine Frau erlebt die Polarnacht. Berlin o. J.

Jürgen Schultz: Die Ökozonen der Erde: die ökologische Gliederung der Geosphäre. Stuttgart 1988

C.-J.-W. Simpson: Northice, the story of the British North Greenland Expedition. London 1957

D. Sugden: Arctic and Antarctica, a modern geographical synthesis. Oxford 1982

Gerhard Stäblein: Traditionen und aktuelle Aufgaben der Polarforschung. In: Die Erde 1978

Gerhard Stäblein: Forschungen in Polaren und alpinen Bereichen. In: Die Erde 112, 1981

Gerhard Stäblein: Antarktis und Arktis – Charakteristik und Bedeutung der polaren Landschaftsgürtel. In: Geographische Rundschau 35, 1983

Gerhard Stäblein: Historische Aspekte der deutschen geowissenschaftlichen Polarforschung. Polarforschung 51, 1981

D. Walton: Antarctic Science. Cambridge 1987

A. L. Washburn: Geocryology, a survey of periglacial processes and environments. London 1979

„Wechselwirkungen", Heft Uni Stuttgart

E. Wegener/F. Loewe: Greenland Journey. Glasgow 1939

Alfred-Wegener-Institut für Polar- und Meeresforschung (Hrsg.): Expeditionshandbuch, zusammengestellt von Heinz Kohnen. Bremerhaven 1986

Verwendete Literatur

Nordostwärts, aus: Nordenskjöld, Nordostwärts.
© 1987 by Edition Erdmann in K. Thienemanns Verlag

Robert E. Peary: Schlittenreise zum Nordpol.
© VEB F. A. Brockhaus Verlag, Leipzig 1985

Peter Brent: Captain Scott: Die Tragödie in der Antarktis. © F. A. Brockhaus, Wiesbaden 1977

Walter Weiss: Arktis. © beim Autor

Otfried R. Weise: Das Periglazial. © 1983 by Gebrüder Borntraeger Verlagsbuchhandlung, Stuttgart

John May: Das Greenpeace-Buch der Antarktis
© Ravensburger Buchverlag 1988

Alfred Andersch: HOHE BREITENGRADE oder Nachrichten von der Grenze. © 1969 by Diogenes Verlag AG, Zürich

Hans Erich Nossack: Das Mal, aus: Begegnungen im Vorraum. © Suhrkamp Verlag, Frankfurt am Main 1963, S. 246–249

Christoph Ransmayr: Die Schrecken des Eises und der Finsternis. © 1984 Christian Brandstätter Verlag & Edition

Sten Nadolny: Die Entdeckung der Langsamkeit.
© R. Piper & Co. Verlag, München 1983.

Bildnachweis

Umschlag

Vorderseite: Lager des Leutnants A. Markham auf 83° 20′ 26″ nördlicher Breite. Gemälde von de Beechy. London, Royal Geographical Society.
Buchrücken: Scott in Polarausrüstung. Foto.
Rückseite: Eisberg. Bild der Laterna magica der Suche nach Franklin. Montreal, Notman Archives.

Bildvorspann

1/9   Kolorierte Stiche, aus: G. de Veer, The three voyages William Barents to the arctic region, 1609.

Erstes Kapitel

12   Eismeer, Gemälde von Caspar David Friedrich, 1823. Hamburg, Kunsthalle.
13   Weltkarte aus der Kathedrale von Hereford von Richard von Haldingham. Hereford, Kathedrale.
14   Taf. 1 aus der Geographie des Ptolemäus, 1482. Paris, Nationalbibliothek.
15   Portrait des Vasco da Gama, anonymer Stich.
16   Karte der Antarktis von Hondius, 1657. Paris, Nationalbibliothek.
17   Karte der Arktis von Hondius, 1625. Paris, Privatsammlung.
17   (unten) Portrait von Jacques Cartier. Gemälde von Lemoine. Saint-Malo, Museum.
18   Portrait von M. Forbisher. Oxford, Bodleian Library.

19   M. Forbisher entdeckt die Eskimos, kolorierter Stich. London, British Library.
21   „Hudsons letzte Reise". Gemälde von Collier. London, Tate Gallery.
22   Samojedischer Jäger, aus: Wahlen, Moeurs, usages et contumes de l'Asie, 1845.
23   Titelblatt von G. de Veer, The three voyages of William Barents to the arctic region, London 1609.
24/25   Karte des Nordpols von W. Barents, 1598.
26/27   Russische Boote (Kotchis), aus: Nicolas Witsen, North and West Tartary, 1785.
28   (unten) Portrait von Peter dem Großen.
28/29   Karte der Reise von Bering 1725 bis 1730.

Zweites Kapitel

30   Die auf ihrer Reise nach Adélieland vom Packeis eingeschlossene „Astrolabe" und „Zélée". Gemälde von Garneray. Paris, Museum für Kunst aus Afrika und Ozeanien.
31   Portrait von James Clark Ross. Greenwich, National Museum.
32   Portrait von F. v. Bellinghausen.
33   Ein Teil der Mannschaft von „Resolution" and „Discovery" beim Töten von Walrössern. Gemälde von Webber, 1784.
34   Portrait von Dumont d'Urville. Paris, Museum für Kunst aus Afrika und Ozeanien.
35   Sturmböen nahe der Powell-Inseln am 27. Januar 1838, aus: Dumont d'Urville, Atlas pittoresque, Band 1.
36   Dumont d'Urville hißt die französische Fahne auf dem Adélie-Land. Stich 19. Jh.
37   Ankunft von Ch. Wilkes und seiner Mannschaft in der Antarktis. Gemälde nach einer Zeichnung von Wilkes. Beineke rare books and manuscripts Library. Yale, University Library.
38   Karte der Antarktisumsegelungen im 19. Jh.
39   Portrait von Ch. Wilkes. Gemälde v. Thomas Sully. Annapolis, Navy Academy and Museum.
40/41   Die Mannschaft der „Terror" versorgt sich während der Expedition unter der Leitung von J. C. Roos mit Wasser. Aquarell von Davis. Cambridge, Scott Polar Research Institute.

Drittes Kapitel

42   F. Nansen mit seinen Hunden, aus: Petit Journal.
43   Portrait der Lady Jane Franklin. Zeichnung von Amélie Romilly, 1816. London, National Portrait Gallery.
44   Die Expeditionsmannschaft von E. Parry zieht eine Schneise durch das Eis. Aquarell von Beechy. Cambridge, Scott Polar Research Institute.
45   Erste Expedition von Franklin, 1821. Aquarell von Back. Cambridge, Scott Polar Research Institute.
46   Die „Investigator" in gefährlicher Position, 1851. Lithographie. London, National Maritime Museum.
47   (oben) Veröffentlichung während der Suche nach Franklin.

47 (unten) Portrait von J. Franklin.
48/49 Der Tod Franklins. Gemälde von W. Thomas Smith, 1895 London, National Maritime Museum.
50/55 Suche nach Franklin durch die Schiffe „Assistance" und „Pioneer" 1851, Bilder der Laterna magica. Montreal, Notman Archives.
56 Karte der Erforschung des Nordpols.
57 Amundsen mit den Eskimos während seiner Erforschung der Nordwest-Passage.
58 Portrait von A. E. Nordenskjöld. Gemälde von v. Rosen. Stockholm, Nationalmuseum.
59 Abend an Bord der „Vega", aus: Nordenskjöld, Voyage de la Vega autour de l'Asie et de l'Europe, 1883.
60/61 Unglück der „Jeanette", Stich, aus: De Long, Voyage de la Jeanette, 1885.
62 Portrait von F. Nansen.
63 Die „Fram" im Eis.
64/65 Nansen und Johansen an Bord ihres Doppelkajaks auf dem Weg zum Franz-Josephs-Land.
66/67 Die „Aigle" nach ihrer Landung am 14. Juli 1897.
66 (oben) Fraenkel und Strindberg neben einem Bären.
66 (unten) Das Boot wird auf dem Schlitten Fraenkels gezogen.
68 Der Herzog von Abruzzen verläßt Turin für seine Polarexpedition, aus: La Domenica del Corrière.
69 Die Eroberung des Nordpols. Peary und Cook streiten sich um die Ehre, aus: Petit Journal, 1909.
70 Peary in Polarausrüstung.
71 Cook in Polarausrüstung.
72 Amundsen an der Seite seines Wasserflugzeugs unmittelbar vor dem Abflug 1925.
73 L. Ellsworth an der Seite seines Wasserflugzeugs kurz vor dem Abflug 1925.
74 Die „Norge" vor dem Abflug von Spitzbergen zum Nordpol im Mai 1926.
75 Die Expeditionsmitglieder der „Norge".
76 Der russsische Eisbrecher „Krassin" bei der Hilfe der Geretteten von der „Italia".
77 Nobile bei seiner Rückkehr nach Rom.

Viertes Kapitel
78 Die „Discovery" im Eis. Gemälde von Wilson. Cambridge, Scott Polar Research Institute.
79 Scott und seine Begleiter am Südpol im Januar 1912.
80/81 Schlittenziehen auf dem Eis. Gemälde von Wilson. Cambridge, Scott Polar Research Institute.
82/83 Die „Pourquoi-Pas?" im Scoresby Sund. Gemälde von Marin Marie 1929. Paris, Yacht-Club de France.
84 Shackleton 1903.
85 Reise der „Nimrod" zur Antarktis. Illustrationen von Marston.
86 Die Mannschaft an Bord der „Nimrod" 1909.
87 Shackleton und seine Begleiter hissen die britische Fahne 178 km vom Südpol entfernt.

88 Die „Terra Nova" im antarktischen Meer. Cambridge, Scott Polar Research Institute.
89 Die Ponys der Scott-Expedition.
90 (oben) Amundsen in Polarausrüstung.
90 (unten) Basis von Franklin im Januar 1911.
91 Amundsen und seine Begleiter am Südpol.
92 (oben) R. Scott arbeitet in seiner Hütte bei Kap Evans auf der Ross-Insel.
92 Die Basis Kap Evans.
94/95 Mittwinterfest im Juni 1911.
96 Scott und seine Begleiter am Südpol. Foto von Bowers.
98 Die Expedition Scotts, Amundsen und Shackletons zum Südpol.
99 „A very Gallant Gentleman: Captain Oates". Gemälde von Dollman. London, Cavalry Club.
100 Mawson an der Spalte, in die Ninnis gefallen ist, Dezember 1912.
101 Adélie-Land: Untersuchungen des Eises für den Stationsbau während der Expedition Mawsons, aus: Mawson, Home of the blizzard, 1915.
102 Die „Endurance" im Eis. Foto von Franck Hurley.
103/104 Die Geretteten der „Endurance". Aquarell von Marston.
105 Wilkins 1928.
106 Flugzeug, mit dem der Byrd 1928 über die Antarktis flog.

Fünftes Kapitel
108 Russischer Zweimotor nahe der Mirnyi-Station, Antarktis.
109/110 Wegener auf Grönland 1930.
111 Expedition Paul-Emile Victors nach Grönland, Rückverladung am Victor-Hafen 1948.
112 Paul-Emile Victor auf Grönland.
113 Die Expeditionen nach Grönland seit Nansen.
114 Februar 1938 während der Auflösung der ersten wissenschaftlichen Station auf einer Eisscholle, die vom Nordpol zur Ostküste Grönlands trieb.
115 Portrait K. Rasmussens.
116/117 Das amerikanische Atom-U-Boot „Skate" taucht aus dem arktischen Ozean auf.
118 Jean Luis Etienne auf dem Weg zum Nordpol 1986.
119 Der atomangetriebene sowjetische Eisbrecher „Arktika".
121 (oben) Brand der Basis von Port-Martin 1952.
121 (unten) Kaiserpinguine.
122 Plakat der Année Géophysique Internationale 1956–1958.
122/123 Rouillon, Imbert und Renard auf dem Adélie-Land im Februar 1958.
125 Südlicht. Blick auf die geophysikalische Beobachtungsstation Halley.
126 Expedition auf den Spuren von Scott 1986.
127 Die Hütte von Scott 1986.
128 „Bewohner des Eises betrachten die Eindringlinge". Gemälde von William Bradford, 1875. New Bedford, Museum.

Zeugnisse und Dokumente

129 Altes Boot am Ufer in der Antarktis. Foto: W.-D. Blümel.

131 Adolf Erik von Nordenskjöld. Stich 19. Jh.

133 Das Schiff Nordenskjöld, die „Vega", im Winterquartier. Stich 19. Jh. 136 Robert E. Peary, aus: Robert E. Peary, Schlittenreise zum Nordpol. © VEB F. A. Brockhaus Verlag, Leipzig 1985.

135 Robert E. Peary, aus: Robert E. Peary, Schlittenreise zum Nordpol. Ebd.

137 Schlitten vom Peary-Typ, aus: Robert E. Peary, Schlittenreise zum Nordpol. Ebd.

139 Matthew Henson, aus: Ralph K. Andrist, Das Große Buch der Polarforscher. © Ensslin & Laiblin Verlag GmbH & Co. KG 1963.

141 Antarktische Winterlandschaft. Foto: W.-D. Blümel.

143 Annoncen „in Memoriam" Captain R. Scott. Paris, Gallimard.

145 Das Grab von Scott in der Antarktis. Paris, Gallimard.

147 Treibeis und Gletscher in der Antarktis. Foto: W.-D. Blümel.

148 Tafeleisberge (Schelfeis). Foto: W.-D. Blümel.

150 (links) Frostmuster und Moos in der Antarktis. Foto: W.-D. Blümel.

150 (rechts) Frostmusterboden. Foto: W.-D. Blümel.

151 (Karte) Gliederung der Polar-/subpolaren Zone nach dem Grad der Vegetationsbedeckung, aus: Jürgen Schultz, Die Ökozonen der Erde: die ökologische Gliederung der Geosphäre. © Eugen Ulmer GmbH & Co., Stuttgart 1988

152 Arktische Tundra (Spitzbergen). Foto: W.-D. Blümel.

153 (links) Krustenflechte und Gras (Deschampsia antarctica). Foto: W.-D. Blümel.

153 (rechts) Steinbrechgewächs (Saxifraga oppositifolia) auf Spitzbergen. Foto: W.-D. Blümel.

155 Eisrückgang. Foto: W.-D. Blümel.

156 Landhebung. Foto: W.-D. Blümel.

157 (oben links) Moschusochse. Paris, Gallimard.

157 (oben rechts) Eisbären. Foto: W.-D. Blümel.

157 (unten) Walroß auf Spitzbergen. Foto: W.-D. Blümel.

158 Zügel-Pinguin. Foto: W.-D. Blümel.

159 (links) Adélie-Pinguin. Foto: W.-D. Blümel.

159 (rechts) Seidenschnabel. Foto: W.-D. Blümel.

161 Schlittenhunde. Foto: Paris, Jean Parel.

163 Karte: Ethnische Gruppen in der Arktis, aus: Walter Weiss, Arktis. © beim Autor.

165 Mutter und Tochter in Grönländischer Nationaltracht, aus: Walter Weiss, Arktis. Ebd.

166 Der Bau eines Iglu, aus: Walter Weiss, Arktis. Ebd.

167 Eskimo im Kajak, aus: Walter Weiss, Arktis. Ebd.

169 aus: Robert E. Peary, Schlittenreise zum Nordpol. a. a. O.

171 Pelzrobbe (Arctocephalus gazella) in der Antarktis. Foto: W.-D. Blümel.

173 Die argentinische Station Esperanza in der Antarktis. Foto: W.-D. Blümel.

175 Karte über die Verteilung der Bodenschätze in der Antarktis, aus: John May, Das Greenpeace-Buch der Antarktis. © Ravensburger Buchverlag, Ravensburg 1988.

177 Die Stationen Las Estrelas und Bellingshausen auf der King-George-Insel. Foto: W.-D. Blümel.

179 aus: John May, Das Greenpeace-Buch der Antarktis. a. a. O.

183 Fahnen unterschiedlicher Nationen in der Antarktis. Foto: Pitch/Paul-Emile Victor, Paris.

184/185 (Karte) Die Antarktis: die Stationen der verschiedenen Staaten, aus: H. Kohnen (Hrsg.), Expeditionshandbuch des Alfred-Wegener-Instituts. Bremerhaven 1986.

187 Amundsen-Scott-Station auf dem Südpol. Foto: Robert Guillard, Paris..

189 Müll in der Antarktis. Foto: W.-D. Blümel.

190 Coca-Cola Flaschen in der Antarktis. Foto: W.-D. Blümel.

191 Basis Dumont d'Urville. Foto: Robert Guillard, Paris.

197 Antarktis-Landschaft. Foto: W.-D. Blümel.

199 Eisgletscher. Foto: W.-D. Blümel.

201 Schlittenhunde. Foto: Paris, Gallimard.

205 Emi Polarexpedition. Stich. Paris, Gallimard.

211 Franklins letztes Schreiben. Stich 19. Jh. Paris, Gallimard.

214 Die Endurance in der Antarktis. Foto: Scott Polar Research Institute, Cambridge.